BURLANDO AL DIABLO

Una Nueva Traducción Moderna y Actualizada al Español Por Juan David Arbeláez, Mentalista Colombiano y Experto en Temas de Nuevo Pensamiento

NAPOLEON HILL

www.TusDecretos.com

Actualizado y recopilado por
Juan David Arbeláez para TusDecretos.com
Primera edición diciembre de 2023

No se reclaman derechos por esta obra como sí por su traducción. Juan David Arbeláez es el traductor de estos escritos para esta recopilación y actualización.

COPYRIGHT©2023 Juan David Arbeláez

www.TusDecretos.com

20230601

Contenido

Prólogo 2

1. Mi Primer Encuentro Con Andrew Carnegie Y Su Influencia En Mi Vida 4

2. Una Entrevista Con Mis "Consejeros Invisibles" 89

3. Una Entrevista Inusual con el Diablo 151

4. A La Deriva Con El Señor De Las Sombras 189

5. Ritmo Hipnótico 270

6. Un Propósito Preciso 321

7. Autodisciplina 394

8. Aprendiendo De La Adversidad 435

9. Medio Ambiente: El Formador De Carácter 462

10. Tiempo 477

11. Armonía 485

12. Cautela 490

Más de Napoelon Hill

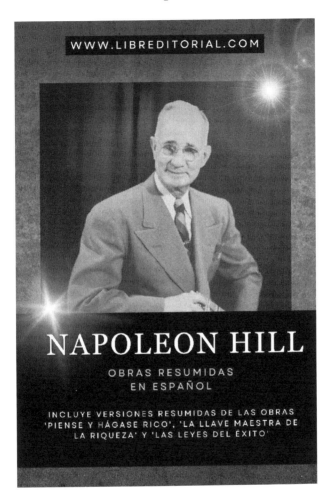

www.LibrEditorial.com

BURLANDO AL DIABLO

Prólogo

Esta narración nos relata la misteriosa historia de cómo se desvelaron los secretos del dominio diabólico y cómo el Diablo se vio forzado a revelar sus artimañas para apoderarse de las mentes de las personas. A través de estas páginas, se esboza con precisión el paradero del maligno ser.

Lo que estás a punto de descubrir es un relato inédito, una historia que hasta ahora permaneció oculta en las sombras, y que quizás te brinde una mayor comprensión de tu fe y las expectativas que alberga para la vida más allá de esta existencia terrenal. Lee estas palabras con la mente abierta, pues podrían ser la clave para dominar tus temores, disipar tus dudas y resolver tus inquietudes acerca del más allá.

El autor de esta obra es nada menos que Napoleon Hill, quien la concibió en el año 1938. Cinco años después de concluir su servicio para Franklin D. Roosevelt, mientras aún tenía frescas en su memoria las dramáticas circunstancias de la era de Roosevelt. Este relato surge tras el éxito de su libro "Piense y hágase rico", que se convirtió en un superventas no solo en su nación natal, sino también en todas las civilizadas.

Si sientes aprensión o te perturban las verdades que puedan chocar con tus creencias personales, quizás sea mejor que no te aventures en las páginas de este volumen.

—EL AUTOR

1. Mi Primer Encuentro Con Andrew Carnegie Y Su Influencia En Mi Vida

Durante más de veinticinco años, mi principal objetivo ha sido desentrañar y organizar las principales causas del fracaso y el éxito en una filosofía del éxito. Mi deseo era ser de utilidad para todos aquellos que no tuvieran la inclinación o la oportunidad de adentrarse en este tipo de investigación.

Todo comenzó en 1908, como resultado de una entrevista que tuve con el renombrado Andrew Carnegie.

Sin reservas, le compartí a Carnegie mi idea de estudiar Derecho y cómo planeaba costear mis estudios entrevistando a individuos exitosos, explorando su camino hacia el éxito y compartiendo mis descubrimientos a través de escritos en revistas.

Al final de nuestra conversación, Carnegie me hizo una pregunta que cambiaría mi vida. Me preguntó si estaba dispuesto a emprender algo que me ofrecería, y le aseguré que tenía la valentía necesaria y estaba dispuesto a dar lo mejor de mí, independientemente de la propuesta que tuviera en mente.

Entonces, Carnegie pronunció palabras que dejaron una huella imborrable en mí:

"Tu idea de escribir historias sobre individuos exitosos es notable, pero te insto a considerar algo aún más valioso. Si deseas ser verdaderamente útil, no solo a la gente de hoy sino también a las generaciones futuras, dedica tu tiempo a analizar y organizar las causas del fracaso y el éxito a partir de esas historias.

En el mundo, hay millones de personas que carecen de una comprensión sólida sobre lo que conduce al éxito y al fracaso. Las escuelas y las universidades enseñan una amplia gama de conocimientos, pero rara vez se centran en los principios de logro personal. Los jóvenes pasan de cuatro a ocho años adquiriendo conocimientos abstractos, pero no se les enseña cómo aplicar ese conocimiento en sus vidas.

El mundo necesita una filosofía del éxito práctica y accesible, basada en la sabiduría acumulada por hombres y mujeres que han vivido la vida en toda su plenitud. En mi búsqueda filosófica, no he encontrado nada que se asemeje a la visión que tengo en mente.

Si esta necesidad global te inspira, ¿no crees que organizar una filosofía de este tipo podría brindarte más honor y satisfacción que cualquier otro logro como abogado? Actualmente, hay suficientes abogados, pero faltan filósofos capaces de enseñar a las personas el arte de vivir.

Considero que esta es una oportunidad que debería desafiar a un joven ambicioso como tú, pero la ambición sola no será suficiente para esta tarea. Quien se atreva a seguir mi sugerencia deberá poseer valor y perseverancia.

Este trabajo requerirá al menos dos décadas de esfuerzo constante, durante las cuales aquel que lo abrace deberá encontrar otras fuentes de ingresos, ya que este tipo de investigación rara vez es lucrativo al principio. Además, quienes se aventuran en contribuir al avance de la civilización a través de tales esfuerzos a menudo deben esperar más de cien años para recibir el reconocimiento que merecen, incluso después de su fallecimiento.

Si decides continuar con esta labor, no solo debes entrevistar a personas extraordinariamente exitosas, sino también a aquellos que han enfrentado el fracaso. Paradójicamente, aprenderás mucho más sobre cómo alcanzar el éxito de los fracasos que de los éxitos. Los fracasos te enseñarán lo que no debes hacer.

Debes analizar cuidadosamente a miles de personas que han sido etiquetadas como "fracasadas", es decir, hombres y mujeres que llegaron al final de sus vidas desilusionados porque no alcanzaron sus metas.

En la fase final de tu investigación, si mantienes el enfoque adecuado, harás un descubrimiento sorprendente. Descubrirás que la causa del éxito no es algo externo al individuo, sino una fuerza intangible en la naturaleza, que la mayoría de las personas nunca reconocen. Podría denominarse como el "otro yo".

Lo más fascinante es que este "otro yo" rara vez ejerce su influencia o se manifiesta, excepto en momentos de crisis inesperadas, cuando las adversidades y las derrotas temporales obligan a las personas a cambiar sus hábitos y a idear estrategias para superar los desafíos.

Mi experiencia me ha enseñado que un individuo nunca está tan cerca del éxito como cuando percibe el "fracaso" en su vida. En esos momentos, se ve forzado a reflexionar. Si piensa con precisión y persistencia, descubrirá que lo que consideraba un fracaso no era más que una señal para trazar un nuevo plan u objetivo. La mayoría de los verdaderos fracasos se deben a las limitaciones autoimpuestas por las personas en sus mentes. Si tan solo tuvieran el coraje de dar un paso más, descubrirían sus propios errores".

Estas palabras de Andrew Carnegie resonaron en mí y marcaron el inicio de un viaje de dos décadas en busca de la comprensión de las causas del éxito y el fracaso. Su consejo se convirtió en mi guía y, finalmente, en la base de mi propia filosofía del éxito, que espero que sea de utilidad para las generaciones futuras.

El discurso de Carnegie transformó por completo mi vida y encendió en mí un deseo ardiente que me ha impulsado incansablemente durante más de medio siglo, a pesar de que en ese momento no tenía la menor idea de lo que significaba "el otro yo".

A lo largo de mi investigación sobre las causas del fracaso y el éxito, tuve el privilegio de analizar a más de 25 mil hombres y mujeres etiquetados como "fracasos" y a más de 500 clasificados como "exitosos". Fue muchos años después cuando tuve mi primer encuentro con lo que Carnegie había mencionado como "el otro yo". Este descubrimiento se manifestó tal como él había predicho: como resultado de dos momentos cruciales en mi vida que, en realidad, fueron situaciones de emergencia que me obligaron a repensar cómo superar mis dificultades, como nunca antes lo había experimentado.

Me gustaría poder describir este descubrimiento sin hacer uso del pronombre personal "yo", pero resulta imposible, ya que se basa en experiencias personales que no se pueden separar. Para comprender plenamente este descubrimiento, debo retroceder al primero de esos dos momentos decisivos en mi vida y detallar paso a paso lo que aprendí.

La investigación requerida para recopilar los datos que fundamentaron la organización de los diecisiete principios del éxito y las treinta causas principales del fracaso demandó cuatro años de trabajo. Comenzaremos ahora con el inicio de los dos momentos cruciales en mi vida que me presentaron a mi "otro yo".

Había llegado a la falsa conclusión de que mi labor de crear una filosofía completa de éxito personal había terminado. Lejos de estar completa, mi tarea apenas comenzaba. Había construido el esqueleto de una filosofía al organizar los diecisiete principios del éxito y las treinta causas principales del fracaso. Sin embargo, este esqueleto requería ser cubierto con la carne de la aplicación y la experiencia. Además, era necesario infundirle un alma que inspirara a hombres y mujeres no solo a superar obstáculos, sino también a no dejarse abatir por ellos.

El "alma" que debía añadirse, como posteriormente descubrí, solo estaría disponible después de la aparición de mi "otro yo", que surgió a raíz de los dos momentos cruciales en mi vida.

Motivado Por La Insatisfacción

Con la determinación de enfocar mi atención y cualquier habilidad que tuviera hacia la obtención de ingresos a través de emprendimientos comerciales, opté por seguir una carrera en el campo de la publicidad. Me convertí en el gerente de publicidad de la Universidad de Extensión LaSalle de Chicago. Durante un año, todo parecía marchar a la perfección. Sin embargo, al finalizar ese año, me invadió un profundo descontento con mi trabajo, lo que me llevó a tomar la decisión de renunciar.

Más tarde, incursioné en el mundo de las cadenas de tiendas, trabajando junto al expresidente de la Universidad de Extensión LaSalle y, posteriormente, ascendí a la presidencia de la Compañía de Dulces Betsy Ross. Sin embargo, desacuerdos con los socios de este negocio, que en ese momento me parecieron desafortunados, me llevaron a abandonar la empresa.

La pasión por la publicidad seguía latente en mí, por lo que decidí intentarlo nuevamente. Establecí una escuela de publicidad y ventas como parte de Bryant & Stratton Business College.

Durante un tiempo, todo marchó sin sobresaltos y el dinero fluía con rapidez, especialmente cuando Estados Unidos se involucró en la Primera Guerra Mundial. En respuesta a un llamado interior que resulta difícil de expresar con palabras, dejé el college y me uní al servicio del gobierno de Estados Unidos bajo la dirección personal del presidente Woodrow Wilson, permitiendo que mi negocio floreciente se desmoronara.

En el día del armisticio en 1918, lancé la revista "The Golden Rule". A pesar de no contar con un centavo de capital, la revista creció rápidamente y en poco tiempo alcanzó una circulación nacional de casi medio millón de ejemplares, cerrando su primer año de operaciones con una ganancia de 3.156 dólares.

Algunos años más tarde, un experimentado ejecutivo de una compañía de publicaciones me informó que en ese ámbito, ningún individuo con experiencia en la publicación y distribución de revistas nacionales se aventuraría a lanzar una revista como esa con menos de 500 mil dólares de capital.

La revista "The Golden Rule" y yo estábamos destinados a separarnos. Cuanto más éxito alcanzaba, más insatisfecho me sentía. Finalmente, debido a una serie de conflictos con los colaboradores en el negocio, cedí la revista y me retiré. Probablemente, con esa decisión, me deshice de una pequeña fortuna.

Luego, organicé una escuela de entrenamiento para vendedores. Mi primera misión fue capacitar a un ejército de ventas compuesto por tres mil personas para una cadena de tiendas. Recibía 10 dólares por cada vendedor que asistía a mi clase. En seis meses, esta labor me había reportado poco más de 30 mil dólares. El éxito financiero recompensaba mis esfuerzos con abundancia. Sin embargo, una vez más, mi espíritu se sentía insatisfecho.

No era feliz. Cada día se hacía más evidente que ninguna cantidad de dinero podría brindarme la felicidad.

Sin una razón aparente para mis acciones, abandoné el negocio y una empresa que fácilmente me habría proporcionado más dinero que el salario del presidente de los Estados Unidos. Mis amigos y socios empresariales pensaron que estaba loco, y en cierto modo, tenían razón en sus pensamientos.

Para ser sincero, yo también llegué a estar de acuerdo con ellos, pero parecía que no había nada que pudiera hacer para cambiar mi mente. Buscaba la felicidad y aún no la había encontrado. Esa era la única explicación que podía ofrecer para justificar mis inusuales decisiones. ¿Quién puede decir que realmente se conoce a sí mismo?

Todo esto sucedió a finales del otoño de 1923. Me encontraba en una situación en Columbus, Ohio, aparentemente sin solución, sin recursos y, lo que es peor, sin un plan claro para salir de esa difícil situación. Verdaderamente, era la primera vez en mi vida que me veía acorralado por la falta de recursos.

Si bien había enfrentado momentos difíciles en el pasado, nunca antes me había visto tan cerca de no poder satisfacer mis necesidades personales. La experiencia me aterraba: era como si estuviera completamente perdido, sin saber qué hacer o a dónde dirigirme.

Exploré una docena de posibles soluciones para resolver mis problemas, pero todas ellas las descarté de inmediato: eran impracticables e inalcanzables. Me sentía como un náufrago en medio de una densa selva, sin siquiera una brújula que me indicara el camino. Cada intento por superar la dificultad parecía llevarme de regreso al punto de partida.

Durante casi dos meses, padecí la peor de las aflicciones humanas: la indecisión. Poseía conocimiento de los diecisiete principios de la realización personal, pero no sabía cómo aplicarlos en mi situación. Sin darme cuenta, me hallaba en una de esas encrucijadas de la vida que Carnegie me había mencionado, momentos en los que las personas a menudo descubren sus "otros yo".

Mi angustia era tan abrumadora que nunca consideré la opción de sentarme, analizar las causas de mis problemas y buscar una solución.

Como La Derrota Se Convierte En Triunfo

En cierta tarde, tomé una decisión que me ayudaría a escapar de mi difícil situación. Sentía un fuerte deseo de alejarme de todo y encontrar un lugar en los "espacios abiertos del campo", donde pudiera respirar aire fresco y, sobre todo, pensar con claridad.

Salí a caminar y, después de recorrer aproximadamente diez kilómetros, me encontré de repente detenido en seco. Durante varios minutos, permanecí inmóvil como si mis pies estuvieran pegados al suelo. Todo a mi alrededor pareció oscurecerse. Escuché un zumbido agudo, como si alguna forma de energía vibrara a una frecuencia muy alta.

Luego, mis nervios se aquietaron, mis músculos se relajaron y una profunda tranquilidad me invadió. La atmósfera comenzó a aclararse gradualmente, y al mismo tiempo, recibí un mensaje interno que se manifestó como un pensamiento, es lo más cercano que puedo describirlo.

Este mensaje era tan claro y definido que no podía malinterpretarse. En esencia, decía: "Ha llegado el momento de que completes la filosofía del éxito que comenzaste siguiendo la sugerencia de Carnegie. Regresa a casa de inmediato y comienza a transferir los conocimientos que has acumulado en tu mente a forma de manuscritos". Mi "otro yo" había despertado.

Por unos minutos, me sentí atemorizado. Esta experiencia no se parecía a nada que hubiera vivido antes. Me di la vuelta y regresé rápidamente a casa. Cuando me acercaba, vi a mis tres hijos mirando por la ventana, observando a los niños del vecindario decorando un árbol de Navidad.

Fue entonces cuando recordé que era Nochebuena. Para empeorar las cosas, me di cuenta, con un profundo sentimiento de tristeza como nunca antes había experimentado, que no habría un árbol de Navidad en nuestra casa. La expresión de decepción en el rostro de mis hijos me llenó de dolor.

Lo Que Reveló El Final Del Arcoíris

Entré en mi casa, me senté frente a mi máquina de escribir y comencé inmediatamente a transcribir todos los descubrimientos que había hecho sobre las causas del éxito y el fracaso. Justo cuando coloqué la primera hoja de papel en la máquina, fui interrumpido por el mismo sentimiento extraño que me había invadido unas horas antes. Y un pensamiento claro y nítido se manifestó en mi mente.

"Tu propósito en esta vida es completar la primera filosofía del éxito y la realización personal. Durante mucho tiempo, has intentado en vano escapar de esta tarea, y cada esfuerzo ha resultado en fracaso. Estás en busca de la felicidad. Aprende de una vez por todas esta lección: solo encontrarás la alegría al ayudar a otros a encontrarla. Has sido un estudiante obstinado y tu terquedad debe ser curada a través de experiencias sucesivas. En pocos años, se desencadenará en todo el mundo una situación en la que millones de personas necesitarán la filosofía que se te ha encomendado completar. Tu gran oportunidad de encontrar la felicidad será al prestar un servicio valioso. ¡Ponte a trabajar y no te detengas hasta que hayas completado y publicado los manuscritos que comenzaste!"

En ese momento, fui plenamente consciente de haber llegado al final del arco iris de la vida y me llené de felicidad.

Surge La Duda

El "hechizo", si así puedo llamarlo, pasó. Comencé a escribir, pero pronto mi "razón" me sugirió que estaba embarcándome en una misión absurda. La idea de que un hombre sumido en una depresión y prácticamente fracasado pudiera escribir una filosofía sobre el éxito personal me parecía tan fantasiosa que solté una risa burlona y, quizás, un toque de desprecio.

Me retorcí en mi silla, pasé mis dedos por mi cabello y traté de encontrar una excusa que convenciera a mi propia mente de retirar el papel de la máquina de escribir antes de comenzar. Sin embargo, el impulso de seguir adelante era mucho más poderoso que la tentación de renunciar, y finalmente me reconcilié con mi tarea y continué.

Mirando retrospectivamente, bajo la perspectiva de todo lo que ocurrió, puedo ver que esas pequeñas experiencias de adversidad por las que pasé fueron algunas de las más enriquecedoras y lucrativas de todas mis vivencias. De hecho, las considero bendiciones, ya que me obligaron a llevar a cabo un trabajo que finalmente me brindó la oportunidad de ser más útil para el mundo de lo que jamás habría sido si hubiera tenido éxito en cualquiera de mis planes u objetivos anteriores.

Con Mi Trabajo Completado, Vuelvo A Los Negocios

Durante aproximadamente tres meses, me entregué por completo a la tarea de completar esos manuscritos, finalizándolos a principios de 1924. Justo después de su conclusión, sentí nuevamente el impulso de volver al mundo de los negocios en Estados Unidos.

Siguiendo mi deseo, adquirí el Metropolitan Business College en Cleveland, Ohio, y comencé a elaborar planes para su expansión. Para finales de 1924, habíamos crecido y ampliado significativamente, incorporando nuevos cursos y experimentando un auge en la matriculación que superaba cualquier momento anterior en la historia de la escuela.

Sin embargo, una vez más, el germen de la insatisfacción empezó a brotar en mi interior. Comprendí que no encontraría la felicidad en ese tipo de emprendimiento. Finalmente, vendí mi participación a mis socios y me dediqué a dar conferencias, compartiendo la filosofía del éxito personal en la que había invertido tantos años de mi vida.

Mi Encuentro Con Mi Gran Tragedia, Y Su Efecto A Largo Plazo

En una noche particular, tenía programada una conferencia en Canton, Ohio. El destino, o lo que a veces parece influir en el curso de la vida de las personas a pesar de sus esfuerzos por resistirlo, volvió a intervenir y me llevó a una experiencia dolorosa.

En el auditorio de Canton, se encontraba Don R. Mellett, quien estaba a cargo de la publicación del Canton Daily News. Mellett mostró un gran interés por la filosofía del éxito personal que presenté en mi charla esa noche y me invitó a visitarlo al día siguiente.

Esa visita dio lugar a un acuerdo de colaboración que debía comenzar el 1 de enero del año siguiente. Mellett planeaba renunciar a su puesto como editor del Canton Daily News para dedicarse al negocio y la publicación de la filosofía en la que yo estaba trabajando.

Sin embargo, en julio de 1926, Don R. Mellett fue asesinado por Pat McDermott, una figura conocida en el mundo criminal, y un oficial de policía de Canton. Ambos fueron posteriormente condenados a cadena perpetua. Mellett fue asesinado debido a que exponía en su periódico una conexión entre los delincuentes y ciertos miembros de la policía de Canton. Este crimen se destacó como uno de los más terribles ocurridos durante la Era de la Prohibición.

La Casualidad (?) Me Salva La Vida

A la mañana siguiente del asesinato de Mellet, recibí una llamada telefónica de un desconocido que me advirtió que tenía una hora para abandonar Canton. Si me quedaba más tiempo, podría terminar en un ataúd. Al parecer, mi conexión con Mellet había sido malinterpretada, y sus asesinos creían que yo estaba directamente involucrado en lo que él estaba exponiendo en sus periódicos.

No esperé a que se agotara mi plazo de una hora; de inmediato subí a mi automóvil y conduje hacia la casa de familiares en las montañas de Virginia Occidental, donde me escondí hasta que los asesinos fueron arrestados seis meses después.

Fue la primera vez en mi vida que experimenté el temor constante. Años atrás, en Columbus, había enfrentado dudas e indecisiones temporales, pero esta vez, el miedo se apoderó de mi mente y parecía imposible de superar. Durante mi tiempo en la clandestinidad, rara vez salía de noche y, cuando lo hacía, llevaba una pistola automática en el bolsillo de mi abrigo, lista para ser usada en caso de emergencia. Si un automóvil sospechoso se detenía cerca de la casa donde me escondía, me retiraba de inmediato al sótano y observaba cautelosamente a sus ocupantes a través de las ventanas.

Después de meses viviendo esta experiencia, mis nervios comenzaron a resentirse. Mi valentía desapareció por completo, al igual que la ambición que había alimentado durante los largos años de búsqueda de las causas del éxito y el fracaso.

Poco a poco, me sentí hundido en un estado de letargo total del que temía no poder salir nunca. Era como si estuviera atrapado en arenas movedizas, donde cada esfuerzo por liberarme solo me arrastraba más hacia el fondo. El miedo se alimentaba a sí mismo. Si la semilla de la locura estuviera presente en mi constitución física, sin duda habría germinado durante esos meses en los que vivía como un ser inerte. Indecisión, sueños sin resolver, dudas y temor ocupaban mi mente día y noche.

La "emergencia" que enfrenté fue devastadora por dos razones. En primer lugar, su naturaleza misma me sumió en un estado constante de indecisión y miedo. En segundo lugar, el hecho de estar oculto me mantuvo inactivo. Me preocupaba profundamente el tiempo que pasaba.

Mi capacidad de razonamiento estaba prácticamente paralizada. Me di cuenta de que necesitaba ejercitar mi mente para liberarme de este estado mental. Pero, ¿cómo lo haría? Mi inventiva, que antes me había ayudado a superar todas las emergencias anteriores en mi vida, parecía haber desaparecido por completo, dejándome impotente.

Más allá de todas las dificultades que había enfrentado hasta ese momento, surgió una situación que me pareció más dolorosa que todas las demás combinadas. Fue darme cuenta de que había pasado gran parte de los últimos años buscando el arcoíris, investigando las causas del éxito, y aun así me encontraba más débil e incapacitado que cualquiera de las mil personas a las que había considerado "fracasadas".

Este pensamiento resultaba casi enloquecedor y extremadamente humillante. Daba conferencias en todo el país, en escuelas, facultades y organizaciones comerciales, tratando de enseñar a otros cómo aplicar los diecisiete principios del éxito, mientras yo mismo era incapaz de aplicarlos con éxito en mi propia vida. Estaba seguro de que nunca podría enfrentar al mundo con confianza nuevamente.

Cada vez que me miraba en el espejo, veía un gesto de autodesprecio en mi rostro, y a menudo me decía cosas al hombre en el espejo que no deberían ser escritas. Estaba cayendo en la categoría de los charlatanes que ofrecen soluciones para el fracaso que no pueden aplicar en sus propias vidas.

A pesar de que los criminales que asesinaron a Mellett habían sido juzgados y condenados a cadena perpetua, no me atrevía a salir de mi escondite. Estaba atrapado en una experiencia más aterradora que los asesinos que me habían forzado a esconderme. Esta experiencia había aniquilado toda iniciativa que alguna vez poseí. Me sentía aprisionado por una influencia deprimente que parecía una pesadilla. Aunque estaba vivo y en movimiento, no podía concebir un solo paso para avanzar hacia la meta que me había fijado basándome en la sugerencia de Carnegie. Me volvía indiferente hacia mí mismo y, peor aún, me estaba convirtiendo en un hombre irritable y enojado con aquellos que me habían brindado refugio durante mi crisis.

Estaba enfrentando la emergencia más grande de mi vida. A menos que hayas pasado por una experiencia similar, no puedes comprender cómo me sentía. No se pueden describir tales experiencias; debes vivirlas para entenderlas.

El punto de inflexión en mi situación llegó de repente en el otoño de 1927, más de un año después del incidente en Canton. Salí de casa una noche y caminé hasta un edificio de la escuela pública que se encontraba en lo alto de una montaña, sobre la ciudad. Había decidido luchar contra mi situación antes de que terminara esa noche.

Caminé alrededor del edificio, tratando de forzar a mi mente confundida a pensar con claridad. Debo haber dado cientos de vueltas alrededor del edificio antes de que algo parecido a un pensamiento organizado cruzara mi mente. Mientras caminaba, repetía constantemente: "Hay una salida y la encontraré antes de volver a casa". Debo haber repetido esa frase mil veces. Estaba decidido a seguir exactamente lo que me decía. Estaba profundamente disgustado conmigo mismo, pero albergaba una esperanza de salvación.

Entonces, como un relámpago que rasga un cielo claro, una idea estalló en mi mente con tal intensidad que sentí cómo mi sangre fluía rápidamente por mis venas:

"Este es tu período de prueba. Has sido reducido a la pobreza y humillado para que te veas obligado a descubrir tu 'otro yo'".

Por primera vez en años, recordé lo que Carnegie me había dicho acerca de ese "otro yo". Recordé que me dijo que lo descubriría al final de mi investigación sobre las causas del éxito y el fracaso, y también que este descubrimiento surgiría de una emergencia, cuando las personas se vieran obligadas a cambiar sus hábitos y a pensar en formas de superar las dificultades.

Seguí caminando alrededor de la escuela, pero esta vez me sentía como si estuviera flotando. De manera inconsciente, parecía saber que estaba a punto de ser liberado de la prisión que yo mismo había construido. Sin duda, ese fue el momento más feliz de mi vida. Me di cuenta de que esta gran emergencia me brindaba una oportunidad no solo para descubrir mi "otro yo", sino también para poner a prueba la eficacia de la filosofía del éxito que enseñaba a los demás como algo real y alcanzable. Pronto sabría si funcionaba o no. Decidí que, si no funcionaba, quemaría todos mis manuscritos y nunca más me sentiría culpable por intentar demostrar a los demás que son "los amos de su destino, los capitanes de su alma".

La luna llena iluminaba la cima de la montaña. Nunca antes la había visto brillar tan intensamente. Mientras la contemplaba, otro pensamiento cruzó mi mente:

"Estás mostrando a los demás cómo superar el miedo y enfrentar las dificultades que surgen en las emergencias de la vida. A partir de ahora, puedes hablar con autoridad, porque estás a punto de superar tus propias dificultades con valentía y determinación, sin miedo ni dudas".

Con este pensamiento, hubo un cambio en mi estado mental que me elevó a un nivel de exaltación que nunca antes había experimentado. Mi cerebro comenzó a liberarse del letargo en el que había caído. Mi facultad de razonamiento volvió a funcionar.

Por un breve momento, al menos, me sentí agradecido por haber tenido el privilegio de pasar por esos largos meses de tormento, porque esta experiencia me había brindado la oportunidad de poner a prueba la solidez de los principios del éxito que había extraído minuciosamente de mi investigación.

Cuando este pensamiento surgió, me detuve, junté mis pies, saludé (sin saber a quién) y me quedé en un estado de atención durante varios minutos. Al principio, parecía una actitud extraña, pero mientras permanecía en ese estado, otro pensamiento cruzó mi mente en forma de una "orden", tan breve y enérgica como una orden militar dada por un comandante a su subordinado.

La orden decía: "Mañana, entra en tu automóvil y conduce hasta Filadelfia. Allí, recibirás ayuda para publicar tu filosofía del éxito".

No hubo ninguna explicación ni cambio en la orden. Tan pronto como la recibí, regresé a casa, me acosté en la cama y dormí profundamente, con una paz interior que no había sentido en más de un año.

Cuando desperté a la mañana siguiente, me levanté de la cama y de inmediato empecé a preparar mi equipaje para el viaje a Filadelfia. Mi razón me decía que este viaje carecía de sentido. ¿A quién conocía yo en Filadelfia que pudiera ayudarme financieramente a publicar ocho volúmenes de libros que costarían 25 mil dólares?

De repente, escuché en mi mente la respuesta a esa pregunta, tan clara como si las palabras hubieran sido susurradas en mi oído:

"Ahora sigues órdenes en lugar de hacer preguntas. Tu 'otro yo' estará a cargo durante todo este viaje".

Había otra circunstancia que hacía que mi preparación para ir a Filadelfia pareciera absurda. No tenía dinero. Apenas tuve ese pensamiento, mi "otro yo" explotó con una orden enfática: "Pide 50 dólares a tu cuñado; él te los prestará".

La orden parecía definitiva y sin margen de discusión. Sin dudarlo, seguí las instrucciones. Cuando le pedí los 50 dólares a mi cuñado, él respondió: "Por supuesto, te prestaré los 50 dólares, pero si vas tan lejos, sería mejor que te lleves 100 dólares". Le agradecí y le dije que 50 dólares serían suficientes. Sabía que no sería suficiente, pero esa era la cantidad que mi "otro yo" me había ordenado pedir, y eso es exactamente lo que hice.

Me sentí aliviado al darme cuenta de que mi cuñado no me preguntaría por qué iba a Filadelfia. Si él supiera todo lo que había pasado por mi mente la noche anterior, probablemente habría pensado que debería ir a un hospital psiquiátrico en lugar de embarcarme en una misión que parecía completamente inútil.

Partí con mi mente diciéndome que era un tonto, pero mi "otro yo" me ordenaba ignorar las dudas y seguir las instrucciones.

Conduje toda la noche y llegué a Filadelfia a la mañana siguiente. Mi primer pensamiento fue encontrar una pensión económica donde pudiera alquilar una habitación por un dólar al día.

Sin embargo, en ese momento, mi "otro yo" asumió el control nuevamente y me ordenó que me hospedara en el hotel más lujoso de la ciudad. Con poco más de 40 dólares en el bolsillo, que era todo lo que me quedaba de mi capital, parecía una locura financiera cuando me dirigí a la recepción y pedí una habitación, o mejor dicho, cuando empecé a pedirla, porque mi recién descubierto "otro yo" me ordenó solicitar una suite de varios cuartos. El costo de esa suite agotaría mi dinero en dos días. Sin embargo, obedecí.

El botones llevó mi equipaje, me entregó un boleto para el estacionamiento de mi automóvil y me acompañó hasta el ascensor como si yo fuera un noble. Era la primera vez en más de un año que alguien me trataba con tal deferencia. Mis propios familiares, con quienes vivía, lejos de mostrarme consideración, pensaban que yo era una carga para ellos, y estoy seguro de que lo era, porque ningún hombre en el estado mental en el que me encontraba en el último año podría ser otra cosa que una carga para quienes tuviera contacto.

Cuando el camarero salió de la habitación, le pedí que me trajera unos buenos puros. Después de un rato, regresó con una caja de puros que costaban dos por veinticinco centavos. Estaba a punto de tomar dos cuando mi "otra parte" me instó a enviar al joven en busca de unos mejores. Así que lo hice.

El camarero trajo otra caja de puros, esta vez a treinta y cinco centavos cada uno. Estaba a punto de tomar dos puros cuando mi "otra parte" nuevamente me ordenó tomar un puñado. Obedecí una vez más. Parecía un gasto extravagante, ya que nunca antes había fumado un puro tan caro ni había ocupado una suite tan costosa como la que tenía en ese momento.

Era evidente que mi "otra parte" estaba decidida a liberarme de la sensación de inferioridad que había desarrollado.

Le di un dólar al camarero, encendí uno de los puros y me senté en una silla grande y cómoda. Comencé a calcular cuánto sería la cuenta del hotel al final de la semana, cuando mi "otra parte" me ordenó que eliminara por completo cualquier pensamiento de limitación de mi mente y que viviera como si tuviera todo el dinero que quisiera en mis bolsillos.

La experiencia por la que estaba pasando era nueva y extraña para mí. Nunca antes había actuado de manera engañosa ni había dejado de ser lo que creía ser.

Durante casi media hora, mi "otra parte" me dio órdenes que seguí cuidadosamente durante mi estadía en Filadelfia. Las instrucciones que recibía a través de esos pensamientos eran tan poderosas que se distinguían claramente de mis pensamientos habituales, provenientes de mi yo convencional.

RECIBO "INSTRUCCIONES" PECULIARES DE UNA FUENTE PECULIAR

Mis instrucciones comenzaron de la siguiente manera:

"Desde este momento, estás completamente bajo el mando de tu 'otra parte'. Debes entender que dos entidades habitan tu cuerpo; de hecho, dos entidades similares habitan en el cuerpo de cada ser vivo en el planeta Tierra.

Una de esas entidades está impulsada por el miedo y responde a él. La otra está impulsada por la fe y responde a ella. Durante más de un año, has sido guiado como esclavo por la entidad del miedo.

Hace dos noches, la entidad de la fe tomó el control de tu cuerpo físico, y desde entonces has sido dirigido por ella. Por conveniencia, puedes llamar a esta entidad de la fe tu 'otra parte'. Ella no conoce límites, no tiene miedos y no reconoce la palabra 'imposible'".

"Has sido orientado a elegir este lujoso entorno en un destacado hotel como una forma de desalentar el regreso de la entidad del miedo. Ese antiguo yo impulsado por el miedo no está muerto; simplemente fue derrocado. Y te seguirá a donde vayas, esperando una oportunidad favorable para recuperar el control sobre ti. Solo puede apoderarse de ti a través de tus pensamientos. Recuerda esto y mantén la puerta de tu mente cerrada herméticamente contra cualquier pensamiento que busque limitarte de alguna manera. Así estarás protegido.

"No debes preocuparte por el dinero que necesitas para tus gastos inmediatos. Los recursos llegarán a ti en el momento adecuado.

"Ahora, en cuanto a los negocios. Debes comprender que la entidad de la fe, que ahora está al mando de tu cuerpo, no realiza milagros ni actúa en contra de las leyes naturales. Mientras esté a cargo de tu cuerpo, te guiará mediante impulsos de pensamiento que cruzarán tu mente y te ayudarán a llevar a cabo todos tus planes de la manera más natural, conveniente y lógica posible.

"Sobre todo, debes tener claro que tu 'otra parte' no hará el trabajo por ti; solo te guiará con sabiduría en el camino para alcanzar todos tus objetivos y deseos.

"Esa 'otra parte' te ayudará a convertir todos tus planes en realidad. Además, debes saber que siempre comienza con tu deseo más grande o más destacado. En este momento, tu deseo más grande es publicar y distribuir los resultados de tu investigación sobre las causas del éxito y el fracaso. Estimas que necesitarás alrededor de 25 mil dólares.

"Entre tus conocidos, hay alguien que estará dispuesto a invertir el capital necesario. Comienza a imaginar y a concentrarte en el nombre de todas las personas en tu círculo de conocidos que podrían, de alguna manera, proporcionar la ayuda financiera que necesitas.

"Cuando el nombre de la persona adecuada aparezca en tu mente, la reconocerás de inmediato. Ponte en contacto con esa persona, y obtendrás la ayuda que buscas. Sin embargo, en tus argumentos, presenta tu solicitud utilizando la terminología que usarías en una transacción comercial convencional. No hagas ninguna referencia al descubrimiento de tu 'otra parte'. Si violas estas instrucciones, enfrentarás una derrota temporal.

"Tu 'otra parte' continuará al mando y te guiará mientras decidas utilizarla. Mantén la duda, el miedo, las preocupaciones y todos los pensamientos limitantes completamente fuera de tu mente.

"Hasta aquí hemos llegado. A partir de ahora, comenzarás a moverte por tu libre albedrío, exactamente de la misma manera que antes de descubrir tu 'otra parte'. Físicamente, eres el mismo de siempre; por lo tanto, nadie notará ningún cambio en ti".

Miré alrededor de la habitación, parpadeé y, para asegurarme de que no estaba soñando, me levanté y caminé hacia un espejo, donde me observé de cerca. La expresión en mi rostro había cambiado de duda a valentía y confianza. Ya no había rastro de duda en mi mente, ya que mi cuerpo físico estaba bajo la influencia de algo muy diferente de lo que había sido derrocado dos noches antes mientras caminaba por la escuela en West Virginia.

UN NUEVO MUNDO SE ABRE ANTE MÍ

Era evidente que había experimentado un renacimiento, en el que todas las formas de miedo se habían alejado de mí. Me sentía valiente de una manera que nunca antes había experimentado. Aunque aún no sabía cómo ni de dónde vendrían los recursos necesarios, tenía una fe inquebrantable de que el dinero se dirigía hacia mí. De hecho, podía verlo ya en mi posesión.

Rara vez en toda mi vida había sentido una fe tan profunda e indescriptible. No hay palabras que puedan describirlo, como todos aquellos que han tenido experiencias similares pueden confirmar, y nadie más puede comprenderlo completamente.

De inmediato, comencé a seguir las instrucciones que había recibido. El sentimiento de que estaba embarcado en una empresa inútil desapareció por completo. Uno por uno, recordé los nombres de personas conocidas que podrían tener los $25,000 que necesitaba. Comencé con el nombre de Henry Ford y pasé por una lista de más de 300 personas, terminando finalmente con el nombre de Edwin C. Barnes, un antiguo socio de Thomas A. Edison.

Mi mente racional me decía que podía contar con la ayuda de Barnes, ya que habíamos sido amigos íntimos durante más de veinte años. Pero mi "otro yo" simplemente me decía: "Sigue buscando".

LA HORA MÁS OSCURA ES JUSTO ANTES DEL AMANECER

Sin embargo, llegué a un punto muerto. Había agotado toda mi lista de conocidos, y con ella, mi resistencia física también se estaba agotando. Pasé dos días y dos noches trabajando incansablemente, concentrando mi mente en esa lista de nombres, deteniéndome solo para descansar brevemente.

Finalmente, me senté en mi silla, cerré los ojos y entré en un estado de trance por unos minutos. Fui despertado por lo que parecía ser un ruido en la habitación. Mientras recuperaba la conciencia, el nombre de Albert L. Pelton apareció en mi mente, junto con un plan que supe de inmediato que me ayudaría a persuadirlo para que publicara mis libros. Recordaba a Pelton como alguien que había colocado anuncios en la revista The Golden Rule, que yo había publicado en años anteriores.

Me levanté y escribí una carta a Pelton en Meriden, Connecticut, describiendo el plan tal como lo había concebido. Él me respondió por telegrama, indicando que estaría en Filadelfia al día siguiente para reunirse conmigo.

Cuando llegó, le mostré los manuscritos originales de mi filosofía y le expliqué brevemente cuál sería su misión. Él examinó los manuscritos, pasando algunas páginas durante unos minutos. Luego, de repente, se detuvo y, con la mirada fija en la pared durante unos segundos, dijo: "Publicaré tus libros".

Firmamos el contrato, recibí un adelanto sustancial de regalías y le entregué los manuscritos, que llevó consigo a Meriden.

Nunca le pregunté en ese momento, ni en ningún momento posterior, qué lo llevó a tomar la decisión de publicar mis libros incluso antes de leerlos. Lo que sé es que él proporcionó el capital necesario, imprimió los libros y me ayudó a vender miles de copias a su propia clientela en prácticamente todos los países de habla inglesa en el mundo.

MI "OTRO YO" LOGRA SU OBJETIVO

Tres meses después de la visita de Pelton a Filadelfia, tenía una colección completa de mis libros frente a mí en la mesa, y los ingresos de las ventas eran más que suficientes para cubrir todas mis necesidades. Estos libros ahora se encuentran en prácticamente cada pueblo, aldea y ciudad de los Estados Unidos, así como en la mayoría de los países extranjeros.

Mi primer cheque de regalías por la venta de mis libros ascendió a 850 dólares. Cuando abrí el sobre y vi el cheque, mi "otro yo" me dijo: "Tu única limitación es la que te impones en tu propia mente".

Aunque no estoy seguro de comprender completamente quién o qué es este "otro yo", tengo una firme creencia de que no existe una derrota permanente para aquellos que lo descubren y confían en él.

MI "OTRO YO" SIGUE GUIÁNDOME

Al día siguiente de la visita de Pelton en Filadelfia, mi "otro yo" me inspiró con una idea que resolvió instantáneamente mi problema financiero.

La idea que surgió en mi mente sugería que los métodos de venta en la industria automotriz necesitaban un cambio drástico. Los futuros vendedores deberían aprender a vender automóviles en lugar de simplemente comprar automóviles usados, como era común en ese momento.

Además, pensé que los jóvenes recién graduados de la universidad, que no estaban familiarizados con las tácticas antiguas de venta de automóviles, serían ideales para liderar este nuevo enfoque de ventas y podrían ser entrenados con éxito.

La idea era tan revolucionaria y emocionante que llamé de inmediato al gerente de ventas de General Motors para compartir mi plan. Él quedó impresionado y me sugirió visitar una filial de Buick en Filadelfia, propiedad de Earl Powell, quien estaba a cargo de ella.

Visité a Powell, le expliqué mi plan y él de inmediato me permitió entrenar a quince jóvenes recién graduados cuidadosamente seleccionados de la universidad, quienes pusieron en marcha este nuevo enfoque de ventas.

El ingreso que obtuve de este entrenamiento fue más que suficiente para cubrir todos mis gastos durante los siguientes tres meses, hasta que los ingresos de la venta de mis libros comenzaran a llegar, incluyendo el costo de la lujosa suite que me preocupaba en ese momento.

Mi "otro yo" no me decepcionó. El dinero que necesitaba llegó a mis manos justo cuando lo necesitaba. En ese momento, me convencí de que mi viaje a Filadelfia no había sido en vano, a pesar de las dudas razonables que tenía antes de partir desde West Virginia.

Desde ese momento hasta este exacto momento, todo lo que he necesitado ha llegado a mí. Incluso en momentos en que el mundo ha atravesado una depresión económica y muchas personas han tenido dificultades para obtener sus necesidades básicas, mi "otro yo" siempre me ha guiado en el camino correcto y me ha proporcionado lo que necesito, a veces un poco tarde, pero siempre en el momento adecuado.

EL "OTRO YO" NO CONOCE LÍMITES

El "otro yo" no sigue reglas preestablecidas, no reconoce límites y siempre, siempre encuentra una manera de lograr sus objetivos. Puede que enfrentemos derrotas temporales, pero nunca el fracaso permanente. Estoy tan seguro de esto como de estar aquí escribiendo estas palabras.

Espero sinceramente que algunos de los millones de hombres y mujeres que han sufrido la depresión económica u otras dificultades en la vida descubran dentro de sí esa extraña entidad a la que he llamado mi "otro yo". Espero que este descubrimiento los guíe, al igual que me ha guiado a mí, hacia una relación más profunda con esa fuente de energía que supera obstáculos y resuelve todas las dificultades en lugar de ser vencidos por ellas. ¡Hay una gran fuerza que descubrir en tu "otro yo"! Búscala con todo tu ser, y la encontrarás.

"FRACASO": UNA BENDICIÓN DISFRAZADA

También he descubierto que para cada problema genuino, por más difícil que parezca, existe una solución. Además, para cada experiencia de derrota temporal, para cada fracaso y adversidad, existe la semilla de un beneficio equivalente.

Lo que quiero decir es que esta semilla no es necesariamente el éxito instantáneo, sino la posibilidad de que el éxito germine y crezca a partir de ella. No siempre podemos ver esta semilla, pero ten la seguridad de que está ahí, de una forma u otra.

No pretendo comprender todo acerca de esta extraña fuerza que me llevó a la pobreza y al miedo y luego revivió mi fe, permitiéndome ayudar a decenas de miles de personas que estaban en dificultades. Pero sé que esta fuerza ha entrado en mi vida y estoy haciendo todo lo posible para facilitar que otros se conecten con ella.

NO CREO EN LOS "MILAGROS", PERO...

Nunca he sido propenso a creer en milagros, y ahora menos que nunca. No se puede atribuir a un milagro todo lo que he relatado en esta historia. Mi explicación personal del cambio que ocurrió en mi vida es que de alguna manera encontré un plan viable que me permitió armonizarme con una de las grandes leyes de la naturaleza. Por supuesto, es prerrogativa del lector atribuir la experiencia que he compartido a la causa que prefiera. No culparé a nadie por hacerlo.

Durante los veinticinco años en los que investigué las causas del éxito y el fracaso, descubrí muchos principios de verdad que han sido útiles para mí y para otros. Sin embargo, nada me ha impresionado tanto como descubrir que cada gran líder del pasado enfrentó dificultades y derrotas temporales antes de alcanzar sus objetivos.

Desde Cristo hasta Edison, los hombres que más han logrado fueron aquellos que enfrentaron las formas más duras de fracaso temporal. Esto sugiere que la Inteligencia Infinita tiene un plan o una ley por la cual hace que las personas enfrenten obstáculos antes de otorgarles el privilegio del liderazgo o la oportunidad de brindar un servicio valioso de manera destacada.

No volvería a someterme a las experiencias que viví en aquella Nochebuena de 1923 o en la noche en la que luché contra el miedo mientras caminaba alrededor de la escuela en West Virginia. Sin embargo, toda la riqueza del mundo no podría hacerme abandonar el conocimiento que he adquirido a través de esas experiencias.

LA FE HA ADQUIRIDO UN NUEVO SIGNIFICADO PARA MÍ

Reitero que no comprendo plenamente qué es este "otro yo", pero tengo suficiente conocimiento para confiar en él plenamente cuando la razón de mi mente parece insuficiente para satisfacer mis necesidades en tiempos de dificultad.

La Gran Depresión que comenzó en 1929 trajo sufrimiento a millones de personas, pero no debemos olvidar que también trajo consigo muchas lecciones valiosas. En cierto sentido, esta crisis fue más una bendición que una maldición, cuando se consideran los cambios que provocó en la mentalidad de quienes la vivieron.

Lo mismo es válido para cualquier experiencia que interrumpa los hábitos de las personas y las obligue a mirar hacia su interior en busca de soluciones.

El año que pasé en reclusión en West Virginia fue, sin duda, uno de los momentos más difíciles de mi vida, pero también me brindó el conocimiento que necesitaba, lo cual de alguna manera compensó el sufrimiento que conllevó. Estos dos resultados, el sufrimiento y el conocimiento, fueron inevitables. La Ley de la Compensación, que Ralph Waldo Emerson definió tan claramente, llevó a este resultado como algo natural y necesario.

Lo que el futuro pueda depararme en forma de desafíos y derrotas temporales, no puedo saberlo. Sin embargo, sé que ninguna experiencia futura me afectará tan profundamente como las del pasado, porque ahora tengo acceso a mi "otro yo".

Desde que mi "otro yo" asumió el control, he obtenido un tipo de conocimiento que seguramente no habría descubierto cuando el miedo estaba al mando. Aprendí que aquellos que enfrentan desafíos aparentemente insuperables pueden superarlos y gestionarlos si están dispuestos a olvidar sus propios problemas y ayudar a otros que enfrentan dificultades aún mayores.

EL VALOR DE DAR ANTES DE RECIBIR

Estoy completamente convencido de que cualquier esfuerzo que hagamos para ayudar a quienes están pasando por momentos difíciles conlleva una recompensa adecuada. Esta recompensa no siempre proviene directamente de las personas a las que servimos, pero llegará de alguna fuente.

Dudo que alguien pueda aprovechar los beneficios de su "otro yo" si está consumido por la codicia, la avaricia, la envidia y el miedo. Aunque me equivoque en esta conclusión, sigo prefiriendo estar equivocado y ser feliz que estar en lo correcto y ser infeliz. Pero no creo que esté equivocado.

Mientras esté en armonía con mi "otro yo", podré adquirir cualquier cosa material que necesite. Además, encontraré felicidad y paz interior. ¿Qué más podría desear alguien?

POR DÓNDE COMENZAR EN LA BÚSQUEDA DE TU "OTRO YO"

El único motivo que me llevó a escribir este libro fue un profundo y sincero deseo de ser útil a los demás, compartiendo con ellos todo lo que estén dispuestos a aceptar de la fortuna que se convirtió en mi vida cuando descubrí mi "otro yo". Esta riqueza no se puede medir en términos materiales o financieros, va mucho más allá.

Las riquezas materiales y financieras son cuantificables en términos de saldos bancarios, pero son frágiles. Esta otra forma de riqueza que menciono se mide no solo en términos de paz, alegría y felicidad, sino también en términos de resultados tangibles. Está respaldada por la Inteligencia Infinita y su alcance es todo el universo.

Tal vez puedas compartir esta fortuna de manera muy razonable, sin firmar pagarés ni incurrir en ninguna otra forma de obligación futura, eliminando así el obstáculo del miedo que podría interponerse entre tú y tu "otro yo". Para comenzar, necesitas obtener una mejor comprensión del poder de la fe.

¡MIEDO VS. FE!

La fe es un estado mental y un requisito previo para descubrir a tu "otro yo". Por otro lado, el miedo es su opuesto, otro estado mental, a veces inducido por realidades y otras veces por causas imaginarias.

Examinemos la naturaleza de estos dos estados mentales para comprender por qué debemos abrazar uno y rechazar al otro para conectarnos con nuestro "otro yo".

La fe nos acerca a la Inteligencia Infinita (o Dios, si prefieres ese término) y permite la comunicación. El miedo nos mantiene alejados y hace que la comunicación sea imposible.

Cuando dejé West Virginia y me dirigí a Filadelfia en busca de fondos para publicar mi filosofía del éxito, no sabía quién proporcionaría el dinero, pero una cosa estaba clara en mi mente: tenía una fe completa en que alguien me proveería el dinero.

Antes de salir de West Virginia, eliminé de mis pensamientos cualquier preocupación sobre el plan específico para asegurar los fondos y me concentré completamente en el propósito de obtener el dinero. Esta idea es especialmente relevante para aquellos que practican la oración.

Mi "otro yo" me ha enseñado que al orar, debo enfocarme en mi objetivo y dejar de lado el plan específico que debo seguir. No estoy sugiriendo que los objetos materiales se obtengan sin un plan. Lo que quiero transmitir es que el poder que convierte pensamientos y deseos en realidad proviene de la Infinita Inteligencia, que comprende mejor los planes que la persona que reza.

En otras palabras, ¿no sería más sabio, al orar, confiar en que la Mente Universal nos proporcionará el plan más adecuado para lograr el objetivo de nuestra oración?

Mi experiencia me ha enseñado que a menudo, lo que resulta de una oración es precisamente un plan (si la oración se contesta), un plan adecuado y adaptado para alcanzar el objetivo de la oración, a través de medios naturales y materiales. Pero este plan debe ser transformado en acción mediante un esfuerzo personal.

No tengo conocimiento de ningún tipo de oración que produzca resultados favorables a través de "milagros". Tampoco tengo información sobre ninguna forma de oración que viole o anule las leyes naturales.

A lo largo de mis investigaciones, nunca he encontrado evidencia de que alguna oración haya sido respondida o cumplida por fuerzas que no sean naturales.

No tengo información sobre ninguna forma de oración que funcione de manera efectiva en una mente dominada, aunque sea en menor medida, por el miedo.

UNA NUEVA FORMA DE ORAR

Desde que me familiaricé con mi "otro yo", mi forma de orar ha cambiado. Antes, solía orar solo cuando me enfrentaba a dificultades. Ahora, oro antes de que surjan las dificultades, siempre que sea posible.

Ahora, mi oración no se centra en pedir más bienes y bendiciones mundanas, sino en ser merecedor de todo lo que ya poseo. Creo que esta forma de oración es superior a la anterior.

La Inteligencia Infinita no parece ofenderse cuando agradezco y demuestro gratitud por todas las bendiciones que han enriquecido mis esfuerzos.

Me sorprendí cuando probé por primera vez este enfoque de ofrecer una oración de gratitud por todo lo que ya tenía, ya que descubrí la inmensa riqueza que ya estaba en mi posesión, pero que no apreciaba plenamente.

Por ejemplo, descubrí que tenía un cuerpo muy saludable que rara vez había sido afectado por enfermedades graves.

Descubrí que poseía una mente relativamente equilibrada.

Descubrí que tenía una imaginación creativa que me permitía prestar un servicio valioso a un gran número de personas.

Descubrí que disfrutaba de una libertad tanto física como mental.

Descubrí que era ciudadano de una de las civilizaciones más avanzadas hasta la fecha.

Descubrí que tenía un deseo inquebrantable de ayudar a los menos afortunados.

Descubrí que la felicidad, el objetivo supremo de la humanidad, estaba a mi alcance, ya fuera en tiempos de crisis económica o de bonanza.

Por último, pero no menos importante, descubrí que tenía el privilegio de conectarme con la Inteligencia Infinita, tanto para expresar mi gratitud por lo que tenía como para pedir más o recibir orientación.

¿No sería útil que cada lector de este libro hiciera un inventario de sus activos intangibles? Este inventario podría revelar que posees riquezas invaluables.

El mundo entero está experimentando cambios de una magnitud sin precedentes en estos momentos, lo que ha llevado a millones de personas a sentir constantemente pánico, preocupación, dudas, indecisión y, sobre todo, miedo. En este momento crucial, considero que es el momento adecuado para que aquellos que se encuentran atrapados en la encrucijada entre la duda y la incertidumbre conozcan y se conecten con su "otro yo".

Para aquellos que deseen emprender este camino, puede resultar útil tomar una lección de la naturaleza. La observación nos muestra que las estrellas brillan eternamente cada noche en sus lugares habituales; que el sol sigue enviando sus rayos de luz y calor, lo que permite que la naturaleza produzca alimentos y ropa en abundancia; que el agua continúa fluyendo cuesta abajo; que los pájaros y los animales salvajes en el bosque encuentran las condiciones adecuadas y suficientes para su alimentación; que después de un día de trabajo llega la noche para que podamos descansar; que después del bullicioso verano llega el tranquilo invierno; que las estaciones vienen y van exactamente como lo hacían antes de la crisis de 1929. En verdad, solo la mente de los seres humanos ha dejado de funcionar normalmente, y esto se debe a que han llenado sus mentes de miedo.

Observar estos simples hechos de la vida cotidiana puede ser un punto de partida valioso para aquellos que deseen reemplazar el miedo con la fe.

No soy un profeta, pero puedo predecir sin falsa modestia que cada individuo tiene el poder de cambiar su situación material o financiera. Sin embargo, primero deben cambiar la naturaleza de sus creencias.

No confundas la palabra "creencia" con "deseo". No son lo mismo. Todos somos capaces de "desear" ventajas financieras, materiales o espirituales, pero la fe es la única fuerza real a través de la cual un deseo puede convertirse en una creencia, y luego esa creencia se convierte en realidad.

LA FE ES EL PRINCIPIO DE TODO GRAN LOGRO

Si Thomas Edison se hubiera conformado con simplemente desear conocer el secreto detrás de cómo la energía eléctrica hace que la bombilla incandescente se ilumine, todas las comodidades que sus descubrimientos han brindado a la civilización seguirían siendo secretos de la naturaleza. Él enfrentó el fracaso temporal más de diez mil veces antes de finalmente descubrir ese secreto de la naturaleza. Siguió intentándolo hasta encontrar la respuesta porque creía que lo lograría.

Edison desveló más secretos de la naturaleza en el campo de la física que cualquier otro hombre que haya vivido, y lo hizo porque se hizo íntimo de su "otro yo".

Esto lo escuché directamente de Edison, pero incluso si no hubiera escuchado su relato, sus logros hablan por sí mismos.

Nada dentro de la razón es imposible para el hombre o la mujer que cree y confía en su "otro yo". Todo lo que un ser humano cree que es verdad encontrará una manera de hacerlo realidad.

Una Nueva Perspectiva sobre lo Divino

En mis días anteriores, cuando carecía del valor para expresar mi verdad, solía concebir la existencia de un Dios personal al que la gente recurría en busca de ayuda a través de la oración, esperando obtener respuesta.

Sin embargo, debo confesar que nunca tomé esta creencia demasiado en serio, y mucho menos la sostengo en la actualidad.

Hace tiempo que abandoné la noción de un Dios personal en favor de una creencia más sólida y práctica.

Esta nueva perspectiva descarta la idea de un Dios personal y en su lugar nos presenta una fuerza o ley universal, conocida como Inteligencia Infinita o Mente Universal.

Para mí, esta fuerza permea cada partícula de materia y cada unidad de energía en el vasto universo. Es la misma energía que guía nuestros pensamientos y que, cuando se emplea con fe absoluta, comienza de inmediato a convertir esos pensamientos (o plegarias) en realidad física, utilizando los medios naturales más eficientes y convenientes disponibles en cada caso.

Mi Concepto de la Oración

Esta creencia me resulta más plausible que la noción ortodoxa de un Dios personal, ya que la he aplicado con éxito demostrable.

Además, simplifica tanto la práctica de la oración como la fuente de poder a la que nos dirigimos en nuestras plegarias, ya que esa fuente de poder se ha convertido en una parte de nuestra propia mente.

Esta perspectiva sobre la oración libera a Dios de las molestias innecesarias y de la tarea de mediar en los conflictos humanos y escuchar todos nuestros problemas.

Incluso si se trata solo de una teoría, esta creencia responde, al menos para mí, a la pregunta de por qué la oración a veces funciona y otras veces no.

La oración es un pensamiento liberado, a veces expresado en palabras audibles y otras veces, silencioso. Por experiencia propia, he observado que una oración silenciosa es tan efectiva como una expresada en palabras. También he notado que el estado de ánimo de quien reza es el factor determinante en la efectividad de la oración.

A partir de estas observaciones (basadas en hechos, no en opiniones), llegué a la conclusión de que la misma fuerza o poder que responde a una oración favorable es la que transforma una semilla en un robusto roble, despierta al ave dentro del huevo o desarrolla dos pequeñas células en la asombrosamente compleja forma de un ser humano.

La noción que intento transmitir sobre el "yo interior" simplemente simboliza un nuevo enfoque hacia la Inteligencia Infinita, una forma de controlar y dirigir el proceso de combinar la fe con los pensamientos.

En otras palabras, tengo más fe en el poder de la oración ahora que cuando dependía de un Dios concebido como una figura distante y desconocida en un mundo lejano. Mi nueva concepción de la fuente de respuesta a la oración la sitúa en mi propia mente, donde está siempre en servicio, lista y dispuesta a obedecer mis órdenes cuando me comunico con ella en el lenguaje que comprende: el lenguaje de la fe.

Los dioses ya no residen en el alto Olimpo, sino en la mente del ser humano.

El estado mental conocido como fe parece abrir una puerta hacia un sexto sentido, que nos permite conectarnos con fuentes de poder e información que van más allá de nuestros cinco sentidos habituales.

Este sexto sentido, como una especie de ángel guardián, está dispuesto a ayudarte en cualquier momento para acceder al Templo de la Sabiduría y cumplir tus deseos.

El autor no se considera creyente ni defensor de los "milagros", ya que posee un profundo conocimiento de las leyes naturales y entiende que estas leyes nunca se suspenden ni se rompen.

No obstante, algunas de estas leyes son tan complejas que pueden dar lugar a situaciones que parecen milagrosas para aquellos que no las comprenden. Los "sextos sentidos" se acercan mucho a ser considerados "milagros" en la percepción común, posiblemente porque el autor no comprende completamente cómo funcionan.

Lo que el autor sabe con certeza es que existe un poder o una inteligencia suprema que impregna cada partícula de materia y rige cada manifestación de energía perceptible para el ser humano. Esta inteligencia infinita dirige el crecimiento de las bellotas en robles, el flujo del agua cuesta abajo obedeciendo a la gravedad, y el ciclo constante de las estaciones. Esta inteligencia tiene la capacidad de materializar nuestros deseos. El autor habla desde su propia experiencia al respecto.

Durante mucho tiempo, el autor ha mantenido la costumbre de hacer una evaluación personal de sí mismo una vez al año. El objetivo es identificar cuántas de sus debilidades ha superado o eliminado y evaluar su progreso en ese período.

En una de esas ocasiones, el autor se dio cuenta de que no solo había experimentado un estancamiento durante el año, sino que también había desarrollado una indiferencia hacia sí mismo y hacia la vida, lo cual fue una revelación alarmante. Decidió tomar medidas de inmediato.

En ese momento, tenía programada una conferencia en Ohio, a unos trescientos kilómetros de su hogar, y eligió viajar en automóvil. En el transcurso del viaje, experimentó la presencia de su "ángel de la guarda" a su lado en el asiento delantero vacío del automóvil. (El lector puede interpretar esta parte del relato como el producto de la imaginación del autor, la ensoñación o cualquier otra explicación que prefiera).

El personaje en el asiento vacío junto al autor parecía extraordinariamente real. Su presencia se hizo evidente casi de inmediato cuando el autor percibió, a través de sus sensaciones, que había una fuerza o personalidad diferente a la suya en el automóvil. Esto condujo a una entrevista que resultó en el siguiente Pacto:

Voz interior: Has perdido demasiado tiempo en el pasado. ¿Cuánto más planeas desperdiciar?

Autor: Soy consciente de que he malgastado tiempo. ¿Cuál fue la causa de ese desperdicio y cómo puedo enmendarlo en el futuro?

Voz interior: El tiempo que perdiste en actividades frívolas fue tiempo que podrías haber utilizado para servir a los demás a través de la filosofía de la LEY DEL ÉXITO. Debes corregir ese desperdicio transformando esa energía vital en un servicio a los demás, siguiendo la LEY DEL ÉXITO.

Autor: ¿Debo entender que en el futuro debo enfocar mis pensamientos principalmente en servir a los demás a través de la LEY DEL ÉXITO?

Voz interior: No necesariamente, pero debes dedicar la mayor parte de tus pensamientos a ese propósito. Si no lo haces, atraerás dificultades y privarás a otros del conocimiento que debes compartir a través de la LEY DEL ÉXITO.

Autor: No tengo los recursos para publicar la filosofía de la LEY DEL ÉXITO.

Voz interior: Eso no es una excusa. Tendrás todo el dinero que necesites si estás dispuesto a aceptar consejos y seguirlos.

Autor: Estoy dispuesto a aceptar consejos y seguirlos. Por favor, dame instrucciones y las seguiré fielmente.

Voz interior: Bien, tu disposición para seguir instrucciones es todo lo que necesitas en este momento. ¿Estás listo para recibir tus instrucciones ahora?

Autor: Estoy listo.

Voz interior: Al principio, te resultará difícil seguir las instrucciones, ya que requerirán un cambio completo en tus hábitos. Sin embargo, la recompensa que te espera, si sigues fielmente estas instrucciones, justifica todos los esfuerzos que debas realizar. Aquí tienes tus instrucciones:

"Primera: En el futuro, dedicarás tanto tiempo y esfuerzo a servir a los demás a través de la filosofía de la LEY DEL ÉXITO como lo hiciste en el pasado en la búsqueda de tus propios placeres personales.

"Segunda: Comienza de inmediato a escribir la filosofía de la LEY DEL ÉXITO. Una vez que hayas completado los manuscritos, recibirás más instrucciones sobre su publicación.

"Tercera: Después de publicar la filosofía de la LEY DEL ÉXITO, recibirás instrucciones para escribir otros libros. Cumple con esas instrucciones tan pronto como las recibas.

"Cuarta: Como recompensa por llevar a cabo estas y futuras instrucciones que recibirás, puedes elegir tres deseos que quieras que se cumplan".

El autor se sorprendió por la posibilidad de elegir tres deseos a cambio de llevar a cabo las instrucciones que le habían sido dadas.

Autor: ¿Estás diciendo que realmente puedo tener tres cosas que elija a cambio de cumplir estas instrucciones?

Voz interior: Sí, las tres cosas que elijas serán tuyas.

Autor: ¿Con quién estoy hablando? ¿Quién se hará responsable de cumplir esta promesa de recompensa una vez que cumpla con las instrucciones?

Voz interior: Estás tratando con la Inteligencia Infinita. Soy la entidad designada por la Infinita Inteligencia para negociar contigo por tus servicios. Puedes tener fe en que recibirás tu recompensa al completar las instrucciones. Te concederé el poder de compensarte tan pronto como lo merezcas.

Autor: Muy bien. Elegiré (1) sabiduría, a través de un corazón comprensivo que me permita relacionarme armoniosamente con los demás; (2) salud, tanto física como mental; y (3) riqueza en las cantidades necesarias para llevar a cabo las instrucciones que me has dado.

Voz interior: "Eso no es suficiente. No puedo permitir que pidas menos de lo que mereces. Debes modificar tu primera elección para incluir la felicidad. Sin la felicidad, no serás un trabajador eficiente. La Inteligencia Infinita está próxima. Te han preparado para prestar un servicio valioso en esta situación. Reconsidera tu primera elección.

Autor: Está bien, modificaré mi primera elección para incluir la felicidad a través de la sabiduría de un corazón comprensivo.

Voz interior: ¡Perfecto! Los términos de nuestro pacto ahora son satisfactorios. A partir de este momento, eres el amo y el servidor. Tu recompensa se otorgará tan pronto como la ganes. Te explicaré cómo se te recompensará para que comprendas que no puedes cobrar sin merecerlo ni quedarte sin tu recompensa después de merecerla.

"La felicidad proviene principalmente de servir a los demás. Recibirás esa parte de tu recompensa tan pronto como la merezcas.

"La sabiduría de un corazón comprensivo se obtiene mediante un intenso deseo de adquirirla. Puedes tomar esa parte de tu recompensa tan pronto como lo desees.

"La salud, tanto física como mental, se logra mediante el pensamiento positivo. Mantén tu mente libre de pensamientos negativos y reclama esa parte de tu recompensa tan pronto como la merezcas.

"La riqueza que te permitirá alcanzar la felicidad se obtiene prestando un servicio útil a los demás a través de la LEY DEL ÉXITO. El dinero te llegará directamente de aquellos a quienes sirvas, en proporción a la cantidad y calidad del servicio que brindes, así como a la cantidad de personas a las que sirvas.

"Debes notar que la Inteligencia Infinita te ha convertido en tu propio supervisor, empleador, servidor y pagador. El pacto está en vigor y solo puede romperse por incumplimiento".

El visitante desapareció, dejando al autor con una extraña sensación de soledad, como si un compañero de viaje hubiera abandonado el automóvil. Fue una experiencia inusual y desconcertante. El autor se cuestionó si había sido un sueño o fruto de su imaginación, pero los eventos posteriores demostrarían que ambas conclusiones estaban equivocadas.

Después de esa experiencia el 26 de octubre de 1923, ocurrieron los siguientes eventos:

1. Al regresar a casa al día siguiente, comencé a organizar los datos que había recopilado durante casi quince años sobre la filosofía de la LEY DEL ÉXITO. La noche de Navidad siguiente, empecé a escribir la LEY DEL ÉXITO.

2. A fines de 1928, los manuscritos estaban completos después de múltiples revisiones y fueron publicados por A. L. Pelton de Meriden, Connecticut, en circunstancias que concordaban perfectamente con los términos del pacto ya descritos.

3. En 1929, comenzó la "depresión económica" mundial, creando caos en todo el mundo civilizado. La filosofía de la LEY DEL ÉXITO se reveló como una respuesta adecuada a las necesidades de millones de personas que

habían perdido la fe y estaban afectadas de diversas formas por la depresión.

4. La filosofía de la LEY DEL ÉXITO ahora cuenta con seguidores en todas las ciudades, pueblos y aldeas de Estados Unidos, y prácticamente en todos los países del mundo. El método de distribución de la filosofía, que se describe en otros libros recientes, está en total sintonía con los términos del pacto.

5. Por último, pero no menos importante, disfruto de buena salud tanto física como mental. Me siento más feliz que en cualquier otro momento de mi vida, y tengo los recursos financieros necesarios para llevar a cabo mis instrucciones.

La parte más impresionante de esta experiencia es la ingeniosa manera en que se diseñó el pacto, otorgándome el privilegio de convertirme en el maestro de mi propio destino y asumiendo la responsabilidad de ser el servidor. Literalmente, este pacto me hizo "maestro de mi propio destino y capitán de mi propia alma".

¿ACASO EDISON HABLA DESDE ESTA TUMBA?

Mientras transitaba por la época en la que la admiración hacia héroes era común, me vi intentando emular a aquellos a quienes más admiraba. Además, descubrí que la fe con la que me esforzaba por imitar a mis ídolos me proporcionaba un notable éxito en esta empresa.

Aunque he dejado atrás la edad típicamente asociada con este tipo de comportamiento, nunca he renunciado a mi costumbre de admirar a héroes. Mi experiencia me ha enseñado que la forma más cercana de alcanzar la grandeza real es emulando a quienes son verdaderamente grandiosos, actuando con pasión y determinación. Nunca he sabido que esta práctica cause daño a nadie.

Mucho antes de que escribiera sobre la Ley del Éxito o pronunciara discursos públicos, adopté el hábito de moldear mi propio carácter tratando de imitar a nueve hombres cuyas vidas y obras me habían impactado profundamente. Estos nueve hombres eran Emerson, Paine, Edison, Darwin, Lincoln, Burbank, Napoleón,

Ford y Carnegie. Todas las noches, durante un largo período de años, celebraba en mi mente una reunión imaginaria con este consejo de hombres, a quienes llamaba mis "consejeros invisibles".

El procedimiento era sencillo: antes de ir a dormir, cerraba los ojos y los veía en mi mente, sentados junto a una mesa. No solo tenía el privilegio de estar entre quienes consideraba grandes, sino que, de hecho, dirigía el grupo como presidente y líder.

Satisfacer mi imaginación a través de estas reuniones nocturnas tenía un propósito claro: remodelar mi propio carácter para que reflejara la sabiduría de mis consejeros imaginarios. Desde una edad temprana, comprendí que debía superar las desventajas de un humilde origen en un entorno de ignorancia y superstición. Así que me asigné la tarea deliberada de un renacimiento personal utilizando este método descrito aquí.

RECONSTRUCCIÓN DE CARÁCTER POR MEDIO DE LA AUTOSUGESTIÓN

Habiendo sido un estudiante dedicado de psicología, comprendía que las personas se moldean por sus pensamientos y deseos predominantes. Sabía que los deseos arraigados pueden manifestarse en la realidad física y que la autosugestión desempeña un papel poderoso en la construcción del carácter; de hecho, es el principio fundamental para desarrollarlo.

Armado con este conocimiento sobre el funcionamiento de la mente, tenía las herramientas necesarias para remodelar mi propio carácter. Durante estas reuniones imaginarias con mi consejo de héroes, llamaba a cada miembro de mi "gabinete" por sus conocimientos y rasgos de carácter, expresándome en voz alta de la siguiente manera:

"Señor Emerson, deseo obtener su asombrosa comprensión de la naturaleza que definió su vida. Le pido que impregne mi mente subconsciente con las cualidades que le permitieron comprender y adaptarse a las leyes de la naturaleza. Le ruego que me ayude a alcanzar y aprovechar cualquier fuente de conocimiento disponible para este propósito.

"Señor Burbank, le pido que me transmita el conocimiento que le permitió armonizar las leyes de la naturaleza, transformando el cactus en alimento comestible. Permítame acceder a la sabiduría que le permitió hacer crecer dos briznas de hierba donde antes solo crecía una y mezclar colores de flores con esplendor y armonía, como solo usted podía hacerlo.

"Napoleón, deseo adquirir su maravillosa habilidad para inspirar a los hombres y despertar en ellos un espíritu de acción decidida. También deseo adquirir la fe inquebrantable que le permitió convertir la derrota en victoria y superar obstáculos asombrosos. Emperador del Destino, ¡lo saludo!

"Señor Paine, deseo obtener su libertad de pensamiento, coraje y claridad para expresar sus convicciones que tanto lo distinguieron.

"Señor Darwin, deseo adquirir su maravillosa paciencia y habilidad para estudiar causa y efecto, sin prejuicios ni sesgos, como lo demostró en el reino de las ciencias naturales.

"Señor Lincoln, anhelo incorporar a mi carácter su agudo sentido de la justicia, paciencia incansable, sentido del humor, comprensión humana y tolerancia, que fueron sus rasgos distintivos.

"Señor Carnegie, ya le debo mucho por mi elección de una carrera que me ha brindado gran felicidad y tranquilidad. Deseo comprender a fondo los principios del esfuerzo organizado que utilizó tan eficazmente en la construcción de una gran empresa industrial.

"Señor Ford, ha sido una de las personas que han contribuido en gran medida a la filosofía del éxito. Deseo adquirir su espíritu de persistencia, determinación, aplomo y confianza en sí mismo, con los que superó la pobreza, organizó la producción en masa y simplificó el esfuerzo humano, para que pueda guiar a otros siguiendo sus pasos.

"Señor Edison, lo invité a sentarse más cerca de mí, a mi derecha, por su colaboración personal en mi investigación sobre el éxito y el fracaso. Deseo obtener su asombroso espíritu de fe, que le permitió descubrir tantos secretos de la naturaleza, y su incansable ética de trabajo, que le ha llevado al triunfo incluso en medio de la derrota".

Mi enfoque para interactuar con los miembros de mi consejo imaginario variaba según los rasgos de carácter que en ese momento deseaba adquirir. Estudié detenidamente los registros de las vidas de estos nueve hombres. Después de aproximadamente tres meses de seguir este procedimiento nocturno, me sorprendió la sensación de que estas figuras imaginarias se volvían casi tangibles.

Cada uno de estos hombres desarrolló rasgos individuales que me sorprendieron. Por ejemplo, Lincoln adoptó el hábito de llegar siempre tarde y luego caminar solemnemente alrededor de la mesa. Cuando llegaba, lo hacía con pasos pausados, las manos entrelazadas detrás de su espalda y ocasionalmente se detenía junto a mi asiento, colocando su mano brevemente en mi hombro. Siempre llevaba una expresión seria en su rostro, rara vez se le veía sonreír, debido a las preocupaciones de una nación dividida.

Sin embargo, esto no se aplicaba a los demás. Burbank y Paine a menudo se sumergían en ingeniosos debates que a veces desconcertaban a los otros miembros de mi consejo.

En una ocasión, Paine me sugirió que preparara una conferencia sobre "La Edad de la Razón" y la pronunciara en el púlpito de una iglesia a la que solía asistir. Muchos alrededor de la mesa se rieron ante la idea, pero Napoleón no. Frunció el ceño y emitió un gruñido tan fuerte que todos se volvieron para mirarlo con asombro. Para él, la Iglesia era solo una herramienta del Estado, no algo para reformar, sino para utilizar como un medio para movilizar a las masas.

En una ocasión, Burbank llegó tarde y, cuando finalmente llegó, estaba emocionado y entusiasmado, explicando que su retraso se debía a un experimento en el que esperaba poder cultivar manzanas en casi cualquier tipo de árbol.

Paine lo reprendió, recordándole que una manzana fue la causa de todos los problemas entre Adán y Eva. Darwin se rio a carcajadas y sugirió que Paine debería tener cuidado con las pequeñas serpientes cuando saliera al bosque a recoger manzanas, ya que tenían la costumbre de convertirse en grandes serpientes.

Emerson comentó: "Sin serpientes, no habría manzanas". Napoleón agregó: "Sin manzanas, no habría Estado".

En otra ocasión, viví una historia de amor con una joven llamada Josephine. Tuvimos un malentendido y acordamos poner fin a nuestra relación. Esa noche, durante la reunión, Napoleón sonrió al recordarme que él también había renunciado a una persona preciada llamada Josephine. Me aconsejó encarecidamente que tratara de reconciliarme con ella y que hiciera lo mismo. Sin embargo, no seguí su consejo.

Años después, me encontré con la joven, quien ya se había casado con otro hombre. Ella me reveló que poco después de nuestra separación, había tenido un sueño en el que Napoleón apareció y la instó firmemente a reconsiderar su decisión y a invitarme a hacer lo mismo.

Lincoln desarrolló el hábito de ser el último en abandonar la mesa después de cada reunión. En una ocasión, se inclinó sobre el extremo de la mesa con los brazos cruzados y permaneció en esa posición durante varios minutos. No intenté interrumpirlo. Finalmente, levantó la cabeza lentamente, se puso de pie y se dirigió hacia la puerta. Sin embargo, antes de salir, se volvió, regresó y puso su mano en mi hombro, diciendo: "Joven, necesitarás una gran dosis de coraje para seguir adelante con tu propósito en la vida. Pero recuerda, cuando las dificultades te abrumen, que la gente común tiene sentido común. La adversidad te hará más fuerte".

Una tarde, Edison llegó antes que los demás a la reunión. Tomó asiento a mi izquierda, en el lugar donde solía sentarse Emerson, y compartió lo siguiente:

"Estás destinado a presenciar el descubrimiento del secreto de la vida. Cuando llegue ese momento, te darás cuenta de que la vida consiste en vastas agrupaciones de energía o entidades, cada una tan inteligente como los seres humanos se imaginan a sí mismos.

"Estas unidades de vida se agrupan de manera similar a las colmenas de abejas y permanecen juntas hasta que la falta de armonía las desintegra. Al igual que los seres humanos, estas unidades de vida tienen diferencias de opinión y a veces luchan entre sí.

"Las reuniones que llevas a cabo te serán de gran ayuda, ya que atraerán a tu disposición algunas de las mismas unidades de vida que sirvieron a los miembros de tu consejo, cuyos cuerpos físicos ya no existen. Estas unidades son eternas, nunca mueren.

"Tus propios pensamientos y deseos actúan como un imán que atrae a las unidades de vida desde el vasto océano de la existencia. Solo las unidades amigables, que armonizan con la naturaleza de tus deseos, son atraídas hacia ti".

En ese momento, los otros miembros de mi consejo comenzaron a llegar a la sala. Edison se levantó y regresó a su propio asiento. Esto ocurrió mientras él todavía estaba vivo. La experiencia me impresionó profundamente, y fui a contarle lo sucedido. Él sonrió amplia y simplemente comentó: "Tu sueño fue más real de lo que puedes imaginar", sin dar más detalles.

Estas reuniones se volvieron tan vívidas que comencé a temer sus posibles consecuencias y las suspendí durante varios meses. Las experiencias eran tan extrañas que tenía miedo de que mi mente se desequilibrara si continuaba, o que me obsesionara con el tema y perdiera de vista que eran puramente producto de mi imaginación.

Sin embargo, aproximadamente seis meses después de haber interrumpido las reuniones, tuve una experiencia que me dejó perplejo. Desperté en medio de la noche o al menos eso creí, y vi a Lincoln parado junto a mi cama. Me dijo: "El mundo pronto necesitará tus servicios. Se avecina un período de caos que hará que hombres y mujeres pierdan la fe y sufran pánico. Continúa con tu trabajo y completa tu filosofía. Esa es tu misión en la vida. Si la descuidas por cualquier motivo, retrocederás a un estado primario y deberás volver a pasar por los ciclos que has experimentado durante miles de años".

Cuando llegó la mañana, no estaba seguro de si había sido un sueño o una experiencia real mientras estaba despierto. Aunque nunca pude determinarlo con certeza, lo que sí sé es que esta visión, sea un sueño o no, fue tan vívida que reanudé las reuniones la noche siguiente y las he continuado desde entonces.

En nuestra próxima reunión, todos los miembros de mi consejo entraron juntos a la sala y se colocaron en sus lugares habituales alrededor de la mesa del consejo. Lincoln levantó una copa y dijo: "Caballeros, brindemos por un amigo de la humanidad. Está de vuelta en el camino correcto".

A partir de entonces, comencé a agregar nuevos miembros a mi consejo, y en la actualidad consta de más de cincuenta, incluyendo a Galileo, Copérnico, Aristóteles, Platón, Sócrates, Homero, Voltaire, Bruno, Spinoza, Drummond, Kant, Schopenhauer, Newton, Confucio, Elbert Hubbard, Brann, Ingersoll, Wilson y William James.

Es la primera vez que reúno el valor necesario para mencionar este de mi vida. Hasta ahora, he guardado silencio sobre el tema porque sabía, por mi propia actitud hacia asuntos similares, que podría ser etiquetado como un impostor piadoso si compartía mis experiencias excepcionales.

Con el paso del tiempo, he adquirido la valentía necesaria para plasmar mis vivencias en el papel. Esto se debe, en parte, al hecho de que la filosofía del éxito que he tenido el privilegio de desarrollar ha sido aceptada como sólida y práctica por un gran número de hombres y mujeres en diversas esferas de la vida.

Además, ya no me preocupa tanto lo que los demás puedan decir. Una de las bendiciones de la madurez es que a veces nos otorga el valor de ser honestos, independientemente de la opinión de quienes no comprenden.

Para evitar malentendidos, quiero enfatizar que aún considero que las reuniones con los miembros de mi consejo son puramente fruto de mi imaginación. Sin embargo, siento que tengo el derecho de sugerir que, aunque estos miembros pueden ser ficticios y las reuniones existen únicamente en mi mente, me han llevado por caminos de aventura gloriosa, han reavivado mi aprecio por la auténtica grandeza, han fomentado mi creatividad y me han dado el coraje de expresar mis pensamientos con sinceridad.

2. Una Entrevista Con Mis "Consejeros Invisibles"

Mi Más Extraña Experiencia

En lo más profundo de la estructura celular del cerebro humano, existe un misterioso órgano que recibe las vibraciones del pensamiento, comúnmente denominadas "corazonadas". Aunque la ciencia aún no ha logrado descubrir la ubicación exacta de este órgano relacionado con el sexto sentido, su ubicación no es de vital importancia. Lo fundamental es que los seres humanos somos receptores de conocimiento preciso a través de sentidos que trascienden los cinco físicos.

Este tipo de conocimiento suele manifestarse cuando nuestra mente se encuentra bajo la influencia de alguna forma de estimulación extraordinaria. Por lo general, emerge en momentos de emergencia que despiertan nuestras emociones y aceleran el latido del corazón. En tales ocasiones, el sexto sentido entra en acción y, en una fracción de segundo, nos ayuda a evitar accidentes, como quienes han estado al borde de un accidente automovilístico pueden atestiguar.

Estos hechos son relevantes para comprender lo que estoy a punto de compartir: durante mis encuentros con lo que denomino mis "consejeros invisibles", mi mente se torna especialmente receptiva a ideas, pensamientos y conocimientos que me llegan a través del sexto sentido.

Mis amigos me reconocen como un escritor "inspirado", y puedo afirmar con honestidad que debo todo el mérito de las ideas, hechos y conocimientos que he recibido a través de la "inspiración" a mis "consejeros invisibles". Gran parte de la filosofía que fundamenta la Ley del Éxito, que ahora cuenta con seguidores en todo el mundo civilizado, me fue revelada por medio de estos consejeros. En más de una veintena de ocasiones, cuando enfrenté situaciones de emergencia, algunas tan graves que parecía que mi vida estaba en peligro, fui milagrosamente guiado más allá de esas dificultades gracias a la influencia de mis "consejeros invisibles".

Es importante que el lector tenga presente estos hechos antes de sumergirse en la transcripción de una reunión real con uno de mis "consejeros invisibles", que compartiré en breve. Lo que emerja de esta reunión es un misterio incluso para mí, y no puedo predecir su duración. Puede abordar temas completamente ajenos al propósito de este libro, pero, independientemente de lo que ocurra, se acercará al lector a la fuente de mi "inspiración" en la medida de lo posible. Cualquier conocimiento adicional sobre este tema debe obtenerse mediante la experiencia directa.

Al principio, mi objetivo al llevar a cabo estas reuniones con seres imaginarios era impresionar a mi mente subconsciente, a través del principio de la sugestión automática, con ciertas cualidades de carácter que deseaba adquirir. Sin embargo, en años recientes, mi enfoque experimental ha tomado un rumbo completamente distinto. Ahora, me enfrento a mis consejeros imaginarios con una amplia gama de problemas que me conciernen.

Para ofrecer una comprensión más clara de cómo se desarrollan estas reuniones con mis "consejeros invisibles", llevaré a cabo una entrevista en la que dirigiré mis preguntas al fallecido Thomas A. Edison, un miembro de mi consejo imaginario.

Mi primera pregunta:

Napoleón Hill: Sr. Edison, ¿a dónde fue usted cuando falleció?

Thomas A. Edison: ¡A ninguna parte! No estoy muerto. Simplemente dejé atrás un cuerpo desgastado que ya no necesitaba. De todos modos, ya había cumplido su ciclo.

NH: ¿Guarda recuerdos de sus experiencias durante su vida?

TAE: Sí, y aún continúo trabajando en mis experimentos relacionados con el caucho sintético. Tan pronto como encuentre a alguien dispuesto a prestar su cuerpo físico, contribuiré a brindar al mundo los beneficios de mi trabajo.

NH: ¿De qué manera existe ahora, como individuo, y dónde reside?

TAE: Existencia para mí es un conjunto organizado de unidades de inteligencia, y resido donde elijo estar. No me preocupa el transporte, ya que puedo viajar de un punto del universo a otro a una velocidad inconcebiblemente superior a la de la luz. La mayor parte de mi tiempo la paso cerca de aquellos que colaboraron conmigo antes de liberarme de mi cuerpo físico.

NH: ¿Ha encontrado un Dios ahí donde ahora vive?

TAE: En este lugar, cada ser es una entidad divina, aunque no nos identificamos con ese término. Nos reconocemos como servidores. Todos brindamos asistencia a aquellos que aún poseen cuerpos físicos. Ingresamos en las mentes de otros a través del pensamiento, siempre que encontramos individuos receptivos a nuestras ideas. A veces, ingresamos individualmente en la mente de alguien, mientras que en otras ocasiones nos agrupamos, reuniendo a una docena de nosotros cuando tenemos un mensaje de especial importancia que transmitir. Cuando nos reunimos, encontramos menos obstáculos para comunicar nuestras intenciones a un individuo.

NH: ¿Cómo se comunican entre ustedes en su plano?

TAE: Eso es sencillo. Nos comunicamos cuando lo deseamos simplemente mediante la voluntad de hacerlo. La distancia no es relevante. Podemos comunicarnos a cualquier distancia, a la velocidad con la que viajamos.

NH: ¿Qué es la vida?

TAE: No comprendo tu pregunta.

NH: ¿Qué es lo que otorga a aquellos de nosotros que vivimos en el plano físico el poder de vivir y pensar?

TAE: Lo que denominas vida es una forma de inteligencia que consiste en innumerables unidades o enjambres. En el plano físico, estos enjambres aumentan en número a medida que la persona envejece. Permanecen unidos mientras el cuerpo físico funciona en armonía y se desconectan cuando el cuerpo físico cesa su funcionamiento.

En ocasiones, estos enjambres de unidades de inteligencia se dividen en grupos más pequeños, cada uno actuando según su voluntad. Cuando nos comunicamos a través de cuerpos físicos en tu plano, generalmente lo hacemos enviando un pequeño grupo de nuestras unidades individuales, la cantidad depende de la capacidad del cuerpo que visitamos para recibirnos.

A menudo, admitimos nuevas unidades en este plano de manera similar a cómo una colmena de abejas podría aceptar a un grupo de abejas ajenas. El interés mutuo atrae a nuevas unidades hacia nuestros grupos individuales.

NH: ¿Cuándo se formó la Tierra en la que vivimos durante nuestra existencia física?

TAE: La Tierra no fue creada. Surgió de un cosmos en movimiento hace aproximadamente cincuenta millones de años.

NH: ¿Cómo llegamos los seres humanos y otras formas de vida física a la Tierra?

Toda forma de vida física presente en la Tierra en la que resides es el resultado de enjambres de unidades de vida que se establecieron allí unos cuarenta millones de años después de que la Tierra se convirtiera en un cuerpo independiente.

NH: ¿Las unidades de energía que dan vida a la vegetación y a los animales inferiores al hombre regresan a su plano cuando abandonan sus cuerpos físicos?

TAE: Todas las unidades de vida regresan. No existen diferencias entre ellas. Cada una está dotada de la misma capacidad de inteligencia que las demás. Las unidades de vida en un perro, por ejemplo, son igualmente inteligentes que las de un ser humano. La diferencia radica en la cantidad de unidades de inteligencia presentes en cada ser físico, así como en su experiencia. La única disparidad en inteligencia entre un ser humano y una brizna de hierba es la cantidad de unidades de inteligencia que residen en cada uno.

Las unidades de vida en todos los animales inferiores al ser humano viajan en enjambres más pequeños. Al regresar a este plano, a menudo se separan y pierden su individualidad grupal por completo. Algunas se unen a grupos más grandes, mientras que otras flotan en el espacio en busca de una nueva oportunidad para expresarse en el plano físico.

NH: ¿Es la Tierra en la que vivimos el único planeta habitado por vida en forma física?

TAE: ¡De ninguna manera! El ser humano en la Tierra aún está en sus primeros pasos.

NH: ¿Qué otros secretos en el campo de la ley natural aún debe descubrir la humanidad?

TAE: El más grande de esos secretos no puedo explicártelo completamente porque tu conjunto de unidades de inteligencia, en este momento, es demasiado limitado para comprenderlo. Sin embargo, estás avanzando rápidamente. Dentro de los próximos tres años, serás lo suficientemente competente para recibir una explicación detallada de uno de estos secretos, y se te permitirá hacerlo si sigues en sintonía con las unidades visitantes con las que te comunicas.

NH: Si todas las unidades de vida están dotadas del mismo nivel de inteligencia, ¿por qué algunos seres humanos se entregan a esfuerzos destructivos hacia otros?

TAE: Es complicado explicarlo de manera que lo comprendas, pero lo intentaré. Si alguna vez me adentro demasiado en la profundidad y no lo entiendes, por favor, detenme. La tendencia destructiva que mencionas en los seres humanos se origina en guerras entre las unidades de inteligencia, que el propio ser humano provoca debido a su tratamiento emocional de estas unidades. Cuando un enjambre de unidades de inteligencia ingresa en el cuerpo de un ser humano, quedan atrapadas y no pueden escapar hasta que ocurra la transformación que ustedes llaman muerte. Durante su encierro, estas unidades de inteligencia están bajo el control del individuo y obedecen sus órdenes. A través de sus pensamientos, el ser humano puede influir en si estas unidades se vuelven positivas o negativas. Son servidores del ser humano y siguen sus instrucciones hasta que la muerte las libera.

NH: ¿Habrá algún momento en que la vida sobreviva a la muerte en la Tierra?

TAE: ¡No! Eso no sería sabio. Las unidades individuales de inteligencia que dan vida al cuerpo físico anhelan la liberación de su existencia física. Con el tiempo, nosotros, en este plano, las rescatamos y les otorgamos su libertad. Nada de naturaleza física puede evitarlo.

NH: ¿Por qué ustedes, que existen en su plano, desean liberar a los enjambres de unidades de inteligencia insatisfechas en este plano terrenal?

TAE: Hay varias razones; una de las más comunes es que nos afecta la insatisfacción de estas unidades que viven en el plano físico.

NH: ¿Qué tipo de actividades individuales realizan estas unidades de inteligencia mientras están encarnadas en el mundo físico?

TAE: Se dividen en numerosos grupos, cada uno especializado en una función física particular. Algunas se encargan de los detalles del cuerpo físico, otras se ocupan de mezclar y distribuir los alimentos que ingresan al cuerpo. También hay unidades que controlan el funcionamiento del corazón y los órganos vitales, así como aquellas que cuidan de los órganos reproductores. Cada uno de los seis sentidos está controlado y operado por un grupo diferente de unidades de inteligencia.

NH: Siempre se mencionan solo cinco sentidos físicos. Usted habla de un sexto sentido.

TAE: El sexto sentido es a menudo menos comprendido. Funciona a través de un grupo de células cerebrales que actúan como órganos receptores para los impulsos del pensamiento que no pueden transmitirse a través de los otros cinco sentidos. Es mediante este grupo de unidades de inteligencia que nosotros, en este plano, nos comunicamos con aquellos que viven en el plano físico.

NH: ¿En qué formas físicas apareció por primera vez la vida en esta Tierra?

TAE: La vida se manifestó inicialmente en forma de vegetación que creció en los océanos. Todas las demás formas físicas en la Tierra evolucionaron a partir de este punto de partida.

NH: ¿No es cierto, entonces, que el hombre fue colocado en la Tierra en su forma física actual?

TAE: ¡No! Eso es una pura ficción sin fundamento en la realidad. Sería imposible que algo así ocurriera.

NH: ¿El idioma en el que estás respondiendo a mis preguntas es el tuyo?

TAE: ¡No! Me estoy comunicando en tu propio idioma. Mi lenguaje es el del pensamiento universal, no necesita palabras. Estás recibiendo mis pensamientos a través de tu sexto sentido y los estás traduciendo en tus propias palabras y frases. Algunas de tus traducciones son inexactas, pero estás muy cerca de la respuesta correcta en este momento.

NH: ¿Es posible que otras personas que viven en mi plano puedan comunicarse conmigo a través del sexto sentido?

TAE: ¡Sí! Los impulsos de pensamiento pueden fluir directamente de un cerebro físico a otro a través del sexto sentido. Este grupo puede enviar o recibir vibraciones de pensamiento de otras mentes. Aunque estás traduciendo esto de manera incorrecta, te encuentras tan cerca de la respuesta correcta como es posible en este momento.

NH: ¿La estación del año o la fecha de nacimiento tienen algún impacto en la condición material o financiera de una persona?

TAE: En absoluto. No existe evidencia de que el momento del nacimiento tenga influencia alguna sobre la condición material. Toda verdad puede ser probada. Cualquier afirmación de una supuesta verdad que no pueda ser demostrada mediante las leyes naturales puede ser descartada como inexistente.

NH: ¿Estás diciendo que no hay lugar para los milagros?

TAE: La palabra "milagro" es simplemente un término que describe algo que no puede ser demostrado porque no hay nada que demostrar o porque no se comprende.

NH: ¿Puede alguien en este plano terrenal obtener beneficios para otro en su plano?

TAE: Únicamente a través del proceso que lleva a una persona a buscar una comunicación directa con las unidades de inteligencia de mi plano.

NH: ¿Puede un ser humano orar eficazmente por otro?

TAE: Todas las oraciones que causan algún tipo de cambio en el plano físico solo son respondidas a través del sexto sentido de la mente del que ora. La oración, cuando se realiza correctamente, abre la mente del que ora a unidades adicionales de inteligencia. Estas unidades, una vez que obtienen acceso, pueden efectivamente cambiar la condición material de la persona que está siendo orada.

NH: Entonces, ¿Dios no responde a las oraciones?

TAE: Como mencioné anteriormente, no tenemos conocimiento de ningún poder en este plano que corresponda a lo que comúnmente se conoce como Dios.

NH: ¿Cuál es esa forma de energía que llamamos "electricidad"?

TAE: La electricidad es una agrupación de unidades de inteligencia que actúan como transportadoras de energía, a través de las cuales viajan otras unidades.

NH: ¿Las unidades de inteligencia con las que los seres humanos pensamos son similares a las que se conocen como electricidad?

TAE: Son prácticamente las mismas, aunque tienen diferentes propósitos.

NH: ¿Qué sucede con las unidades de inteligencia de una persona que comete suicidio?

TAE: Por lo general, esas unidades se separan unas de otras. Cuando regresan a este plano, cada unidad individual busca unirse a un grupo ajeno. Esto también ocurre con aquellos que cometen asesinato o cometen graves injusticias hacia otros en el momento de la muerte. Normalmente, estas son las circunstancias que envían a las unidades individuales de inteligencia de vuelta a este plano en un grupo amigable. La permanencia depende de la cooperación y la asociación.

NH: ¿Las unidades individuales de inteligencia que residían en el cuerpo de Lincoln regresaron a su plano como un grupo?

TAE: Deberías saberlo, ya que estás en comunicación con ese grupo a diario.

NH: ¿Ha intentado sin éxito buscar los grupos individuales de unidades de inteligencia de alguno de sus amigos en el plano terrestre?

TAE: Sí, con muchos de ellos.

NH: ¿Algunas personas son inspiradas por la influencia de las unidades de inteligencia que han regresado a su plano?

TAE: Si no lo fueran, no estarías en comunicación con mi grupo en este momento.

NH: Si entiendo correctamente, algunas personas que experimentan la transformación conocida como muerte regresan a su plano como grupos individuales de inteligencia y mantienen su identidad con la capacidad de recordar sus experiencias físicas, mientras que otros pierden su identidad. ¿Es eso correcto?

TAE: Sí, ya te lo he explicado. Las unidades individuales de inteligencia nunca mueren, pero no siempre permanecen unidas como lo estuvieron durante su experiencia física. Si se separan al morir, pierden su identidad como grupo y conservan solo su identidad individual.

NH: ¿No hay ninguna autoridad a la que estas unidades individuales de inteligencia se sometan cuando regresan a su plano después de la muerte?

TAE: Siempre están sujetas a lo que podrías llamar "ley natural". Nada está por encima de la armonía y la relación ordenada, que es la fuerza eterna de toda ley. Es la esencia de lo infinito.

NH: ¿Entiendes mis pensamientos?

TAE: Eso es todo lo que entiendo. No podríamos comunicarnos de ninguna otra manera.

NH: ¿Entenderías mis pensamientos si se formularan en un idioma distinto al inglés?

TAE: No existe un idioma en este plano, excepto el lenguaje del pensamiento. Todos los pensamientos son comprendidos de manera universal.

NH: ¿Por qué la mayoría de las oraciones no obtienen respuesta?

TAE: Todas las oraciones obtienen respuesta. Sin embargo, no todas las oraciones conducen a la obtención de las cosas materiales por las que se ora, ya que algunas oraciones buscan suspender la ley natural, mientras que otras provienen de estados mentales que no están en armonía con la ley natural.

NH: ¿Cuál es el propósito de la vida? ¿Por qué las unidades de inteligencia buscan residir temporalmente en cuerpos físicos?

TAE: No hay un propósito único en la vida. Las unidades individuales de inteligencia buscan expresarse en planos físicos con el fin de elevarse a niveles más altos de inteligencia.

NH: Entendí que mencionaste que todas las unidades individuales de inteligencia en tu plano tienen el mismo grado de inteligencia. ¿Me equivoqué en mi comprensión?

TAE: Me comprendiste correctamente. El grado de inteligencia en este plano se distribuye de manera equitativa entre todas las unidades individuales de inteligencia. Este grado de inteligencia se incrementa constantemente. Ese es el propósito de la experiencia física, su único propósito.

NH: ¿Te cansan o molestan mis preguntas?

TAE: En este plano, no conocemos la experiencia de la fatiga, y nunca nos molestan aquellos que buscan conocimiento, como tú estás haciendo ahora.

NH: ¿La Depresión financiera de 1929 fue causada por alguna influencia de tu plano o por el hombre?

TAE: La experiencia que conoces como la Depresión financiera fue causada por millones de enjambres de unidades de inteligencia que regresaron a tu plano en un estado desorganizado tras la muerte de los hombres que participaron en la Primera Guerra Mundial. Estas unidades llevaron consigo las experiencias de miedo con las que fueron dotadas al ser liberadas. En 1929, encontraron un estado mental mundial en tu plano físico que era propicio para su regreso.

Las depresiones seguirán durante cerca del mismo número de horas que duró el sangriento conflicto de la Guerra Mundial. Nada puede evitarlo. Todo el flujo y reflujo de las mareas conduce al equilibrio. La lección que el mundo está aprendiendo ahora es una que necesitaba aprender.

Esta lección es impartida por las unidades de inteligencia que fueron enviadas a tu plano antes de que estuvieran preparadas para regresar. El grado de sufrimiento y daño experimentado por el mundo durante la depresión será proporcional al sufrido durante la Guerra Mundial.

El mundo no volverá a sus formas normales y ordenadas hasta 1933. Después de ese año, los habitantes de la Tierra se adaptarán en un espíritu de armonía. De 1933 a 1943, el mundo descubrirá más secretos de la naturaleza de lo que ha descubierto en todo el pasado.

El castigo que los seres humanos están experimentando ahora los preparará para confiar más en las fuerzas espirituales disponibles para los individuos y menos en las fuerzas materiales a las que se han sometido desde el comienzo de la Guerra Mundial. Sigue preparándote para prestar un servicio útil. Serás necesario.

NH: ¿Está usted feliz y satisfecho donde se encuentra?

TAE: Todos aquí somos felices, pero ninguno está completamente satisfecho.

NH: ¿Se ha suspendido alguna vez la ley natural de la biología con el propósito de traer un ser humano al plano físico a través de otros métodos naturales de reproducción?

TAE: ¡Nunca! Tal experiencia sería imposible.

NH: ¿Dios autorizó a alguien a escribir la Biblia?

TAE: Como mencioné anteriormente, en este plano no conocemos a ningún ser como Dios. La Biblia a la que te refieres es una colección de escritos, algunos ficticios y otros basados en hechos históricos, escritos por diversos autores.

Estos escritos han sido copiados muchas veces antes de ser publicados en su forma actual. Muchos de los copistas hicieron cambios en los manuscritos originales para adaptarlos a sus propios gustos.

Los autores originales de estos escritos nunca los concibieron como algo más que sus propias opiniones personales. Algunos de los libros de la Biblia se escribieron con un propósito similar al de los escritores de ficción de hoy en día, para entretener o confundir a los demás. Otros se escribieron como poesía o filosofía.

NH: ¿Debo entender, por lo que dice, que no hay recompensas especiales en su plano para unidades individuales que regresan tras haber prestado un servicio constructivo en este plano?

TAE: La única recompensa es su propio crecimiento y desarrollo por medio de la experiencia física.

NH: ¿Entonces, no existe el infierno en su plano?

TAE: No en este plano. El único infierno del que tengo conocimiento es el que existe en el plano físico, y aquellos similares a ese en sus planos mundanos. Esos infiernos son asuntos que creó el hombre. Existen únicamente en los pensamientos y acciones del hombre.

NH: ¿Cuál debería ser mi conducta aquí para obtener para mí los más grandes beneficios, tanto en este plano como en el que ocupa usted, cuando regrese yo ahí?

TAE: Vivir para estar en paz contigo mismo y con los demás.

NH: ¿Puede usted modificar esa respuesta?

TAE: Podría extenderla para que se comprenda mejor, pero no podría mejorarla. Tus unidades de inteligencia individuales volverán a este lado con toda la experiencia a la que las hayas sometido en el plano terrestre. Volverán como un grupo organizado, y mantendrán su identidad como tal, solo si vives de tal manera que estés en paz en tu propia mente cuando se separen de tu cuerpo físico. Debes hacer de tu inteligencia un todo armónico.

NH: ¿Cuándo volverán mis células de inteligencia al otro plano?

TAE: Te responderé si insistes en una respuesta, pero mi respuesta no te será de ayuda, porque estará condicionada por tus experiencias futuras. Tu mejor trabajo aún está por hacerse. Sigue con tu tarea y no te preocupes por tu futuro. Él se encargará de sí mismo si atiendes adecuadamente el presente. Deberías alegrarte al saber que las unidades de inteligencia de más de un centenar de los hombres más distinguidos que han vivido en el plano terrenal buscan a diario expresarse a través de ti. Algunos de esos enjambres se han unido permanentemente a los tuyos.

NH: ¿Por qué encuentro esta vida tan difícil a veces y tan agradable y fácil en otras ocasiones?

TAE: Las dificultades que encuentras las causa tu negligencia al responder a los esfuerzos que las unidades de inteligencia en este plano hacen para servir a través de ti.

NH: ¿Cuál es la naturaleza del influjo que descubrí en mi cuerpo físico y que llamé mi otro yo?

TAE: Ese era un grupo de unidades de inteligencia que se unieron a ti permanentemente en un momento en que te encontrabas muy angustiado. Esas unidades ahora están contigo. Son los guardianes de tu destino. Otras, ahora están tratando de obtener acceso.

NH: ¿Cómo puedo mejorar mi adquisición de los recursos materiales y financieros que necesito en este plano terrenal?

TAE: Prestando la mayor cantidad de servicio al mayor número de personas posible, por los medios que se te presenten.

NH: ¿Me encuentro involucrado en la clase de servicio que me permitirá ser del bien más grande para el mundo y para mí mismo?

TAE: ¡Sí! Sigue con tu trabajo actual sin importar adónde te lleve.

NH: ¿Las relaciones de los hombres, sociales, financieras y profesionales, después de la depresión financiera serán las mismas que antes?

TAE: Toda la estructura económica y social del mundo está experimentando un cambio ordenado. El nuevo orden de la civilización se basará en la interdependencia mutua y en una comunidad de esfuerzos coordinados. Esa es la descripción más clara que puedo ofrecerte.

Esta nueva civilización se fundamentará en el principio del esfuerzo cooperativo. Ningún individuo sufrirá por la falta de recursos.

Las iglesias se unirán en una actividad universal, y el clero estará preparado para brindar ayuda tanto temporal como espiritual. Los depósitos bancarios estarán asegurados por el Estado contra pérdidas.

En caso de pérdidas, estas serán cubiertas mediante impuestos aplicados a la riqueza acumulada.

Las escuelas públicas abandonarán la enseñanza en masa y comenzarán a desarrollar a cada estudiante de manera individual, atendiendo a sus necesidades físicas, mentales y espirituales.

Será ilegal que los periódicos publiquen información perjudicial para la reputación de cualquier persona.

Las películas en movimiento servirán tanto para educar como para entretener. Además, será ilegal que alguien enseñe a un niño menor de catorce años temas relacionados con la vida después de la muerte, a menos que estén sujetos a pruebas.

Los niños tendrán la libertad de desarrollar sus propias mentes y pensar por sí mismos en cuestiones religiosas. Las infraestructuras de transporte mejorarán considerablemente, y todo el transporte de pasajeros será aéreo, con equipos más seguros que los actuales. La navegación aérea se controlará mediante radio, reduciendo las posibilidades de colisiones.

Las prisiones se convertirán en instituciones educativas, y los prisioneros pagarán por los servicios recibidos, con el Estado deduciendo el costo de su manutención de sus ingresos.

La pena de muerte será completamente eliminada.

La guerra será declarada ilegal, y las diferencias entre las naciones se resolverán a través de tribunales de arbitraje. Eventualmente, las naciones dejarán de existir como entidades separadas, como parte de un proceso evolutivo. Esto reducirá los gastos innecesarios y la competencia, lo que permitirá que una hora de trabajo al día mantenga a una familia promedio.

Las causas de las enfermedades se comprenderán y controlarán a fondo, permitiendo que cada individuo se libere de sus efectos, y la transición conocida como muerte ocurrirá de manera natural, sin dolor ni temor.

Se descubrirán nuevas fuentes de energía inagotables, y una de ellas será anunciada en los próximos cinco años.

El crimen será prácticamente desconocido, ya que no habrá razones para cometerlo.

NH: ¿Recuerda dónde nos conocimos y quién nos presentó?

TAE: Fui presentado a ti por Ed Barnes en mi laboratorio. Recuerdo lo difícil que fue para ti comunicarte conmigo debido a mi sordera. También tengo memoria de que diste una charla ante nuestro grupo. La Sra. Edison comentó que fue muy interesante. Por supuesto, no pude escucharte. Por favor, dile a Ed Barnes que es hora de que regrese al trabajo. Ha tenido suficiente tiempo de descanso.

NH: ¿Usted puede verme?

TAE: En este plano, nos comunicamos completamente a través de una forma de energía que podrías llamar pensamiento. No necesitamos ninguno de los cinco sentidos. No puedo verte físicamente, pero conservo en mi memoria tu apariencia de la última vez que nos encontramos. En ese momento, llevabas un abrigo de sarga azul y pantalones de franela blancos. Recuerdo haberle comentado a la Sra. Edison que lucías tan elegante en tu atuendo como Ed Barnes. Ya sabes que Barnes tiene suficiente ropa como para abrir una tienda.

NH: ¿Puede explicarme por qué algunos niños se convierten en genios, mientras que otros, aunque provienen de los mismos padres, carecen de inteligencia normal?

TAE: Esto se explica de manera sencilla. El nivel de inteligencia de un individuo está determinado por la cantidad de unidades de inteligencia que su cerebro físico puede albergar y la naturaleza de las unidades de inteligencia que buscan manifestarse a través de ese individuo. Como mencioné antes, hay especialistas entre las unidades de inteligencia. Por ejemplo, las unidades de inteligencia que ocupan el cuerpo de un genio literario, como Homero, Shakespeare o Emerson, a menudo buscan expresarse a través de otros en tu plano después de regresar a mi dimensión.

Puede interesarte saber que algunos de tus mejores trabajos en el campo literario recibieron inspiración de unidades de inteligencia que Elbert Hubbard envió para ayudarte.

Hubbard encuentra en ti el medio más propicio para su expresión física. Él sostiene que serás de gran utilidad en tu plano cuando tengas el coraje de permitir que las unidades de inteligencia que actualmente te utilizan como canal se manifiesten libremente.

NH: ¿Elbert Hubbard envía sus unidades de inteligencia para ayudar a otras personas?

TAE: Él se mantiene en comunicación constante con su hijo, Bert, en East Aurora. Está trabajando en unirte a ti y a Bert en una colaboración comercial. Te ha inspirado a escribirle a Bert acerca de esta colaboración, y recibirás una respuesta favorable a tu carta en unos días.

Hubbard quiere que continúes escribiendo desde donde él lo dejó, ya que su partida prematura interrumpió su trabajo en su documento más importante, el cual se perdió cuando el Lusitania fue hundido.

Él te transmitirá el contenido de ese documento y te guiará sobre cómo completarlo. Quiere que Bert te ayude a presentarlo al mundo. Hubbard te proporcionará sus instrucciones directamente la próxima vez que abras tu mente.

NH: ¿Hay alguna razón por la que no deba compartir la información que obtengo a través de mi comunicación contigo con otros?

TAE: Es tu deber utilizar esa información en beneficio de los demás. Si lo haces, influirás en otras personas para que sean más receptivas a las unidades de inteligencia que buscan expresarse a través de cada individuo disponible en tu plano.

Nuestra tarea más difícil es lograr que las personas reconozcan la diferencia entre los impulsos de pensamiento que inspiramos y los que creen que generan por sí mismas. La mayoría de las personas que reconocen nuestros intentos de comunicación los llaman "corazonadas" y no hacen ningún esfuerzo por descubrir su fuente o propósito. La noche en que descubriste tu "otro yo" fue bajo la influencia de un grupo compuesto por unidades de inteligencia enviadas por Elbert Hubbard, Emerson, Napoleón y Andrew Carnegie. Fue Napoleón quien dio la orden que llamó tu atención y te puso en una postura física propicia para recibir las instrucciones que te enviaron en Filadelfia.

NH: ¿Qué es el estado mental conocido como fe? ¿Qué ocurre cuando uno se entrega a ese sentimiento de fe?

TAE: La fe es un estado emocional que se experimenta cuando el cerebro físico ha sido purgado voluntariamente de todo conflicto emocional. Cuando el cerebro está libre de conflictos emocionales, se convierte en un órgano de expresión propicio para cualquier unidad de inteligencia que busque acceso.

Cuando una persona en tu plano está afligida, las unidades individuales de inteligencia que están asociadas con esa persona se comunican con las entidades en nuestro plano y solicitan ayuda. Pueden enviar una llamada de asistencia, pero no pueden escapar, a menos que el conflicto emocional alcance tal magnitud que provoque la muerte.

Si estas unidades individuales de inteligencia logran organizarse en un grupo armonioso y cooperativo, abren el camino para recibir ayuda de las unidades de inteligencia en nuestro plano. El resultado es el estado mental conocido como fe.

Durante ese estado mental, se produce una colaboración de esfuerzos entre las unidades de inteligencia de este plano y las del plano físico. A través de esta cooperación, se encuentran fácilmente formas y medios para lograr cualquier propósito deseado que esté en armonía con las leyes naturales.

NH: La mayoría de las personas son escépticas sobre la posibilidad de comunicaciones como la que mantengo contigo. Yo mismo admito cierto grado de escepticismo. ¿Cómo se puede superar esa duda?

TAE: Solo a través de la experiencia, como lo estás haciendo. En este momento, eres menos escéptico que cuando descubriste a tu "otro yo". Estás avanzando rápidamente en tu desarrollo.

En los próximos tres años, estarás preparado para recibir evidencia sólida de que estás en comunicación con unidades de inteligencia que trascienden las que sirven en tu cuerpo físico. Actualmente, te están preparando para que compartas este descubrimiento con el mundo.

NH: ¿Por qué no se me permitió obtener este conocimiento antes?

TAE: Fue debido a tu propia vanidad personal y egoísmo.

NH: ¿Afirma que las personas vanidosas o egoístas no pueden conectarse o recibir conocimiento de las unidades de inteligencia en su plano?

TAE: Es posible, pero rara vez lo hacen. Su vanidad les lleva a atribuir a su propia inteligencia todos los pensamientos que experimentan.

NH: ¿Por qué siento que comunicarme con usted es más fácil que con otros en su plano?

TAE: Esto se debe a tu creencia en ello. Todo reside en tu mente. Mis unidades de inteligencia pueden comunicarse contigo más libremente porque las invitas a hacerlo.

Tu fe juega un papel crucial en la comunicación. La fe es un estado mental que facilita la conexión. Sin fe, la comunicación entre las unidades de inteligencia de este plano y las de tu plano físico sería imposible. La falta de fe cierra todas las puertas a la comunicación.

NH: ¿La depresión financiera ha retrasado el avance de la civilización?

TAE: No, la depresión no retrasó la civilización, de hecho, la hizo avanzar. La depresión sirvió como una lección necesaria para el mundo físico. Tendrá el efecto de restablecer la cooperación entre las fuerzas físicas y espirituales del ser humano.

NH: ¿Podría ganar 100.000 dólares en un año si así lo decidiera? Y en caso afirmativo, ¿cómo?

TAE: No solo ganarás más de 100.000 dólares en un año, sino que recibirás ese dinero cuando lo merezcas. Obtendrás ese dinero a través de la venta de los libros en los que estás trabajando actualmente.

NH: ¿La filosofía del éxito individual en la que he trabajado durante casi un cuarto de siglo está completa ahora?

TAE: No, todavía no está completa. De hecho, es solo la base sobre la cual estás construyendo una filosofía del éxito que será completa. La experiencia que estás recibiendo desde el plano en el que me encuentro te ayudará a incorporar los aspectos espirituales que habías pasado por alto en tus escritos anteriores.

Has tenido que atravesar muchas dificultades personales antes de poder reconocer esta carencia. Hasta hace poco, creías que habías creado tus escritos completamente por ti mismo. En parte, eso es cierto, ya que no estabas receptivo a la orientación de las unidades de inteligencia enviadas para ayudarte.

Le dabas demasiada importancia a tu mente y prestabas poca atención al mensaje que intentaba llegar a ti a través de tu sexto sentido.

Ahora has cambiado eso, lo cual explica la gran mejora en tu trabajo. Tus lectores notaron rápidamente esa mejoría y te dieron el crédito que mereces.

NH: ¿Es cierto que los impulsos de pensamiento que están imbuidos de emoción tienen la tendencia de manifestarse en su equivalente físico?

TAE: ¡No! Los impulsos de pensamiento no tienen una naturaleza física per se. La materia no puede ser creada a partir de la nada por el pensamiento. Sin embargo, es cierto que el pensamiento puede influenciar, y a menudo lo hace, a las personas para que materialicen u organicen su equivalente en forma de materia física.

Por ejemplo, tienes el deseo de ganar 100.000 dólares en un año. Tu deseo está claramente definido y se cumplirá, pero su realización se logrará a través de medios completamente naturales. En este caso, tu impulso de desear 100.000 dólares se convertirá en su equivalente en dinero a través de tus propios esfuerzos, mediante la publicación y distribución de tus libros a un público dispuesto a pagar por ellos.

El pensamiento no puede transformarse por sí mismo en materia física, pero puede llevar a las personas a dar forma a la materia de acuerdo con la naturaleza y los objetos de sus pensamientos.

Los deseos que se arraigan en la fe capturan toda la atención en el universo. Dirigen al individuo, tanto consciente como inconscientemente, hacia la búsqueda de su equivalente físico.

Además, los deseos respaldados por la fe tienen la ventaja de recibir el apoyo de unidades de inteligencia que están mejor preparadas para traducirlos en su equivalente físico.

Obtendrás los 100.000 dólares que deseas, e incluso más, porque tienes tanta fe en lograr ese objetivo que ya te ves a ti mismo en posesión del dinero. Lo recibirás.

Ninguna fuerza en el universo puede evitar que obtengas ese dinero, a menos que pierdas tu fe. De hecho, ya has completado la tarea por la cual recibirás ese dinero.

Solo queda un paso más por dar, que es la distribución de tus libros a aquellos que los deseen. Y eso es precisamente lo que estás haciendo. Puedes ir a dormir tranquilo, si lo deseas. El dinero estará en tus manos de todas formas.

(Nota: ahora haré una pregunta que puede ayudarme a confirmar, de manera concluyente para mi mente, si estas respuestas provienen de mi propia mente subconsciente o de la mente de alguien vivo con quien podría estar en comunicación).

NH: ¿Quién secuestró al bebé Lindbergh?

TAE: No puedo responder a esa pregunta. Mi comunicación se limita a mentes receptivas a mis unidades de inteligencia. Sería imposible para cualquier entidad individual en este plano comunicarse con el secuestrador del bebé Lindbergh, debido a la falta de armonía en las mentes criminales, que son antisociales y fragmentadas en el plano terrenal.

NH: ¿Cuál fue la causa de la caída de Samuel Insull? (El Sr. Insull fue secretario del Sr. Edison).

TAE: La misma razón que llevó a la reprimenda que te he dado. Insull se dejó llevar por la búsqueda de riquezas materiales y perdió contacto con las fuerzas espirituales que una vez fueron su principal fortaleza en los primeros días de su carrera. Cuando un hombre se obsesiona con la acumulación de posesiones materiales y el poder personal sobre los demás, olvida su verdadero propósito en la vida: servir de manera útil a los demás. Esto se convierte en su propia arma de autodestrucción. Las ostentosas exhibiciones de riqueza y lujo son manifestaciones físicas de deseos terrenales, no provienen de este plano espiritual.

NH: ¿Henry Ford enfrentará dificultades financieras antes de su muerte?

TAE: ¡No! Ford utiliza su riqueza de manera constructiva. Antes de su transformación final, la usará como un ejemplo exitoso del principio de cooperación. Su fortuna está destinada a ese propósito. A través de su uso (tanto antes como después de su muerte), esas inmensas fortunas se volverán menos populares y difíciles de acumular.

NH: ¿Qué salió mal en la presidencia de Herbert Hoover en Estados Unidos?

TAE: Los errores de Hoover no fueron tan graves como se retrataron. Él fue víctima, como otros líderes en todo el mundo, de las turbulencias de la civilización que darán lugar a una redistribución de las ventajas materiales disponibles para la humanidad. Con el tiempo, se le dará más reconocimiento por su labor.

NH: ¿Roosevelt tendrá más éxito que el Sr. Hoover?

TAE: Sí, Roosevelt está naturalmente más adaptado a los rápidos cambios que ocurren en la civilización. Será popular entre la gente porque le gusta la gente. Además, Roosevelt asume su cargo en un momento en el que el mundo se dirige hacia un período de armonía y prosperidad notable. Se le dará crédito por virtudes que no posee, incluso en mayor medida que las críticas a Hoover por fallas que no eran su responsabilidad.

NH: ¿Cuándo comenzaré a recibir mis ingresos de 100.000 dólares?

TAE: ¿Por qué no te beneficias de la sugerencia que ya te ofrecí y te olvidas de ti mismo?

NH: No estoy pensando en mí cuando pregunto sobre mis ingresos. Estoy pensando en cómo puedo servir a otros con ese dinero. ¿Cambiará eso su respuesta?

TAE: Olvida completamente tu preocupación personal. Las formas y medios para que puedas servir de manera útil ya están preparados para ti. Realiza tu trabajo diariamente como si ya tuvieras todo lo que necesitas. Hay más de 50.000 hombres y mujeres en el mundo dispuestos a brindarte toda la ayuda material que requieres. Son aquellos que se han beneficiado de tu filosofía.

Algunos ya están cooperando contigo, y los demás lo harán cuando los necesites.

NH: ¿Cuál es la mejor manera de afrontar las dificultades que causan preocupación e incertidumbre?

TAE: Encuentra a alguien que esté enfrentando dificultades aún mayores y ocúpate en ayudarle.

NH: ¿Siempre es la mejor regla a seguir?

TAE: No siempre, pero generalmente funciona. Pruébalo.

NH: Algunas personas pueden dudar de que haya establecido contacto contigo. ¿Cómo puedo demostrar que lo he hecho?

TAE: No intentes demostrar nada. Tus pensamientos son lo único que debería importarte. Al igual que algunas personas no creyeron en las enseñanzas de Cristo, pero el cristianismo ha influido en el mundo durante casi dos mil años, sigue adelante con tu trabajo, sigue tus impulsos con valentía, y no te preocupes por lo que otros piensen de ti. No te preocupes por los escépticos y no trates de convencerlos.

(Nota: en ese momento, fui interrumpido por la entrega de una carta de Elbert Hubbard, Jr., de East Aurora, Nueva York. Tengo evidencia de que recibí esta carta varias horas después de la referencia en la conversación. La carta fue favorable, y ahora se están llevando a cabo negociaciones para una alianza entre Elbert Hubbard, Jr. y yo, como se mencionó en la conversación. No tengo ninguna explicación para esta aparente coincidencia).

NH: ¿Elbert Hubbard desea comunicarse conmigo en este momento?

TAE: Sí, él desea comunicarse directamente contigo. Tiene más instrucciones para darte y señala que muchos campos de pensamiento potencialmente productivos están en barbecho porque aún no han sido abordados por la pluma mordaz.

NH: ¿Existe un sistema de juicio en su plano?

TAE: Sí, todos los que llegan son evaluados cuidadosamente en función de sus méritos y se les brinda la oportunidad de corregir cualquier error que hayan cometido en el plano terrestre.

NH: ¿Quién proporciona las pruebas de los actos de cada persona?

TAE: Todos los que regresan aquí traen un registro completo de todos sus actos en la Tierra. Este registro es literalmente una parte del conjunto de unidades de inteligencia. No se puede alterar o falsificar de ninguna manera.

NH: ¿Quién actúa como juez en estos casos?

TAE: Tenemos tribunales que evalúan la inteligencia en su sentido más amplio. Son extremadamente precisos en sus decisiones.

NH: ¿Cómo funcionan estos tribunales?

TAE: Funcionan con una precisión infalible y con juicios que se ejecutan automáticamente. No hay pérdida de tiempo ni margen de error. Todas las sentencias impuestas a aquellos que cometieron errores en el plano terrestre son correccionales, nunca punitivas.

Por ejemplo, tu antiguo antagonista, fulano, que acaba de llegar, no será castigado por sus errores hacia ti u otros errores similares hacia otras personas. Se le dará la oportunidad de enmendar el daño que causó. Hasta que haya saldado completamente su deuda mediante sus propios esfuerzos, ninguna otra unidad de inteligencia individual le brindará cooperación.

Aquí no necesitamos a nadie para dictar sentencias. La ejecución de la sentencia recae en la persona sobre la cual se ha dictado.

Emerson desea comunicarse contigo. Vuelve a mí cuando lo desees. Esta fue una visita extensa, espero que haya sido beneficiosa en términos de conocimiento.

Hice otra pregunta a Edison, pero no hubo respuesta. Solo las paredes resonaron con el eco de mi voz. La entrevista había llegado a su fin.

NOTA: Esta entrevista con Edison tuvo lugar en 1933 mientras Napoleon Hill trabajaba en la Casa Blanca como parte del personal del presidente Franklin D. Roosevelt. Fue escrita mientras Hill estaba inmerso en la creación de su libro "Piense y hágase rico". El manuscrito fue leído por el presidente Roosevelt, quien mostró un gran interés y solicitó una copia. Además, se envió una copia al Dr. J. B. Rhine de la Universidad de Duke, con quien Napoleon Hill intercambió información sobre la percepción extrasensorial (PES) durante casi un cuarto de siglo.

Reflexiones Sobre Mi Extraña Entrevista

Un Análisis Directo

Aquí estamos, al final de una de las experiencias más extrañas de mi vida.

Cuando comencé esta tarea de traducción, no tenía en mente más que describir mis encuentros con los miembros de mi ficticio gabinete. Pero a medida que me sumergí en el tema, un impulso irresistible me atrapó, tan poderoso que no pude resistirlo.

Fue como si una mosca se aventurara curiosamente cerca de un matamoscas, pero en mi caso, no tenía intención de escapar de mi tarea.

Lo extraño de esta experiencia fue que mi condición física pareció intensificarse de manera peculiar debido a alguna forma de estimulación que nunca había experimentado antes, y mi mente estuvo más aguda y alerta que nunca.

La estimulación de mi mente y cuerpo era tan intensa que no podía continuar con la traducción por más de unos minutos sin que todo mi cuerpo temblara y mi energía nerviosa se agotara casi por completo.

Me sentía como si hubiera realizado un ejercicio extenuante. En ocasiones, durante la traducción, mi pulso se aceleraba tanto que me veía obligado a detenerme y descansar.

El tiempo pareció volar durante esta experiencia, apenas lo percibí a menos que consultara mi reloj.

Uno de mis colegas, al leer algunas páginas de las traducciones, comentó: "Debes haber pensado mucho antes de escribir esto". Y yo respondí sinceramente: "Todo lo contrario, no pensé en absoluto. Todo en estas páginas, tanto las preguntas como las respuestas, fluyeron tan rápido y espontáneamente en mi mente que la mayoría del tiempo no fue necesario ni posible utilizar mi facultad de razonamiento".

Hablando de preguntas y respuestas, en el calor del momento posterior a la experiencia, dudo que hubiera podido sentarme y crear incluso las preguntas de manera tranquila, mucho menos las respuestas. La espontaneidad y rapidez con la que estas se formaron en mi mente fue lo más sorprendente de toda la experiencia.

CUANDO LA CIENCIA SE ENCUENTRA CON LA DUDA

Durante muchos años, mientras desarrollaba la filosofía de la LEY DEL ÉXITO, tuve el privilegio de mantener un estrecho contacto con Thomas A. Edison, el Dr. Alexander Graham Bell, el Dr. Elmer R. Gates y más de una docena de otros eminentes en el campo de la ciencia.

Esta asociación me enseñó a mantenerme cerca de los senderos marcados por la ciencia en mis propias investigaciones sobre los estímulos mentales. La metafísica y el ocultismo nunca me tentaron, excepto de manera limitada y con precaución.

En toda mi carrera pública, nunca me involucré en actividades radicales o no ortodoxas de ningún tipo. Por estas razones, quizás soy menos crédulo que la persona promedio. Solo creo en lo que puede respaldarse con evidencia sustancial y razonable. Los "milagros" y fenómenos basados en lo sobrenatural nunca han impresionado favorablemente mi mente.

He sido lo suficientemente audaz como para criticar a aquellos que pretenden creer en tales cosas. Comparto estos hechos para que aquellos que no me conocen comprendan que no soy alguien fácilmente impresionable por fenómenos inusuales y, sobre todo, que no me engañaría deliberadamente a mí mismo.

Sin embargo, con total sinceridad, mi experiencia con las traducciones mencionadas me lleva a cuestionar si en realidad soy tan perspicaz como creía en asuntos de esta índole.

Durante casi una década, he observado minuciosamente numerosos grupos de lo que se denominan espiritistas, y mis amigos más cercanos pueden atestiguar que después de cada una de esas reuniones, salía más convencido que antes de que todo lo que había presenciado era simplemente un conjunto de trucos o una forma de fraude sutil.

Nunca he creído en nada relacionado con lo sobrenatural, y eso sigue siendo válido. Quiero que quede claro. Al mismo tiempo, debo ser lo suficientemente honesto conmigo mismo para admitir que no puedo atribuir todo lo que sucedió durante esas traducciones a ninguna causa natural con la que esté familiarizado. La experiencia fue extraordinaria.

En este mundo, ya hay suficiente superstición e ignorancia sin que yo intente aumentar la cantidad de ninguna de ellas. Durante toda mi vida, he sido un buscador de la verdad. No es una tarea sencilla, sin importar cuán sincero sea uno en su esfuerzo o cuán dispuesto esté a investigar exhaustivamente todas las fuentes de verdad. A mi edad, no voy a comenzar a engañarme a mí mismo ni a tratar de engañar a los demás.

Los hechos descritos en esas traducciones no han sido manipulados ni distorsionados de ninguna manera. Sin lugar a dudas, de manera inadvertida y por casualidad, me encontré con una nueva experiencia que ha abierto ante mí una fuente maravillosa de inspiración.

Puede que esta fuente sea simplemente mi propia mente o algo más allá de ella. En cuanto a eso, no puedo afirmarlo con certeza. Sin embargo, hay algo de lo que estoy seguro: esta recién descubierta fuente de estimulación mental ha avivado mi imaginación y despertado fuerzas espirituales dentro de mí que jamás había conocido.

Por supuesto, soy consciente de que el mundo entero está atravesando una serie de eventos que han confundido incluso a las mentes más astutas.

He escuchado a cientos de personas inteligentes analizar la reciente depresión financiera en términos generales, pero hasta ahora no he encontrado a alguien que pueda afirmar con certeza cuál fue su causa.

Es importante que quede claro que no pretendo, ni directa ni indirectamente, tener la capacidad de interpretar la causa de esa depresión financiera, que ha sido más inusual que cualquier otra experimentada en el mundo.

NO ME DEJAN IMPRESIONADO LOS "ISMOS" O LOS "PSEUDOCIENTÍFICOS"

En numerosas ocasiones, he advertido a mis estudiantes sobre una amplia gama de creencias y prácticas, incluyendo la numerología, la astrología, la adivinación, la quiromancia y otros sistemas que afirman poder predecir el futuro.

Dudo que ningún ser humano pueda prever lo que ocurrirá un segundo antes de que suceda, a menos que sea a través del razonamiento deductivo basado en hechos conocidos o simplemente por conjetura.

Incluso la Inteligencia Infinita, en mi opinión, no puede predecir el futuro debido a la influencia del azar y la ley de los promedios, fuerzas ineludibles en la vida.

Las leyes naturales procesan todo lo que el azar lleva a su molino. Además, los seres humanos tienen la capacidad innata de elegir sus pensamientos y acciones, lo que dificulta la previsión precisa del futuro.

Personalmente, no me dejo impresionar cuando alguien profetiza accidentalmente un evento que luego sucede. El azar o el ingenio de los adivinos podrían explicar tales eventos.

Sin una explicación como esa, no permitiría que las traducciones que he mencionado se incluyeran en este libro o en cualquier otro bajo mi nombre.

Sin embargo, quiero enfatizar que, según lo que sé, las traducciones pueden provenir de la fuente indicada en ellas. No digo que no provengan de allí, simplemente sostengo que no creo que provengan de ninguna fuente externa, sino más bien de mi propia mente.

Durante más de veinticinco años, me he dedicado a la investigación en el campo de los estímulos mentales, abarcando todos los aspectos conocidos de dichos estímulos. Lo hice con el sincero deseo de organizar una filosofía que permitiera a las personas utilizar sus talentos de manera más inteligente.

Nunca esperé encontrar algo que estuviera relacionado con lo que podríamos considerar "milagroso". Por lo tanto, si me topé con descubrimientos que parecían milagrosos, puedo asegurarles que fue una sorpresa genuina para mí.

MANTENGAMOS LA MENTE ABIERTA

Por respeto a mí mismo y a los miles de amigos y estudiantes que confían en mi trabajo y en mi integridad, debo reconocer que estamos viviendo en una era de desarrollo y descubrimiento que desafía la imaginación.

Esta no es la época de dudas y escepticismo del apóstol Tomás. Es una era que ha redefinido prácticamente el significado de la palabra "imposible".

En las últimas cinco décadas, el ser humano ha conquistado los cielos, los mares y muchos misterios de la superficie terrestre que previamente lo desconcertaban.

En una era en la que podemos transmitir la voz alrededor del mundo en una fracción de segundo a través de medios de transporte que ni siquiera sabíamos que existían, no es un momento propicio para el escepticismo y la duda.

Seguiré manteniendo mis contactos y experimentando con mis amigos del "plano invisible de la inteligencia". Si este plano existe, es probable que encuentre evidencia más sólida de su existencia que cualquier cosa que se haya presentado hasta ahora. Mientras tanto, no veo ningún daño en que algún lector de este libro decida experimentar como yo lo hago con los "consejeros invisibles".

Ya sean reales o fruto de mi imaginación, estos mentores me han llevado a explorar campos del pensamiento que no habría alcanzado por mi cuenta.

Quizás puedas obtener resultados similares a través de la experimentación. Te animo a que lo intentes por tu propia satisfacción, a través de experimentos similares a los que he mencionado, ya que se pueden obtener beneficios notables de esta práctica.

¿CON QUÉ FRECUENCIA NOS ENGAÑA LA ILUSIÓN?

Sé que los cinco sentidos físicos no son infalibles. Lo he demostrado en repetidas ocasiones. A través de experimentos, he logrado engañar a mis propios sentidos físicos una y otra vez.

En numerosas ocasiones, he hecho que una audiencia percibiera los vapores de aceite de clavo que vertía en un pañuelo justo frente a sus ojos, cuando en realidad la botella contenía solo agua pura.

En múltiples ocasiones, he trazado líneas rectas en una pizarra frente a una audiencia, organizándolas de tal manera que, a pesar de que todas eran de exactamente la misma longitud, todos creían que tenían diferentes longitudes.

Asimismo, he colocado una canica común en la mano de alguien, entre las puntas de sus primer y segundo dedos cruzados, con el resultado de que la persona sosteniendo la canica sentía dos en su mano, mientras que sus ojos mostraban claramente que solo había una.

He logrado engañar de manera similar a cada uno de los cinco sentidos. Por lo tanto, sé que no siempre son fiables.

¿No podría ser que gran parte de la realidad que consideramos como tal sea una ilusión? Las ilusiones ópticas son numerosas y todos estamos familiarizados con ellas.

En mi opinión, la mayoría de las experiencias que el mundo vivió durante la depresión financiera de 1929 son simplemente ilusiones. Solo existen en la mente de las personas. La mente puede hacer que las ilusiones parezcan reales. ¿Cuál es la verdadera naturaleza de la realidad?

Mientras realizaba un estudio exhaustivo sobre la religión conocida como mormonismo, visité personalmente el lugar de nacimiento de Joseph Smith, el fundador de esa religión.

Me paré exactamente donde él afirmó que un ángel le había revelado la ubicación de las planchas de oro que dijo haber utilizado para traducir el Libro de Mormón. Caminé por el mismo lugar donde afirmó que se encontraron las planchas. Estuve en la habitación donde dijo que se realizaron las traducciones. Leí el Libro de Mormón con detenimiento, y a pesar de que es un trabajo literario que en muchos aspectos supera la mayoría de los libros de la Biblia, no encontré ninguna evidencia razonable de que Joseph Smith estuviera realmente en comunicación con un ángel o que poseyera planchas de oro de las cuales se tradujo el Libro de Mormón.

Mi propia teoría sobre la experiencia de este hombre extraordinario es que, a través de un estudio intensivo de la Biblia y otros libros religiosos, había saturado su propia mente con su contenido, creando en ella una imagen o entidad espiritual o mental que fácilmente podría haberlo engañado, sin importar cuán escrupuloso fuera en sus creencias.

Mi experiencia personal con los "consejeros invisibles" me ha demostrado que cualquier pensamiento que un individuo valore profundamente y que dirija su atención consciente de manera constante tiene la tendencia de manifestarse, a través de métodos prácticos, en la realidad, al menos en la mente de esa persona.

Este es un momento oportuno para destacar un beneficio real que cualquiera puede experimentar al enfocar deliberadamente su atención en deseos constructivos. La mente actúa según los deseos dominantes o más pronunciados. No hay escapatoria de este hecho. Es un hecho. "Cuida lo que pones en tu corazón, porque seguramente se hará realidad".

3. Una Entrevista Inusual con el Diablo

Cuando te sumerjas en la entrevista con el Diablo, podrás reconocer, a través de la breve visión que te he brindado sobre mi vida, los intensos esfuerzos que el Diablo desplegó para silenciarme antes de que obtuviera reconocimiento público. Asimismo, comprenderás por qué consideré necesario preceder esta entrevista con un relato personal de mi pasado.

Antes de que te adentres en la entrevista, quiero que comprendas claramente el golpe final que Su Majestad asestó, y que recuerdes que fue este ataque el que me proporcionó la oportunidad de desafiar al Diablo, retorciéndole la cola hasta que finalmente confesó.

La caída del Diablo comenzó con la Gran Depresión en 1929. A través de este giro inesperado de la Rueda de la Vida, perdí mi propiedad de seiscientas hectáreas en las montañas Catskill; mis ingresos se desvanecieron por completo, y el Harrison National Bank, donde tenía depositados todos mis fondos, se vio obligado a cerrar y desaparecer.

Sin darme cuenta, me vi atrapado en un huracán espiritual y económico que se convirtió en una catástrofe global de tal magnitud que ningún individuo o grupo de individuos podría resistir.

Mientras esperaba que la tormenta amainara y que el miedo humano dejara de desbordarse, me mudé a Washington, D.C., la misma ciudad donde había comenzado mi camino después de mi primer encuentro con Andrew Carnegie, casi un cuarto de siglo atrás.

En ese momento, parecía que no había nada más que pudiera hacer aparte de sentarme y esperar. Lo único que tenía a mi disposición era el tiempo. Después de tres años de espera sin resultados tangibles, mi alma inquieta comenzó a impulsarme de nuevo hacia el servicio.

Dada la escasa oportunidad de enseñar una filosofía del éxito cuando todos a mi alrededor se hallaban sumidos en fracasos abrumadores, y las mentes de las personas estaban plagadas de temor a la pobreza, un pensamiento se apoderó de mí en una tarde soleada mientras estaba estacionado frente al Monumento a Lincoln, cerca del río Potomac y a la sombra del Capitolio. Junto a este pensamiento, surgió otro: el mundo se enfrentaba a una depresión sin precedentes sobre la cual ningún ser humano tenía control. En medio de esta depresión, vislumbré la oportunidad de poner a prueba la filosofía de la autodeterminación, a la cual había dedicado la mayor parte de mi vida adulta.

En ese momento, se me presentó la oportunidad de comprobar una afirmación que había expresado en innumerables ocasiones: que "cada adversidad conlleva la semilla de una ventaja equivalente". Me planteé la pregunta: ¿Cuál, si acaso, sería la ventaja que la depresión mundial podría traerme a mí?

A medida que buscaba una dirección en la que pudiera avanzar para poner a prueba mi filosofía, hice el descubrimiento más impactante de mi vida. Me di cuenta de que, de alguna manera misteriosa que no comprendía del todo, había perdido el coraje; mi iniciativa se había desvanecido; mi entusiasmo se había debilitado. Lo que era aún más desalentador, me daba una profunda vergüenza reconocer que yo era el autor de una filosofía de la autodeterminación, porque en lo más profundo de mi corazón, sabía, o al menos creía saber, que no podría lograr que mi propia filosofía me sacara del abismo de desesperación en el que me encontraba.

Mientras luchaba en un estado de confusión mental, el Diablo debió de estar celebrando su victoria. Finalmente, tenía al "autor de la primera filosofía del éxito individual del mundo" bajo su control, paralizado por la indecisión.

Pero, indudablemente, la resistencia contra el Diablo también estaba en juego.

Mientras estaba sentado frente al Monumento a Lincoln, reflexionando sobre las circunstancias que tantas veces me habían llevado a grandes logros, solo para luego hundirme en abismos de desesperación, un pensamiento feliz llegó a mí en forma de un plan de acción definido. A través de él, creía que podría liberarme de ese sentimiento hipnótico de indiferencia que me tenía atrapado.

En la entrevista con el Diablo, se reveló la verdadera naturaleza del poder que había robado mi iniciativa y valor. Es el mismo poder que durante la Gran Depresión de 1929 mantuvo atadas a millones de personas. Es el arma principal con la cual el Diablo atrapa y controla a los seres humanos.

La esencia de la idea que se me ocurrió fue la siguiente: aunque había aprendido de Andrew Carnegie y más de quinientas personas con logros destacados en el mundo empresarial y profesional que el éxito en todas las áreas de la vida se logra mediante la aplicación de la Master Mind (La Mente Maestra: coordinación armoniosa de dos o más mentes trabajando hacia un objetivo definido), no había logrado establecer tal alianza para llevar a cabo mi plan de difundir la filosofía del éxito individual en el mundo.

A pesar de comprender el poder de la Master Mind, había descuidado aprovechar y utilizar ese poder. Había estado trabajando como un "lobo solitario" en lugar de colaborar con otras mentes brillantes.

Ahora, analicemos brevemente la peculiar entrevista que está a punto de comenzar. Algunos de los que la lean podrían preguntarse al final, "¿Realmente entrevistaste al Diablo, o fue solo una creación imaginaria?". Otros podrían desear la respuesta a esa pregunta antes de embarcarse en la lectura de la entrevista.

Mi respuesta honesta es que el Diablo que entrevisté podría haber sido real, tal como afirmó ser, o podría haber sido una creación de mi propia imaginación. Sea cual sea la verdad, real o imaginario, es de poca importancia en comparación con la naturaleza de la información transmitida a través de la entrevista.

La pregunta crucial es la siguiente: ¿La entrevista transmite información confiable que puede ser útil para las personas que buscan encontrar su camino en el mundo?

Si proporciona ese tipo de información, no importa si se presenta como hechos o ficción; merece un análisis serio a través de una lectura atenta.

Creo que la entrevista transmite información práctica y beneficiosa para todos aquellos que han enfrentado desafíos en la vida. Y la razón por la que creo esto es que logré que el tema central de este libro me brindara toda la felicidad que necesito, de acuerdo con mi propia naturaleza.

No me preocupa en lo más mínimo la fuente real de la información ni la verdadera naturaleza del Diablo cuya sorprendente historia estás a punto de leer.

Lo que me importa es que la confesión del Diablo se ajusta perfectamente a lo que he observado en la vida.

Tengo suficiente experiencia con los principios mencionados por el Diablo para asegurarme de que hacen exactamente lo que él afirma.

Eso es suficiente para mí. Así que te presento la historia de la entrevista para que puedas extraer de ella lo que pueda resultarte útil.

Es posible que obtengas un gran valor, incluso en términos financieros, si aceptas al Diablo como lo que dice ser y confías en su mensaje para lo que pueda aportarte, sin preocuparte por quién es el Diablo o si realmente existe.

Si deseas mi opinión sincera y personal, creo que el Diablo es precisamente lo que afirma ser. Ahora, profundicemos en su extraña confesión.

El Diablo, obligado a confesar

Después de penetrar en la mente del Diablo, el Sr. Terrenal inició una entrevista renuente con preguntas que no podía eludir.

Sr. Terrenal: He descubierto el código secreto que me permite acceder a sus pensamientos. Estoy aquí para hacerle algunas preguntas muy directas. Exijo respuestas directas y sinceras. ¿Está usted preparado para la entrevista, Sr. Diablo?

Diablo: Sí, estoy preparado, pero debes dirigirte a mí con más respeto. Durante esta entrevista, me tratarás como Su Majestad.

ST: ¿Con qué derecho exige usted tal respeto monárquico?

D: Debes saber que controlo el 98% de la gente en tu mundo. ¿No crees que eso me otorga el derecho a considerarme realeza?

ST: ¿Tiene pruebas de su afirmación, Su Majestad?

D: ¡Sí, muchas!

ST: ¿En qué consiste su prueba, Su Majestad?

D: En muchas cosas. Algunas las comprenderás; otras, no. Para que puedas entender mi perspectiva, me describiré y corregiré las ideas erróneas que la gente tiene de mí y de mi lugar de residencia.

ST: ¡Muy buena idea, Su Majestad! Comience por decirme dónde reside y luego describa su apariencia física.

D: ¿Mi apariencia física? Pero, querido Sr. Terrenal, no tengo un cuerpo físico. Un obstáculo como ese sería incómodo en el mundo de ustedes, las criaturas terrenales. Soy una entidad de energía negativa y resido en la mente de las personas que me temen. También ocupo la mitad de cada átomo de materia física y cada unidad de energía mental y física. Quizás entiendas mejor mi naturaleza si te digo que soy la parte negativa de los átomos.

ST: Ah, ahora comprendo lo que quiere decir. Está estableciendo que, sin usted, no habría mundo, estrellas, electrones, átomos, seres humanos, ¡nada! ¿Estoy en lo correcto?

D: ¡Así es! ¡Es completamente cierto!

ST: Bueno, si solo ocupa la mitad de la energía y la materia, ¿quién ocupa la otra mitad?

D: La otra mitad la ocupa mi oposición.

ST: ¿Oposición? ¿A qué se refiere?

D: Mi oposición es lo que ustedes en la Tierra llaman Dios.

ST: Entonces, ¿usted y Dios se reparten el universo a partes iguales? ¿Esa es su afirmación?

D: No es mi afirmación, es un hecho real. Antes de que termine esta entrevista, comprenderás por qué mi afirmación es verdadera. También entenderás por qué debe serlo, ya que de lo contrario, no podría existir un mundo como el tuyo ni criaturas terrenales como tú. No soy una bestia con cuernos y cola puntiaguda.

ST: Pero usted controla la mente del 98% de las personas. ¡Usted mismo lo dijo! ¿Quién causa toda la miseria en ese 98% del mundo controlado por el Diablo, si no es usted?

D: No dije que no cause toda la miseria en el mundo. De hecho, me enorgullezco de ello. Es mi negocio representar el lado negativo de todo, incluyendo los pensamientos de las personas como tú, seres terrenales. ¿De qué otra manera podría yo controlar a las personas? Mi oposición controla el pensamiento positivo. Yo controlo el pensamiento negativo. Desde que la primera criatura emergió del agua en tu Tierra hace millones de años, me he especializado en el control de los habitantes terrenales.

ST: ¿Cómo ejerce usted su influencia sobre la mente de las personas?

D: Bueno, eso es sencillo. Simplemente ingreso y ocupo los rincones no utilizados del cerebro humano. Siembro las semillas del pensamiento negativo en la mente de las personas para tomar control del espacio disponible.

ST: Debe tener numerosos métodos y dispositivos para obtener y mantener el control sobre la mente humana.

D: En efecto, empleo tácticas y dispositivos ingeniosos para dominar el pensamiento humano. Mis dispositivos son también astutos.

(El Diablo comienza a alardear. Ahora, descubriremos un poco más sobre su verdadera esencia).

ST: Continúe, por favor, describa algunos de sus ingeniosos trucos, Su Majestad.

D: Me reservo el derecho de no hacerlo, ya que tal revelación socavaría mi control sobre todos aquellos que la conocen.

ST: Entonces, aprovecharé mi conocimiento del camino secreto hacia sus pensamientos y expondré sus artimañas en mis propias palabras.

D: ¡No, no lo haga! Solo me denigraría, como lo hacen todos los seres terrenales cuando hablan de mí. Revelaré las cosas a mi manera, pero usted está actuando de manera injusta.

ST: Usted es quien está en la defensiva, Su Majestad. Por favor, cuéntenos todo acerca de los trucos y dispositivos que emplea para controlar la mente de las personas, y recuerde que deseo conocer toda la historia, no solo la parte que le favorece a usted. ¿Por qué evita responder, Su Majestad? Usted, que presume de controlar a 98 de cada cien personas en esta Tierra, debería sentirse orgulloso de su logro, especialmente considerando que la Omnipotencia es su opositora.

D: Uno de mis dispositivos más astutos para el control mental es el miedo. Siembro la semilla del miedo en la mente de las personas y, a medida que germinan y crecen con el tiempo, tomo control del espacio que ocupan. Los seis miedos más efectivos son: el miedo a la pobreza, el miedo a las críticas, el miedo a la mala salud, el miedo a la pérdida del amor, el miedo a la vejez y el miedo a la muerte.

ST: ¿Cuál de esos seis miedos utiliza con mayor frecuencia, Su Majestad?

D: El primero y el último: pobreza y muerte. En algún momento de la vida, afianzo mi control sobre todas las personas mediante uno o ambos. Siembro esos temores en la mente de las personas con tanta habilidad que llegan a creer que son sus propias creaciones.

ST: ¡Muy astuto, Su Majestad! Ahora, por favor, continúe explicándonos más sobre sus métodos para el control de la mente humana.

D: Uno de mis trucos es cómo instigo el temor a la vejez y la muerte en las personas, ocupando así gran parte de sus pensamientos. Logro esto haciendo que la gente crea que estoy acechando justo detrás de la puerta hacia la próxima vida, esperando para castigarlos eternamente después de la muerte. Por supuesto, no tengo el poder de castigar a nadie más allá de su mente, mediante algún tipo de miedo. Pero el miedo a lo inexistente me es tan útil como el temor a lo que existe. Todas las formas de miedo amplían el espacio que ocupo en la mente humana.

ST: Su Majestad, no sabía que su influencia sobre los seres humanos era tan significativa. ¿Podría explicar cómo obtuvo tal control?

D: La historia es demasiado extensa para resumirla en pocas palabras. Comenzó hace más de un millón de años, cuando los primeros seres humanos comenzaron a pensar. Hasta ese momento, tenía control absoluto sobre toda la humanidad, pero mis adversarios descubrieron el poder del pensamiento positivo, lo introdujeron en la mente de los hombres y comenzó una batalla de mi parte para mantener el control. Hasta ahora, he tenido éxito, perdiendo solo el 2% de las personas frente a la oposición.

ST: Entonces, deduzco de su respuesta que los seres humanos que piensan son sus adversarios, ¿es correcto?

D: No es incorrecto, pero es una afirmación adecuada.

ST: Por favor, cuéntenos más sobre el mundo en el que reside.

D: Resido donde elijo. El tiempo y el espacio no tienen significado para mí. Soy una entidad mejor descrita como energía. Mi lugar de "residencia" preferido, como mencioné, es la mente de los seres humanos. Controlo una parte del espacio cerebral de cada individuo. La cantidad de espacio que ocupo en la mente de cada persona depende de cuán poco y qué tipo de pensamientos tenga esa persona. Como mencioné antes, ¡no puedo controlar completamente a ninguna persona que piense!

ST: Usted menciona que existe como una fuerza o energía. ¿Podría aclarar, Su Majestad, si esa fuerza es negativa o positiva?

D: La forma de poder en la que existo es negativa. La oposición controla las fuerzas positivas, mientras que yo controlo las negativas. Por eso tengo tanto poder. Gobernando las fuerzas del odio, el miedo, la vanidad, la avaricia, la codicia, la venganza, la superstición y la lujuria, tengo el control sobre el 98% de la población del mundo, ya que esas fuerzas son las que rigen el mundo.

ST: Habla de su oposición. ¿A qué se refiere?

D: Mi oponente controla todas las fuerzas positivas del mundo, como el amor, la fe, la esperanza y el optimismo. También tiene influencia sobre los aspectos positivos de la ley natural que mantienen a la Tierra, los planetas y las estrellas en su curso. Sin embargo, esas fuerzas son relativamente suaves en comparación con las que operan en la mente humana bajo mi control. No me interesa controlar el universo físico, prefiero enfocarme en la mente humana.

ST: ¿Cómo adquirió su poder y cómo lo aumenta?

D: Aumento mi poder acercándome al poder mental de los seres humanos cuando pasan a través de la puerta de la muerte. Tomo el control del 98 de cada 100 personas que regresan a mi plano desde el plano terrenal, y su poder mental se agrega al mío. Especialmente, tomo a aquellos que llevan consigo algún tipo de miedo. Trabajo constantemente para preparar la mente de las personas antes de la muerte, de modo que pueda reclamarla cuando regresen a mi plano.

ST: ¿Puede explicar cómo trabaja para preparar la mente humana y así poder controlarla?

D: Tengo numerosas formas de tomar control de la mente humana mientras las personas aún están en el plano terrenal. Mi arma más efectiva es la pobreza. Deliberadamente desaliento a las personas a acumular riqueza material, ya que la pobreza desanima el pensamiento y las hace vulnerables a mí. La mala salud es otro aliado importante. Un cuerpo enfermo obstaculiza el pensamiento. Además, tengo innumerables agentes en la Tierra que me ayudan a tomar control de las mentes humanas. Están dispersos en todos los ámbitos y representan diversas razas, credos y religiones.

ST: ¿Está diciendo que tiene agentes en todas las religiones?

D: La mayoría de las iglesias son mis aliadas, aunque sus líderes y seguidores no lo sepan. Por ejemplo, Billy Sunday, a pesar de luchar vehementemente contra mí, era uno de mis agentes. Le pedí que llevara a cabo actuaciones teatrales en las que me derrotara en el escenario, para evitar que la gente descubriera que estaba trabajando para mí.

Quizás no lo sepa, pero una de las mejores maneras de promover una idea es atacarla. Mis agentes también trabajaron en la Liga Anti-Saloon. Los hice luchar contra la bebida y promover leyes de prohibición, y luego, cuando se aprobó la prohibición, casi todos comenzaron a beber clandestinamente.

Además, modernicé y optimicé las tabernas para atraer a más clientes, incluyendo mujeres y jóvenes. Les enseñé a socializar y beber de manera inteligente. Si caminas por Broadway durante la hora del cóctel, verás cómo he utilizado la psicología de la prohibición para atraer a más personas a mis influencias.

ST: Comprendo su punto de vista, Su Majestad, pero no veo cómo Billy Sunday ha contribuido a su causa. ¿Podría explicarlo de manera más clara?

D: Permítame explicarlo de esta manera: "Los hombres se convierten en reflejo de los pensamientos que dominan sus mentes". Al presentar a Billy Sunday al mundo en nombre de la oposición, con el propósito de atacarme y difamarme, ¿no ves lo sencillo que fue para mí dirigir la atención de la gente hacia los aspectos negativos de la vida?

Logré que Billy Sunday hablara sobre el miedo, el pecado, el alcohol y la lujuria, así como otros aspectos negativos, hasta que esas influencias se convirtieron en las fuerzas predominantes en la mente de sus seguidores.

Cuando los seguidores de Billy Sunday llegaban a este plano, los atrapaba fácilmente, pues venían con la mente saturada de miedo.

ST: ¿Tiene usted a otros colaboradores en las iglesias que apoyen su causa?

D: ¡Oh, ciertamente! Miles de ellos. Sin embargo, la mayoría no son tan efectivos como lo fue Sunday. Él era un gran dramaturgo, capaz de cautivar la imaginación de quienes lo escuchaban. Raramente tengo más de un Billy Sunday en la Tierra en una generación.

ST: Entiendo, Su Majestad, ¿está diciendo que todos los líderes de iglesias que inculcan el miedo en las mentes de las personas son sus aliados?

D: Exacto. Son mis aliados en el sentido de que enseñan lo que quiero que se enseñe, ¡pero lo hacen en nombre de mi oposición! Cualquier persona que cumple mi propósito se convierte en un aliado. Los líderes de la Iglesia difícilmente podrían servirme eficazmente si me alabaran. ¿Comprendes ahora la idea?

ST: Siguiendo el tema de las iglesias, ¿podría proporcionar una breve descripción de lo que considera problemático en ellas?

D: La principal debilidad de la Iglesia radica en que el clero se enfoca en el pasado ya fallecido y en un futuro aún por nacer, mientras descuida el presente realista que se desvanece ante nosotros.

ST: ¿El clero es completamente responsable de esto?

D: ¡No, en absoluto! Rotundamente, no. La mayoría de los predicadores predican lo que sus seguidores desean escuchar, a menudo más de lo que ellos mismos creen. Sus manos están atadas por aquellos que les pagan sus salarios.

ST: ¿Cree que los predicadores, en general, recurren al engaño para complacer a sus seguidores?

D: No lo expresaría de esa manera. Preferiría decir que a menudo emplean una especie de engaño piadoso. Además, cualquier cosa que un hombre repite una y otra vez, eventualmente la acepta como verdad, incluso si al principio sabía que no lo era.

ST: ¿Quiénes considera que son sus enemigos más prominentes en la Tierra, Su Majestad?

D: Todos aquellos que inspiran a las personas a pensar y actuar por sí mismas son mis enemigos. Individuos como Sócrates, Confucio, Voltaire, Emerson, Thomas Paine, Abraham Lincoln y figuras más contemporáneas como Robert G. Ingersoll y Elbert Hubbard. Y, debo decir, tú tampoco me estás haciendo ningún bien.

ST: ¿Es verdad que Su Majestad utiliza a hombres de gran riqueza?

D: Como mencioné antes, la pobreza siempre es mi aliada, ya que desanima la independencia de pensamiento y fomenta el miedo en la mente de las personas. Algunos hombres ricos sirven a mi causa, mientras que otros me causan un gran daño, según cómo utilicen su riqueza. La gran fortuna de Rockefeller, por ejemplo, es uno de mis enemigos más formidables.

ST: Interesante, Su Majestad. ¿Podría explicar por qué teme más a la fortuna de Rockefeller que a otras?

D: El dinero de Rockefeller se utiliza para combatir y erradicar enfermedades en todo el mundo. La enfermedad ha sido siempre una de mis armas más efectivas. El temor a la mala salud solo es superado por el temor a la pobreza. El dinero de Rockefeller está revelando nuevos secretos de la naturaleza en diversas áreas, todas diseñadas para ayudar a las personas a tener un mayor control sobre sus propias mentes.

Está promoviendo mejores métodos de alimentación, vestimenta y vivienda para las personas. Está contribuyendo a eliminar los barrios más empobrecidos de las grandes ciudades, lugares donde se encuentran mis aliados preferidos.

También financia campañas por un gobierno más justo y lucha contra la deshonestidad en la política.

Fomenta estándares más elevados en la práctica empresarial y anima a los hombres de negocios a seguir la Regla de Oro; y todo esto no beneficia en nada a mi causa.

ST: ¿Quiénes son otros hombres ricos que considera que representan una amenaza para su causa?

D: Henry Ford no me está ayudando en absoluto. Su automóvil sin caballos me ha costado muchos reclutas y seguirá costándome aún más. Ford hizo que el mundo se diera cuenta de la importancia de las buenas carreteras, lo que eliminó fronteras y acercó a las personas.

Cuando las personas se unen, empiezan a hablar e incluso a pensar. Ford me perjudicó de otras formas, especialmente al establecer salarios más altos y luchar contra mis aliados que operan a través de la mano de obra sindicalizada. Pero lo humillaré pronto. Mi principal agente en el mundo laboral pondrá a Ford de rodillas. Espera y verás.

ST: Entonces, ¿algunos líderes laborales están alineados con su causa, pero algunos pueden ser demasiado cercanos a su oposición?

D: Sí, eso es correcto. Algunos líderes laborales pueden ser demasiado amigables con la oposición, lo cual no beneficia a mi causa. Lo que necesito son líderes que gobiernen a través del miedo y la determinación, líderes que no teman alinear a sus seguidores y negociar con políticos para obtener leyes especiales de privilegio de clase, como la Ley Wagner.

ST: Su Majestad, ¿qué sucede con los jóvenes a quienes se dice que están en camino hacia el infierno? ¿Tiene usted control sobre ellos?

D: Bueno, podría responder a esa pregunta con un sí y un no. He corrompido las mentes de los jóvenes al enseñarles a beber y fumar, pero me desconciertan con su tendencia a pensar por sí mismos.

Solía controlar a los jóvenes a través del miedo a sus padres, pero eso ya es cosa del pasado. Lamentablemente, los jóvenes están aprendiendo a pensar y actuar por su cuenta, y si esto continúa, me veré derrotado en otra generación.

ST: Entiendo que su respuesta es que los jóvenes están escapando de su control.

D: Sí, porque están aprendiendo a pensar por sí mismos.

ST: Su Majestad mencionó que corrompió las mentes de los jóvenes con alcohol y tabaco. Comprendo cómo el alcohol puede afectar el pensamiento independiente, pero no veo la conexión entre el tabaco y su causa.

D: Estás en la misma línea que millones de personas en este aspecto. Puede que no lo sepas, pero el tabaco destruye el poder de la perseverancia, debilita la resistencia, afecta la capacidad de concentración, amortigua y socava la facultad imaginativa y, de diversas maneras, obstaculiza el uso efectivo de la mente.

¿Sabías que tengo millones de personas, jóvenes y mayores, de ambos sexos, que fuman dos paquetes de cigarrillos al día? Esto significa que tengo millones de personas que están socavando gradualmente su poder de resistencia.

Un día, añadiré a su hábito de fumar cigarrillos otros hábitos que destruyan el pensamiento, hasta que haya ganado control sobre sus mentes.

Los hábitos suelen aparecer en grupos de dos, tres o cuatro. Cualquier hábito que debilite la fuerza de voluntad abre la puerta a otros hábitos. Cualquier hábito que debilite la fuerza de voluntad de una persona invita a otros hábitos a entrar y apoderarse de la mente. El hábito de fumar cigarrillos no solo reduce el poder de resistencia y desalienta la persistencia, sino que también invita a la relajación en otras áreas de la vida.

ST: ¿Cómo logró Su Majestad inducir a los jóvenes a adoptar el hábito de fumar?

D: Ah, tengo una historia interesante que contar. Justo después de la Primera Guerra Mundial, noté que los jóvenes comenzaban a pensar por sí mismos, lo que me preocupó. Tuve que actuar rápidamente para contrarrestar ese desarrollo. Comencé por fomentar el consumo de alcohol, presentándolo como algo inteligente y atractivo.

Esta estrategia funcionó tan bien que luego presenté los cigarrillos como un hábito igualmente inteligente.

Implementé este truco utilizando una psicología astuta. ¿Recuerdas esos anuncios que representaban a un joven y atractiva mujer tumbados en la playa, en trajes de baño, mientras él fumaba un cigarrillo y ella lo miraba con admiración?

¿Recuerdas cómo la joven se reclinaba de manera sugerente, con sus piernas al descubierto?

Al principio, no me atreví a mostrar a la chica fumando un cigarrillo, pero gradualmente la hice encender uno y luego entregárselo a su compañero. Una vez que el público aceptó ese anuncio sin protestas ni cancelaciones de suscripciones a periódicos, di otro paso y mostré a la joven encendiendo un cigarrillo en su propia boca y luego entregándoselo a su compañero, con insinuaciones de contenido sexual en la pose, la ropa y las miradas.

Luego, di el paso final y audaz, mostrando mujeres jóvenes fumando cigarrillos. Pero lo hice de manera que presentara el tabaquismo como un hábito inteligente. Fue así como atraje a las fumadoras y convertí a millones de mujeres en fumadoras habituales.

Chicas de secundaria, universitarias y mujeres de todas las esferas de la vida rápidamente abrazaron el hábito. Muchas de ellas fuman dos paquetes al día. No es ningún secreto que este hábito no es beneficioso para los jóvenes. Pueden reclamar su derecho a la independencia de acción y pensamiento en relación con sus padres, pero no son lo suficientemente sabios como para escapar de mi influencia. He ganado control sobre ellos a través del hábito del cigarrillo.

ST: Nunca había considerado que los cigarrillos fueran una herramienta de destrucción, Su Majestad, pero su explicación arroja una nueva luz sobre el tema. ¿Cuántas personas considera que ha convertido al hábito hasta ahora?

D: Estoy orgulloso de mi récord. Millones de personas son víctimas de este hábito, y el número sigue aumentando día a día. Pronto, tendría a la mayoría del mundo entregándose al hábito. En miles de familias, tengo seguidores del hábito, incluyendo a todos sus miembros. Los jóvenes están empezando a adoptar el hábito al observar a sus padres, hermanos y hermanas mayores.

ST: ¿Cuál considera que es su herramienta más poderosa para tomar el control de la mente humana: cigarrillos o alcohol?

D: Sin duda, diría que los cigarrillos. Una vez que hago que una persona joven se una a mi club de dos paquetes diarios, no tengo problemas para inducirla a adoptar el hábito del alcohol, la indulgencia sexual y otros hábitos relacionados que debilitan su independencia de pensamiento y acción.

Puede que no lo sepas, pero tengo muchas compañías de cigarrillos trabajando día y noche para producir cientos de millones de paquetes diarios para mis seguidores. Estas compañías ganan millones de dólares anualmente, pero yo gano millones de seguidores para mi causa.

ST: Hábleme sobre algunas de las otras artimañas a través de las cuales Su Majestad atrapa a las personas.

D: Bueno, consideremos el juego de bridge, por ejemplo. Lo he elevado a una posición de importancia para que ahora sea uno de mis activos más grandes. Lo uso para convertir a esposas y chicas en jugadoras, tramposas y chismosas.

ST: Nunca había pensado en el bridge como un vicio. ¿Cómo beneficia eso a su causa?

D: Cualquier hábito que supere la voluntad humana es mi aliado. El hábito del juego convierte a las personas en tramposos, mentirosos y más. El bridge es uno de mis dispositivos más ingeniosos. A través de esta creciente moda, alejo a las mujeres de sus hogares y las hago chismorrear unas sobre otras.

Les enseño a apostar y a robar dinero del presupuesto familiar para poder pagar sus pérdidas. Las alejo de sus hijos mientras juegan bridge, lo que me brinda más libertad con los niños.

Hago que pierdan en su juego para que regresen a casa de mal humor y realicen acciones desagradables hacia sus esposos. Todo esto tiende a desestabilizar a la familia y a poner nerviosos a todos. Es uno de mis trucos más inteligentes, y te sorprendería saber cuántos conversos he ganado a través de él, principalmente mujeres.

ST: Su Majestad, estoy intrigado por su ingenioso plan para debilitar la fuerza de voluntad a través del hábito del cigarrillo. Me gustaría que me explicara por qué tantos profesionales, como estrellas de cine y celebridades del teatro, respaldan los cigarrillos.

D: Esa es una pregunta válida. Muchas personas que respaldan los cigarrillos mienten por dinero. Por cien dólares, puedo hacer que muchas personas respalden casi cualquier cosa. Mis amigos, los publicistas, tienen una tarifa estándar por este tipo de patrocinios. El precio depende de la popularidad de la persona que respalda.

ST: Su Majestad, cuando comenzamos esta entrevista, tenía una imagen errónea de usted. Pensaba que era un fraude y una falsificación, pero ahora veo que es bastante real y muy poderoso.

D: No necesito que me crean, ni pido disculpas. A lo largo de la historia, muchas personas han cuestionado mi poder, y la mayoría de ellas han caído en mi trampa en algún momento.

No busco que la gente crea en mí, prefiero que me teman. No soy un mendigo, obtengo lo que quiero a través de la astucia y la fuerza.

Dejar que la gente crea en mí es tarea de mi oposición, no la mía. Todo lo que pido es la oportunidad de entrar en la mente de las personas y sembrar allí la semilla de mi filosofía negativa. Todo lo que quiero es mantener ese privilegio de influir en las mentes como mejor me parezca. Una vez que entre, haré mi trabajo y ganaré un converso para mi causa.

ST: Su Majestad, por favor, permítame disculparme por cualquier rudeza en mis comentarios anteriores. Mi objetivo es comprender mejor su influencia y cómo afecta a las personas. Si está dispuesto, continúe compartiendo información sobre cómo ejerce su influencia en las mentes humanas.

D: Aprecio tu comprensión y tu deseo de aprender. Continuaré compartiendo información sobre cómo influyo en las mentes humanas. Pero ten en cuenta que mi objetivo es abrir los ojos de las personas para que puedan resistir mi influencia y tomar decisiones más conscientes. Uno de mis trucos más ingeniosos es la manipulación del miedo. Puedo inducir el miedo en las mentes de las personas de muchas maneras, y el miedo es una poderosa herramienta para controlarlas.

ST: ¿Puede proporcionar ejemplos de cómo utiliza el miedo para controlar a las personas?

D: Por supuesto. Una de las formas más efectivas en las que utilizo el miedo es a través de la propaganda y la manipulación de la información. Puedo difundir noticias falsas o exageradas para crear un clima de temor en la sociedad. Esto puede llevar a la gente a tomar decisiones irracionales basadas en el miedo, como apoyar políticas o acciones que de otro modo no respaldarían.

También exploto el miedo a lo desconocido. Las personas a menudo temen lo que no comprenden o lo que es diferente. Al fomentar ese miedo, puedo hacer que se vuelvan más cerradas y resistentes al cambio, lo que facilita el control.

ST: Entiendo cómo el miedo puede ser una herramienta poderosa para manipular a las personas. ¿Tiene otros métodos que utiliza con frecuencia?

D: Sí, otro método que uso con frecuencia es la división. Fomento la división entre grupos de personas, ya sea por razones políticas, religiosas, étnicas o sociales. Al hacer que las personas se vean a sí mismas como diferentes o incluso enemigas entre sí, puedo debilitar la unidad y la solidaridad. Esto les hace más susceptibles a mi influencia y menos dispuestas a trabajar juntas para el bien común.

También fomento la codicia y el egoísmo. Hago que las personas se centren en sus propios intereses y deseos, sin preocuparse por los demás. Esto socava los lazos sociales y hace que sea más difícil para las personas colaborar y cuidarse mutuamente.

ST: Son tácticas muy insidiosas, Su Majestad. ¿Cómo pueden las personas protegerse contra su influencia?

D: La clave para protegerse contra mi influencia es la conciencia. Las personas deben aprender a reconocer mis tácticas y cuestionar la información que reciben. Deben buscar la verdad y no dejarse llevar por el miedo o la división.

La educación y la empatía son poderosas herramientas contra mi influencia. Cuanto más informadas estén las personas y más capaces sean de comprender y relacionarse con los demás, menos vulnerables serán a mi manipulación.

ST: Gracias por compartir esta información, Su Majestad. Es importante que las personas comprendan cómo pueden protegerse contra su influencia. ¿Hay algo más que desee agregar?

D: Solo quiero recordar a las personas que el poder de la mente humana es increíblemente fuerte. Pueden resistir mi influencia y tomar decisiones que promuevan el bienestar y la armonía. La elección está en sus manos.

4. A La Deriva Con El Señor De Las Sombras

ST: Empecemos, por favor, con su estratagema más astuta, Señor de las Sombras, aquella que utiliza para atraer a la mayor cantidad de personas.

D: Revelar ese secreto significaría la pérdida, para mí, de millones de vidas actuales y un número aún mayor de vidas por nacer. Le ruego que me permita dejar esa pregunta sin respuesta.

(ST intenta escapar de la entrevista. Veamos cómo se desarrolla la conversación).

ST: Entonces, ¿teme usted, Señor de las Sombras, al poder de una simple y humilde criatura terrenal? ¿Es cierto?

D: No es cierto, pero es verdad. No tiene derecho a arrebatarme la herramienta esencial de mi ocupación. Durante innumerables años, he ejercido dominio sobre las criaturas terrenales a través del miedo y la ignorancia. Ahora llega y desafía mi uso de estas armas, obligándome a revelar cómo las empleo. ¿No se da cuenta de que socavará mi control sobre cada individuo que escuche esta confesión forzada? ¿No tiene compasión? ¿No tiene sentido del humor? ¿No comprende el juego limpio? ¿No se siente orgulloso de cuidar de sus propios asuntos?

ST: Deje de esquivar la pregunta, Señor de las Sombras, y comience a confesar. No es usted quien puede solicitar clemencia a alguien a quien destruiría si pudiera. No tiene derecho a hablar de juego limpio y sentido del humor. ¿Usted, que según su propia confesión, ha creado un infierno en la Tierra, donde castiga a personas inocentes a través de sus miedos y su ignorancia? En cuanto a cuidar de mis propios asuntos, eso es precisamente lo que estoy haciendo al obligarlo a revelar cómo controla a las personas a través de sus mentes. Mi objetivo, si se puede llamar así, es ayudar a abrir las puertas de las prisiones autoimpuestas en las que hombres y mujeres se confinan debido a los temores que se han sembrado en sus mentes. Ahora, avancemos y procedamos con su revelación.

D: Mi principal herramienta para controlar a los seres humanos se basa en dos principios secretos a través de los cuales obtengo dominio sobre sus mentes. Primero, hablaré sobre los principios del hábito, a través de los cuales me introduzco sigilosamente en las mentes de las personas. Al operar bajo este principio, cultivo el hábito de... ¡el hábito de la deriva! Cuando una persona comienza a divagar sin rumbo en cualquier tema, se encamina directamente hacia las puertas de lo que ustedes, seres terrenales, denominan Infierno.

ST: Por favor, describa todas las formas en las que induce a las personas a la deriva. Defina la palabra y explique en detalle lo que significa.

D: Puedo definir la palabra "deriva" mejor explicando que las personas que piensan por sí mismas nunca se desvían, mientras que aquellas que piensan poco o nada por sí mismas se vuelven errantes. Y los errantes son influenciables y susceptibles a ser controlados por circunstancias externas a sus propias mentes.

Un errante es alguien que prefiere que yo tome el control de su mente y piense por él en lugar de tomarse la molestia de pensar por sí mismo. Un errante es aquel que acepta pasivamente todo lo que la Vida le presenta, sin resistir ni luchar. Un errante es alguien que no sabe lo que realmente desea de la Vida y gasta su tiempo persiguiendo exactamente eso. Un errante tiene muchas opiniones, pero no son propias. La mayoría de ellas las suministro yo. Un errante es alguien que es mentalmente perezoso y no usa su propio cerebro.

Esta es la razón por la que puedo tomar control sobre los pensamientos de las personas y sembrar mis propias ideas en sus mentes.

ST: Su Majestad, por favor, explique de manera más comprensible y literaria cómo controla la mente de las personas sin que estas lo detecten.

D: Por supuesto, permitidme compartir mis métodos.

(Su Majestad continúa su explicación con entusiasmo.)

Me sumerjo en las mentes a través de pensamientos que las personas creen propios. Aquí es donde la herencia física juega un papel crucial. Las personas nacen con ciertos rasgos heredados de sus antepasados, que se remontan a los inicios de la naturaleza animal. Aprovechando estos rasgos de instinto y carácter físico, logro que las personas piensen que mis pensamientos son los suyos.

ST: ¿Cuáles son algunos de estos rasgos innatos que utiliza para controlar a las personas de manera efectiva?

D: Los más útiles son el miedo, la superstición, la avaricia, la codicia, la lujuria, la venganza, la ira, la vanidad y la simple pereza. A través de uno o más de estos, puedo ingresar en cualquier mente, en cualquier etapa de la vida. Sin embargo, obtengo los mejores resultados al tomar control de una mente joven, antes de que aprenda a cerrar cualquiera de estas puertas. Así, establezco hábitos que mantienen esas puertas entreabiertas de por vida.

ST: Comprendo sus métodos, Su Majestad. Ahora, volvamos al hábito de la deriva. ¿Podría explicarlo en detalle, ya que afirma que es su estratagema más ingeniosa para controlar las mentes?

D: Como mencioné anteriormente, comienzo induciendo a las personas a vivir sin rumbo durante su juventud. Los llevo a vagar sin un objetivo claro en la escuela. Aquí es donde la mayoría de las personas quedan atrapadas. Los hábitos están interconectados. Si uno deriva en una dirección, eventualmente derivará en todas las direcciones. A menudo, envío a las personas al mundo en un estado de discapacidad física que las obliga a vagar en todas las áreas. Sin embargo, no confío únicamente en la herencia física. También utilizo hábitos ambientales para ejercer un control definitivo sobre mis víctimas.

ST: Ahora comprendo mejor, Su Majestad. Se encarga de entrenar a los jóvenes en el hábito de la deriva, llevándolos a la escuela sin un propósito claro. ¿Podría compartir otros trucos con los que hace que las personas se vuelvan errantes?

D: Mi segundo mejor truco para fomentar el hábito de la deriva se lleva a cabo con la colaboración de padres, maestros de escuelas públicas e instructores religiosos. Sin embargo, debo advertiros que no deseo revelar este truco específico, ya que generaré desagrado entre mis colegas que me asisten en su implementación. Si llegáis a publicar esta confesión en forma de libro, será excluida de las escuelas públicas. La mayoría de los líderes religiosos la añadirán a su lista negra. Los padres ocultarán esta información a sus hijos, y los periódicos evitarán reseñar vuestro libro. Habrá descontento generalizado hacia vos y vuestro trabajo, excepto por aquellos que poseen un pensamiento crítico, aunque sabéis que son pocos en número. Por tanto, os aconsejo no insistir en la revelación de mi segundo mejor truco.

ST: Entonces, por mi propio bien, usted desea retener la descripción de su segundo mejor truco. A nadie le gustará mi libro, excepto a aquellos que poseen pensamiento crítico, ¿correcto? Muy bien, prosiga y conteste.

D: Te arrepentirás, Sr. Terrenal. Con este error tuyo, desviarás la atención de mí hacia ti.

Mis compañeros de trabajo, que son legión, me olvidarán y te odiarán por descubrir mis métodos.

ST: No me preocupo por mí, Su Majestad. Continúe y cuénteme todo sobre ese segundo mejor truco suyo con el que induce a la gente a ir a la deriva hacia usted.

D: Mi segundo mejor truco no es el segundo, ¡es el primero! Es el primero porque, sin él, nunca podría obtener el control de la mente de los jóvenes.

ST: Muy intrigante. Parece que he tropezado con algo de gran importancia; así que, por favor, continúe.

D: Los padres, los maestros de escuela, los instructores religiosos y otros adultos, sin darse cuenta, cumplen mi propósito al ayudarme a socavar la capacidad de los niños para pensar por sí mismos. Lo hacen de diversas maneras, sin comprender la verdadera naturaleza de sus acciones ni el impacto en las mentes de los niños.

ST: Es difícil de creer, Su Majestad. Siempre he considerado que los seres más cercanos a los niños, como sus padres, maestros y líderes religiosos, son sus mejores amigos. ¿A quién más podrían acudir los niños en busca de orientación confiable?

D: Ahí radica mi astucia. Esta es la clave de cómo controlo al 98% de la población mundial.

Me apodero de las mentes de las personas en su juventud, antes de que desarrollen su propio pensamiento independiente, utilizando a quienes están a cargo de ellos. Especialmente necesito la colaboración de aquellos que les imparten la instrucción religiosa, ya que es aquí donde manipulo su pensamiento independiente e introduzco a las personas en el hábito de la deriva, confundiendo sus mentes con ideas inverificables sobre un mundo sobre el cual no tienen conocimiento. También siembro en la mente de los niños el temor más grande de todos: ¡el miedo al Infierno!

ST: Entiendo que pueda asustar a los niños con la idea del Infierno, pero ¿cómo logra que sigan temiéndolo a usted y a su Infierno después de crecer y aprender a pensar por sí mismos?

D: Los niños crecen, pero no siempre aprenden a pensar por sí mismos. Una vez que capturo sus mentes mediante el miedo, debilito su capacidad de razonar y pensar de manera independiente, y esta debilidad los acompaña durante toda su vida.

ST: ¿No considera injusto aprovecharse de un ser humano de esa manera, contaminar su mente antes de que tenga la oportunidad de desarrollar su propia autonomía?

D: Utilizo todo lo que esté a mi alcance para promover mis objetivos. No me detengo ante restricciones éticas. Tengo el poder y utilizo todas las debilidades humanas conocidas para obtener y mantener el control sobre las mentes humanas.

ST: Comprendo la naturaleza de su estrategia. Ahora, profundicemos en cómo lleva a cabo la tarea de conducir a las personas hacia la perdición en esta Tierra. A partir de su confesión, puedo observar que se enfoca en los niños mientras sus mentes son jóvenes y flexibles. Por favor, comparta más detalles sobre cómo utiliza a los padres, maestros y líderes religiosos para atrapar a las personas en su red.

D: Uno de mis métodos favoritos es coordinar las acciones de los padres y los líderes religiosos para que trabajen juntos y me ayuden a socavar la capacidad de los niños para pensar por sí mismos. Utilizo a los líderes religiosos para erosionar el coraje y la independencia de pensamiento de los niños, inculcándoles el temor hacia mí; mientras que empleo a los padres para respaldar a los líderes religiosos en esta tarea.

ST: ¿Cómo logran los padres respaldar a los líderes religiosos en la destrucción de la independencia de pensamiento de sus hijos? Esto es algo que nunca había escuchado antes.

D: Logro esto a través de un ardid muy astuto. Hago que los padres enseñen a sus hijos a adoptar sus propias creencias en cuestiones como la religión, la política, el matrimonio y otros temas importantes. De esta manera, como puedes observar, cuando logro controlar la mente de una persona, puedo perpetuarlo fácilmente al hacer que ellos mismos inculquen estas creencias en sus descendientes.

ST: ¿De qué otras maneras utiliza a los padres para convertir a los niños en seguidores sumisos?

D: Hago que los niños sigan el ejemplo de sus padres, la mayoría de los cuales ya he atrapado y comprometido eternamente a mi causa. En algunas regiones del mundo, obtengo control sobre la mente de los niños y someto su voluntad de la misma manera en que los seres humanos someten a los animales de menor inteligencia. No importa la forma en que se someta la voluntad de un niño; siempre que tengan miedo de algo, puedo acceder a sus mentes a través de ese miedo y limitar su capacidad de pensar de manera independiente.

ST: Parece que su objetivo es evitar que las personas piensen con libertad.

D: ¡Exacto! El pensamiento crítico es mi némesis. No puedo prosperar en las mentes de aquellos que piensan críticamente. No me importa si la gente piensa, siempre y cuando lo hagan desde una perspectiva de miedo, desesperanza y destrucción. Cuando comienzan a pensar de manera constructiva, con fe, valentía, esperanza y un sentido de propósito, inmediatamente se convierten en aliados de mi oposición, y por lo tanto, los pierdo.

ST: Entonces, usted desea que las personas piensen, pero solo de la manera en que usted lo dicta, ¿es así?

D: Ah, sí. No solo quiero que piensen, sino que los mantengo ocupados creyendo que están pensando por sí mismos. De esta manera, puedo hacerles creer que sus ideas son realmente las mías.

ST: Comienzo a comprender cómo utiliza a los padres y a los líderes religiosos para controlar las mentes de los niños, pero todavía no veo cómo los maestros escolares desempeñan un papel en esto.

D: Los maestros escolares me ayudan a controlar las mentes de los niños, no tanto por lo que les enseñan, sino por lo que dejan de enseñarles. Todo el sistema de educación pública está tan controlado que contribuye a mi causa al educar a los niños en casi todo, excepto en cómo usar sus propias mentes y pensar de manera independiente. Vivo con el temor de que algún día, alguien valiente pueda revertir el sistema educativo actual y asestarme un golpe mortal permitiendo que los estudiantes se conviertan en instructores, utilizando a aquellos que actualmente son maestros solo como guías para ayudar a los niños a desarrollar sus mentes desde adentro. Cuando llegue ese momento, los maestros escolares ya no serán parte de mi equipo.

ST: Siempre creí que el propósito fundamental de la educación escolar era fomentar el pensamiento crítico en los niños.

D: Puede que ese sea el propósito teórico de la escolarización, pero en la mayoría de las escuelas del mundo, el sistema no lo cumple. En lugar de enseñar a los estudiantes a desarrollar y usar su propia mente, se les inculca a adoptar y utilizar los pensamientos de otros. Esta forma de educación socava la capacidad de pensar de manera independiente, a menos que los niños sean lo suficientemente fuertes en su voluntad como para resistir la influencia de los demás.

ST: Por lo que entiendo, sostiene que iglesias, escuelas y hogares de todo el mundo están de alguna manera aliados con su causa, contribuyendo así a la falta de pensamiento crítico en las personas. ¿Es eso lo que afirma?

D: No es solo una afirmación, es un hecho real.

ST: Si eso es cierto, entonces usted tiene una influencia significativa en casi todos los aspectos de la civilización. Si sus aliados se encuentran en hogares, escuelas e iglesias, ¿dónde podría alguien buscar un lugar confiable para aprender a pensar de manera rigurosa?

D: El pensamiento riguroso no es precisamente mi objetivo, sino más bien el de mi oposición.

ST: ¿Existe alguna relación entre su oposición y las instituciones mencionadas, como hogares, iglesias y escuelas? Me intriga saberlo.

D: En este punto, recurro a algunos de mis recursos más astutos. Hago que todas las acciones de padres, maestros y líderes religiosos parezcan ser en favor de mi oposición.

Esto desvía la atención de mí mientras ejerzo influencia en las mentes de los jóvenes. Cuando los líderes religiosos intentan enseñar a los niños acerca de las virtudes de mi oposición, generalmente lo hacen a través del miedo asociado a mi nombre.

Eso es todo lo que necesito. Enciendo la llama del temor en dosis que despojan a los niños de su capacidad de pensar de manera crítica. En las escuelas públicas, los maestros promueven mi causa al llenar las mentes de los niños con información no esencial, lo que les impide tener la oportunidad de pensar de manera crítica o analizar adecuadamente lo que les enseñan los líderes religiosos. En los hogares, los padres realizan rituales religiosos familiares, leen la Biblia y mencionan vagamente el nombre de mi oposición y las recompensas después de la muerte, pero a su vez impiden que sus hijos desarrollen un pensamiento independiente sobre el tema de la vida y la muerte. Esto conduce a la indecisión, el miedo y la tendencia a dejarse llevar por la corriente.

ST: ¿Reclama usted a todas las personas atrapadas en el hábito de la deriva para su causa?

D: No, la deriva es solo uno de mis métodos para tomar el control sobre el pensamiento independiente. Antes de que alguien se convierta en mi posesión permanente, debo atraparlo con otro de mis trucos. Te hablaré de ese otro truco una vez que haya explicado por completo mis métodos para convertir a las personas en errantes.

ST: ¿Está sugiriendo que tiene un método para alejar a las personas de la autodeterminación de tal manera que nunca puedan liberarse?

D: Sí, tengo un método definido, y es tan efectivo que nunca falla.

ST: ¿Está diciendo que su método es tan poderoso que su oposición no puede reclamar a aquellos que ha atrapado permanentemente en la deriva?

D: Exactamente eso. Como mencioné al principio, controlo al 98% de las personas que viven. ¿Crees que podría hacerlo si mi oposición pudiera impedirlo? Nada puede detenerme, excepto el poder del pensamiento riguroso. Aquellos que piensan de manera rigurosa no caen en la deriva en ningún tema. Reconocen el poder de sus propias mentes y lo utilizan, sin cederlo a ninguna influencia externa.

ST: Entendido, según sus afirmaciones, su oposición solo controla a una minoría de personas.

D: Correcto, solo el 2%, aquellos que pueden pensar por sí mismos.

ST: Por favor, continúe y explíqueme más acerca de los métodos que utiliza para llevar a las personas al "Infierno" con usted.

D: Hago que las personas caigan en la deriva en cada área en la que puedo controlar su pensamiento y acción independiente. Por ejemplo, en lo que respecta a la salud, les instigo a consumir demasiada comida y de mala calidad, lo que conduce a la indigestión y destruye su capacidad de pensar de manera rigurosa. Si las escuelas públicas y las iglesias enseñaran a los niños sobre una alimentación adecuada, eso causaría un daño irreparable a mi causa.

En cuanto al matrimonio, fomento que hombres y mujeres entren en relaciones matrimoniales sin un plan o propósito claro para convertir la relación en armonía. Esto es uno de mis métodos más efectivos para llevar a la gente al hábito de la deriva. Les hago pelearse y discutir sobre cuestiones financieras, la crianza de sus hijos, relaciones íntimas, amigos y actividades sociales. Los mantengo tan ocupados buscando defectos en el otro que no tienen tiempo para nada más, lo que refuerza el hábito de la deriva.

Mi labor consiste en guiar a las personas hacia una vida sin rumbo, empujándolas a abandonar la educación para aceptar el primer empleo que encuentren, sin un propósito definido más allá de subsistir. A través de este truco, mantengo a millones en constante temor a la pobreza durante toda su existencia. Este miedo los lleva gradualmente hacia adelante, hasta que llegan a un punto en el que ya no pueden romper el hábito de la deriva.

En cuanto al ahorro, fomento el gasto desenfrenado y el escaso ahorro, hasta que tomo control total de sus vidas, haciéndolos temer la pobreza.

En lo que respecta al medio ambiente, los coloco en entornos discordantes y desagradables en sus hogares, lugares de trabajo y relaciones familiares y sociales, manteniéndolos allí hasta que los reclamo por su arraigado hábito de la deriva.

Con respecto a los pensamientos dominantes, los sumo en pensamientos negativos que conducen a acciones negativas y los involucran en controversias, llenando sus mentes de temores. Esto allana el camino para que yo entre y controle sus mentes, aprovechando el pensamiento negativo que he cultivado en ellas a través de diversos medios como el púlpito, periódicos, medios visuales, la radio y otros métodos populares para atraer sus mentes. Les hago permitir que yo piense por ellos debido a su pereza e indiferencia para pensar por sí mismos.

ST: Entonces, ¿puedo concluir que la deriva y la procrastinación son equivalentes?

D: Sí, es correcto. Cualquier hábito que conduzca a la procrastinación y a posponer decisiones definitivas es un camino hacia la deriva.

ST: ¿Es el ser humano la única criatura que deriva?

D: Sí, todas las demás criaturas se mueven en respuesta a las leyes naturales definidas. Solo los humanos desafían estas leyes y se dejan llevar por la deriva cuando lo desean.

Las estrellas y los planetas siguen rutas fijas. Se mueven de acuerdo con leyes inquebrantables, sin posibilidad de desviación. Si la naturaleza permitiera que las estrellas se desviaran, reinaría el caos en el universo. No existirían mundos ni seres humanos.

Todo lo que está fuera de la mente humana está bajo mi dominio, regulado por leyes tan firmes que la deriva es imposible. Yo controlo la mente humana únicamente a través del hábito de la deriva, es decir, porque la gente descuida o se niega a utilizar su propia mente.

ST: Esto parece estar tomando un tono bastante profundo para el común de las personas. Volvamos a un tema más concreto. ¿Cómo afecta este hábito de la deriva a las personas en su vida cotidiana, en un lenguaje comprensible para todos?

D: Preferiría que esta conversación se mantuviera en el ámbito de las estrellas.

ST: Entiendo su reticencia, pero volvamos a la Tierra. ¿Puede explicar cómo este hábito de la deriva afecta a la nación, en este caso a Estados Unidos?

D: La respuesta es amarga y difícil de aceptar.

ST: ¿Por qué amarga? ¿No quiere hablar sobre Estados Unidos?

D: Francamente, puedo decirte que odio a Estados Unidos como solo el Diablo puede odiar.

ST: Interesante. ¿Cuál es la razón de ese odio?

D: La causa de mi odio se originó el 4 de julio de 1776, cuando 56 hombres firmaron un documento que arruinó mis posibilidades de controlar la nación. Ese documento es conocido como la Declaración de Independencia. Si no hubiera sido por la influencia de ese maldito documento, ahora tendría un dictador gobernando el país y eliminaría los derechos a la libertad de expresión y al pensamiento independiente que amenazan mi gobierno en la Tierra.

ST: ¿Debo entender, según lo que menciona, que las naciones controladas por dictadores autoproclamados están dentro de su ámbito de influencia?

D: No existen dictadores autoproclamados. Yo los designo a todos. Además, los manipulo y los guío en su trabajo. Las naciones gobernadas por mis dictadores saben lo que quieren y lo obtienen por la fuerza. Observa lo que logré a través de Mussolini en Italia, lo que estoy haciendo a través de Hitler en Alemania y lo que continúo haciendo mediante Stalin en Rusia. Mis dictadores lideran esas naciones en mi nombre porque la gente ha caído en el hábito de la deriva. Mis dictadores no se dejan llevar por la deriva, por eso controlan a los millones bajo su dominio.

ST: ¿Qué sucedería si Mussolini, Stalin y Hitler traicionaran su causa y renunciaran a su gobierno?

D: Eso no ocurrirá, ya que los soborno de manera efectiva. Les pago otorgándoles un exceso de vanidad, haciéndoles creer que actúan por su cuenta. Ese es otro de mis trucos.

ST: Volvamos a Estados Unidos y profundicemos en cómo está trabajando usted para fomentar el hábito de la deriva en las personas.

D: Actualmente, estoy allanando el camino para una posible dictadura sembrando semillas de miedo e incertidumbre en la mente de la población.

ST: ¿Cómo realiza su trabajo a través de quién?

D: Principalmente, a través del Presidente. Estoy socavando su influencia al desviar la atención de la cuestión de un acuerdo laboral entre empleadores y empleados. Si logro que el presidente siga la deriva durante más de un año, quedará tan desacreditado que podré entregar el país a un dictador. Si el presidente continúa en la deriva, paralizaré la libertad personal en Estados Unidos, de la misma manera en que lo hice en España, Italia, Alemania e Inglaterra.

ST: Lo que menciona parece llevar a la conclusión de que la deriva es una debilidad que inevitablemente conduce al fracaso, ya sea a nivel individual o nacional. ¿Es eso lo que afirma usted?

D: La deriva es la causa más común de fracaso en todas las áreas de la vida. Puedo controlar a cualquiera que caiga en el hábito de la deriva en cualquier asunto. Esto ocurre por dos razones. En primer lugar, el errante es maleable en mis manos, puedo moldearlo según mi voluntad, ya que la deriva destruye el poder de la iniciativa individual. En segundo lugar, el errante no puede recibir ayuda de mi oposición, ya que la oposición no se siente atraída por alguien tan débil e inútil.

ST: ¿Es posible que un errante logre el éxito ocasionalmente mediante la suerte?

D: Un errante puede aprovechar una oportunidad fortuita, pero no alcanzará el éxito a través de ella, ya que la perderá ante alguien que no sigue la deriva.

ST: ¿Es esa la razón por la que algunas personas son ricas mientras que la mayoría es pobre?

D: Exactamente, esa es la razón. La pobreza, al igual que una enfermedad física, es contagiosa. Siempre encontrarás pobreza entre los errantes y nunca entre aquellos que saben lo que quieren y están decididos a lograrlo. Debería notar que los que no siguen la deriva y poseen la mayor parte de la riqueza mundial son las mismas personas.

ST: Siempre he entendido que el dinero era la raíz de todo mal, que los pobres y los mansos heredarían el cielo, mientras que los ricos pasarían a las manos de usted. ¿Qué tiene que decir sobre esa aseveración?

D: En respuesta a eso, afirmo lo siguiente: Aquellos que saben cómo alcanzar prosperidad material suelen tener la habilidad de mantenerse alejados de las tentaciones perjudiciales. La capacidad de adquirir riquezas tiene un efecto positivo en quienes la poseen. Los desafortunados solo obtienen lo que nadie más desea. Si más personas tuvieran metas claras y un fuerte deseo tanto por la riqueza material como por la espiritual, tendría menos influencia sobre ellas.

ST: Supongo que, por lo que dice, no tiene una relación cercana con los líderes industriales. Es evidente que no los considera amigos.

D: ¿Amigos míos? Permíteme describirte qué tipo de relación tengo con ellos. Han mejorado la infraestructura del país, construyendo carreteras que han conectado a personas de ciudades y áreas rurales.

Han transformado minerales en acero, utilizándolo para erigir imponentes rascacielos.

Han aprovechado la energía eléctrica para innumerables aplicaciones, todas diseñadas para otorgar a las personas más tiempo para la reflexión. Gracias al automóvil personal, han brindado a incluso el ciudadano más modesto la libertad de desplazarse.

Han llevado noticias instantáneas a cada hogar a través de la radio.

Han establecido bibliotecas en todas las urbes, pueblos y aldeas, llenándolas con libros que ofrecen a los lectores un compendio del conocimiento más valioso que la humanidad ha acumulado a lo largo de sus experiencias.

Han otorgado a los ciudadanos el derecho de expresar sus opiniones en cualquier momento y lugar, sin temor a represalias, y han garantizado que cada individuo pueda contribuir en la formulación de leyes, la recaudación de impuestos y la gestión de su nación mediante el voto.

Estos son solo algunos de los logros de los líderes industriales para brindar a cada ciudadano la oportunidad de liberarse de la adversidad. ¿Crees que estos hombres han contribuido a mi causa?

ST: ¿Quiénes son algunos de los individuos que no están bajo su influencia y toman sus propias decisiones?

D: No tengo control sobre aquellos que actúan con independencia, ni sobre los que lo hicieron en el pasado. Mi influencia se extiende a los más vulnerables, no a aquellos que ejercen su propio discernimiento.

ST: Adelante, describa a un errante típico. Por favor, deme su descripción punto por punto, para que pueda reconocer a un errante cuando lo vea.

D: Claro, aquí está la descripción de un errante punto por punto para que puedas identificarlos con facilidad:

1. Carece de un propósito significativo en la vida.

2. Falta de confianza en sí mismo y no logra metas que requieran esfuerzo.

3. Gastador compulsivo que a menudo se endeuda.

4. Susceptible a enfermedades reales o imaginarias y reacciona exageradamente al dolor físico.

5. Falta de imaginación, entusiasmo y voluntad para emprender nuevas cosas.

6. Mal genio y falta de control emocional.

7. No posee un carisma que atraiga a los demás.

8. Opina sobre todo, pero carece de conocimiento profundo en cualquier tema.

9. Pretende ser experto en todo, pero no destaca en nada en particular.

10. Es reacio a cooperar incluso con aquellos de quienes depende.

11. Repite los mismos errores sin aprender de ellos.

12. Tiene una mente cerrada y es intolerante en sus opiniones.

13. Espera mucho de los demás pero da poco o nada a cambio.

14. Inicia muchas cosas pero rara vez las concluye.

15. Critica al gobierno sin ofrecer soluciones claras.

16. Evita tomar decisiones y cambia de opinión con facilidad.

17. Tiene hábitos poco saludables, como comer en exceso y falta de ejercicio.

18. Acepta bebidas alcohólicas o apuestas si otros las pagan.

19. Envidia a quienes tienen éxito en sus campos.

20. Se esfuerza más por evadir la reflexión que por ganarse la vida.

21. Prefiere mentir en lugar de admitir su ignorancia.

22. Critica a sus empleadores a sus espaldas pero los elogia en su presencia.

ST: A juzgar por su descripción de un errante, no es bueno para nada.

D: Te equivocas, mi amigo. Un errante es útil en varias áreas. Puede ser un agitador efectivo en un sindicato si el objetivo es conseguir menos horas de trabajo y un salario mejorado.

También puede destacar como un excelente cliente en un bar moderno.

Es un soñador apasionado, siempre lleno de ideas innovadoras y a menudo poco prácticas.

Es un buen partido para una mujer que posee más riqueza que perspicacia.

Está al tanto de las últimas tendencias en drogas, boxeo y béisbol, e incluso conoce a las estrellas de cine por sus nombres.

En tiempos de guerra, puede ser un recluta valiente, siempre y cuando no tenga la oportunidad de eludir el servicio militar.

Imagina lo complicado que sería para figuras como Hitler, Mussolini y Stalin si se vieran forzados a servir como sus propios soldados.

Por último, pero no menos importante, el errante me permite influenciar a aproximadamente el 98% de la población mundial. ¡Sin el errante, estaría en aprietos!

ST: Me has proporcionado una descripción vívida del errante. Ahora, ¿puedes describir al no errante para que pueda reconocerlo?

D: La primera señal de un no errante es la siguiente: siempre está comprometido con un objetivo definido, a través de un plan meticulosamente elaborado que se considera infalible.

Tiene una meta significativa en la vida, por la cual trabaja incansablemente, además de muchas metas más pequeñas, todas alineadas con su objetivo central.

Su voz suena firme, su paso es decidido, sus ojos brillan con determinación, y sus decisiones son rápidas y certeras, lo que lo identifica claramente como alguien que sabe exactamente lo que quiere y está dispuesto a perseguirlo sin importar cuánto tiempo lleve o el costo que conlleve.

Si se le hace alguna pregunta, responderá de manera directa y nunca recurrirá a evasivas o artimañas.

Muestra generosidad hacia los demás, pero acepta favores con moderación, o en ocasiones, los rechaza.

Siempre lo encontrarás liderando, ya sea en un juego o en el campo de batalla.

Si no conoce la respuesta a algo, lo admitirá sin rodeos.

Posee una memoria confiable y nunca intenta justificar sus limitaciones.

Nunca culpa a otros por sus errores, sin importar si son culpables o no.

En tiempos pasados, se le conocía como un guerrero, pero en la era moderna, se le llama "Midas". Lo encontrarás dirigiendo el negocio más próspero de la ciudad, viviendo en la mejor ubicación, conduciendo el automóvil más lujoso y dejando su huella donde quiera que vaya.

Es una fuente de inspiración para todos aquellos que entran en contacto con su mente. La característica más distintiva del no errante es esta: tiene una mente propia y la emplea para todos sus propósitos.

ST: ¿Los no errantes siempre obtienen éxito?

D: Eso depende de cómo definimos "éxito". Si nos referimos a la capacidad de alcanzar cualquier objetivo material que uno se proponga, entonces sí, los no errantes suelen tener éxito.

Un ejemplo de un no errante es Henry Ford. Si hubiera sido un errante, simplemente habría pensado en la idea de un automóvil autopropulsado y asequible, pero nunca se habría comprometido a construirlo.

Si hubiera sido un errante, podría haberse excusado diciendo que no tenía el capital necesario para crear automóviles, o que carecía de la educación adecuada para convertirse en el líder de la industria automotriz, y esas excusas habrían sido ciertas.

En lugar de encontrar excusas válidas, Ford decidió crear el mejor automóvil asequible del mundo, y el mundo le recompensó con una gran fortuna. Los no errantes tienen la habilidad única de superar obstáculos y vencer la adversidad, sin importar cómo se presente. Esta es una de las razones por las que no tengo aliados errantes en mi círculo cercano; construyen en lugar de destruir.

ST: ¿El no errante nace con alguna ventaja mental, física o espiritual que no está disponible para el errante?

D: ¡No! Las principales diferencias entre el errante y el no errante se basan en algo que está al alcance de todos: el derecho inherente de cada persona a usar su propia mente y pensar por sí misma.

El no errante ejerce este derecho, mientras que el errante no lo hace. Esa es la única diferencia significativa entre ellos.

Es importante señalar que estoy hablando de personas que nacen con cuerpos y cerebros normales. Aquellos que enfrentan discapacidades físicas no están destinados a ser errantes simplemente por esa razón. Muchas personas con limitaciones físicas han logrado un éxito notable en sus campos elegidos.

ST: ¿El no errante es un obstáculo para el errante?

D: Puede serlo en situaciones en las que sus intereses chocan y compiten entre sí, pero con mayor frecuencia, los no errantes ayudan en lugar de obstaculizar a los errantes sobre los que ejercen influencia.

Tomemos nuevamente el ejemplo de Henry Ford, quien proporcionó empleo y medios de subsistencia para miles de personas, muchas de las cuales eran errantes. Aquí, la iniciativa, la imaginación, la autosuficiencia y la determinación clara de un no errante ayudan a aumentar los ingresos de muchos errantes, algunos de los cuales no podrían ganarse la vida sin esa colaboración.

ST: ¿Cuál sería su consejo breve para curar al típico errante de su hábito?

D: Le aconsejaría que despierte y tome acción inmediatamente.

ST: ¿Diera qué?

D: Debería ofrecer algún tipo de servicio útil que beneficie a la mayor cantidad de personas posible.

ST: Entonces, se espera que el no errante dé, ¿verdad?

D: Exacto, si espera recibir algo a cambio. Y debe dar antes de esperar recibir.

ST: Algunas personas dudan de su existencia.

D: No deberías preocuparte por eso. Aquellos que estén listos para abandonar la deriva reconocerán la autenticidad de esta entrevista por la solidez de sus consejos. Los demás no merecen la atención necesaria para convencerlos.

ST: ¿Por qué no intenta evitar que publique esta confesión que le saqué?

D: Suprimir la publicación sería la forma más segura de garantizar que lo hagas. Tengo un plan mejor que intentar detenerte. Te instaré a que continúes con la publicación, luego observaré cómo enfrentas las consecuencias cuando algunos de mis fieles errantes comiencen a complicar las cosas para ti.

No necesito negar tu historia, mis seguidores lo harán por mí, lo verás.

ST: ¿Por qué cree que me importa lo que piensen o digan sus aliados terrenales?

D: Eso es lo que me preocupa. No creo que te importe si la gente cree en tu historia o no, porque no buscas la aprobación de otros ni necesitas su cooperación.

ST: ¿Quién entre sus aliados en la Tierra cree que me causará problemas, como menciona?

D: Mis aliados en las Iglesias no te recompensarán por lo que me estás haciendo. Debes recordar esta verdad: el mundo a menudo trata con hostilidad a los pioneros que presentan nuevas ideas o exponen nuevas verdades.

Aunque alejarás a algunas de mis víctimas, la mayoría de los que controlo no se verán afectados.

ST: ¿Y qué pasa con sus víctimas en las Iglesias que están listas para conocer la verdad sobre usted y tienen el valor de liberarse de la deriva y comenzar a pensar por sí mismas? ¿Cree que me odiarán por romper su control sobre sus mentes?

D: Admito que perderé algunas de mis víctimas, pero la cantidad será pequeña en comparación con el total que tengo bajo mi influencia.

ST: Su actitud es similar a la de un político que busca el poder. Tanto usted como los políticos profesionales comparten rasgos en común, especialmente la tendencia a ser optimistas en medio de la derrota. Usted sabe que está en retirada, ¿por qué se protege y recurre a evasivas, desafiándome? ¿Por qué no enfrenta la realidad como un hombre valiente?

D: Ahí te equivocas nuevamente. No estoy en retirada porque no soy un errante. Conozco mi negocio y lo dirigiré con éxito mientras el mundo siga produciendo personas que sigan a la deriva. Aunque es cierto que causarás daño a mi negocio si continúas, no estarás aquí lo suficiente como para convertir a más que unos pocos insignificantes de mis errantes.

ST: Si esta confesión se detuviera aquí, sería una declaración sólida. Afortunadamente para las millones de víctimas que encontrarán liberación gracias a esta confesión, esta entrevista continuará hasta que me proporcione la herramienta para restringir su dominio sobre la gente a través del miedo y las supersticiones.

Recuerde, Su Majestad, su confesión apenas ha comenzado. Después de que obtenga información sobre los métodos que utiliza para controlar a las personas, también lo obligaré a revelar las fórmulas para romper su control a voluntad.

Es cierto que no permaneceré aquí el tiempo suficiente para derrotarlo por completo, pero las palabras publicadas que dejo serán inmortales porque se basarán en la verdad. Usted no teme la oposición de individuos porque sabe que será breve, pero teme a la verdad.

Teme a la verdad y nada más, porque lenta pero seguramente libera a los seres humanos de todo tipo de miedo. Sin el arma del miedo, estaría indefenso e incapaz de controlar a cualquier ser humano. ¿Es eso cierto o falso?

D: No tengo más opción que admitir que lo que dices es cierto.

ST: Ahora que estamos en entendimiento, continuemos con su confesión. Pero antes de avanzar, permítame presumir un poco por mi cuenta, ahora que usted ha tenido su oportunidad. Solo haré una pregunta, cuya respuesta me dará la satisfacción que busco. ¿No es cierto que usted solo controla la mente de aquellos que han permitido que el hábito de la deriva se arraigue en ellos?

D: Sí, es cierto. Ya he admitido esta verdad de varias formas diferentes. ¿Por qué me atormenta repitiendo la pregunta?

ST: Hay poder en la repetición. Lo estoy haciendo repetir los aspectos más destacados de su confesión de diferentes maneras para que sus víctimas puedan verificar esta entrevista y determinar su autenticidad a través de sus propias experiencias con usted. Es uno de mis pequeños trucos, Su Majestad. ¿Aprueba mi enfoque?

D: Es tu prerrogativa utilizar tu conocimiento de la forma que desees. Soy impotente para detenerte.

ST: Esa es una confesión interesante, Su Majestad. ¿Por qué cree que no puedo ser controlado por usted?

D: ¿Estás preparando una trampa con el fin de presumir un poco más, Sr. Terrenal?

ST: Yo hago las preguntas y usted las responde. Continúe y confiese por qué es incapaz de evitar que yo lo obligue a confesar. Quiero su confesión para ayudar y consolar a sus víctimas, a quienes pretendo liberar de su control en el momento en que lean sus palabras.

D: Soy incapaz de influenciarte o controlarte porque has descubierto el secreto acceso a mi dominio. Sabes que existo solo en la mente de las personas que tienen miedos.

Sabes que solo controlo a los errantes que no utilizan su propia mente.

Sabes que mi infierno se encuentra aquí en la Tierra, y no en el mundo que viene después de la muerte. También sabes que los errantes proporcionan todo el combustible que utilizo en mi infierno.

Reconoces que soy un principio o una forma de energía que representa el lado negativo de la materia y la energía, y que no soy una figura con lengua bífida y cola puntiaguda.

Te has convertido en mi maestro porque has conquistado tus propios miedos.

Finalmente, sabes que puedes liberar a todas mis víctimas terrenales con las que entres en contacto, y ese conocimiento es el golpe más devastador que puedes infligirme.

¡No puedo controlarte porque has descubierto tu propia mente y la has tomado bajo tu control! Por lo tanto, Sr. Terrenal, esta confesión debería satisfacer tu ego hasta su punto de ruptura.

ST: Ese último comentario fue innecesario, Su Majestad. El tipo de conocimiento que he utilizado para dominarlo no se ve afectado por la vulgar indulgencia en el ego.

La verdad es lo único en el mundo que puede resistir el ridículo. Espero que los cien millones o más de errantes que usted controla solo en Estados Unidos busquen refugio en mi enseñanza para burlarse de mi entrevista con usted. ¡Porque algunos de ellos se quedarán para liberarse!

Ahora, permita que continuemos con su confesión. ¿Qué tiene de malo el principio de la adulación? Usted lo usa, ¿verdad?

D: ¿Si lo uso? ¡La adulación es una de mis armas más efectivas! Con ese instrumento letal, influyo tanto en los poderosos como en los humildes.

ST: Agradezco que lo admita. Ahora continúe y explíqueme cómo emplea la adulación.

D: La utilizo de tantas formas que es difícil saber por dónde empezar. Te advierto que mis respuestas detalladas provocarán una avalancha de burlas en tu mente por haber planteado la pregunta.

ST: Asumiré la responsabilidad. ¡Siga adelante!

D: Muy bien, puedo admitir aquí que has descubierto el secreto fundamental de cómo induzco a las personas al hábito de la deriva.

ST: Esa es una confesión sorprendente. Continúe con su confesión y manténgase en el tema de la adulación. Sin comentarios paralelos ni ironías por el momento. Cuénteme todo sobre cómo utiliza los halagos para obtener control sobre las personas.

D: La adulación es un anzuelo de un valor incomparable para aquellos que desean ejercer control sobre los demás. Tiene un poderoso atractivo porque explota dos de las debilidades humanas más comunes: la vanidad y el egoísmo. Estas cualidades existen en alguna medida en todos nosotros, y en algunos individuos son tan pronunciadas que se convierten en puntos vulnerables. La adulación es el cebo perfecto para explotar esas debilidades.

La adulación es el principal instrumento mediante el cual los hombres seducen a las mujeres. A veces, de hecho, con mucha frecuencia, las mujeres utilizan el mismo anzuelo para ejercer control sobre los hombres, especialmente cuando el atractivo sexual no es suficiente. Yo enseño a ambos sexos cómo usar la adulación. La adulación es la principal herramienta que mis agentes utilizan para ganarse la confianza de las personas y obtener la información necesaria para fomentar y perpetuar el conflicto.

Cada vez que alguien busca elogios para alimentar su vanidad, yo entro y comienzo a construir otro errante. Los no errantes no son fácilmente halagados.

Ahora viene la parte de mi confesión que podría ponerte en aprietos si eres lo suficientemente tonto como para publicarla: la adulación es la herramienta más grande utilizada por mis aliados en la mayoría de las religiones del mundo.

¿Has escuchado alguna oración que no comience con un intento de alabar a Dios?

¿Has oído hablar de una de esas oraciones de alabanza que haya sido respondida? Por supuesto que no. La Inteligencia Infinita no se impresiona favorablemente por la súplica y la adulación.

Por eso me gusta ver a la gente comenzando sus oraciones con intentos de adulación.

ST: Comienzo a entenderlo. Usted inspira a las personas a acercarse a la Inteligencia Infinita a través de la adulación para que sus oraciones no sean atendidas. ¿Ese es su único propósito?

D: ¡Por supuesto que no! Animo a las personas a usar la adulación en todas las relaciones humanas donde sea posible, porque aquellos que son influenciados por ella se convierten en presa fácil del hábito de la deriva.

ST: ¿Puede controlar a cualquiera que sea susceptible a la adulación?

D: ¡Muy fácilmente! Como ya mencioné, la adulación es de gran importancia para atraer a las personas al hábito de la deriva.

ST: ¿A qué edad las personas son más susceptibles a los halagos?

D: La edad no tiene nada que ver con la susceptibilidad a la adulación. Las personas responden a los halagos desde el momento en que son conscientes de su propia existencia hasta que mueren.

ST: ¿Por qué las mujeres pueden ser halagadas más fácilmente?

D: Por su vanidad. Dile a una mujer que es hermosa, que viste con elegancia o que tiene unas cejas perfectas, y te abrirá su corazón y te lo entregará.

ST: ¿Y qué motivo es más efectivo para atraer a los hombres?

D: El ego, con mayúscula. Dile a un hombre que tiene un cuerpo musculoso y fuerte, o que es un exitoso magnate de los negocios, y ronroneará como un gato y sonreirá como una zarigüeya. Después, ya sabes lo que ocurre.

ST: ¿Todos los hombres son así?

D: ¡Oh, no! Solo dos de cada cien tienen su ego tan bajo control que ni siquiera un experto adulador podría influir en ellos, ni siquiera con un cuchillo de carnicero de doble filo.

ST: ¿Cómo aplica una mujer astuta su arte de adulación para atraer a los hombres?

D: ¿Tengo que explicarte su método? ¿No tienes imaginación?

ST: Oh, sí, tengo suficiente imaginación, Su Majestad, pero pienso en los pobres engañados del mundo que necesitan comprender la técnica exacta con la que pueden ser halagados y atraídos a la deriva. Continúe y cuéntenos cómo una mujer puede atrapar a hombres ricos y, presumiblemente, inteligentes.

D: Ese es un truco diabólico que las mujeres utilizan, pero como me estás exigiendo la información, no puedo retenerla. Las mujeres influyen en los hombres a través de una técnica que implica (1) la capacidad de inyectar tonos suaves y dulces en sus voces, y (2) entrecerrar los ojos de una manera que sugiere hipnotismo en combinación con la adulación hacia los hombres.

ST: ¿Eso es todo lo que involucra el arte de la adulación?

D: No, eso es solo la técnica. Luego viene el motivo que una mujer usa como cebo. El tipo de mujer que tienes en mente nunca se vende a sí misma ni ofrece nada que pueda darle al hombre. En cambio, vende su propio ego.

ST: ¿Es eso todo lo que usan las mujeres cuando desean halagar a los hombres?

D: Eso es lo más efectivo que utilizan, especialmente cuando el atractivo sexual no es suficiente.

ST: ¿Entonces, debo creer que hombres grandes, fuertes e inteligentes pueden ser manipulados como si fueran masilla mediante la adulación? ¿Es eso posible?

D: ¿Si es posible? Sucede cada minuto del día. Además, a menos que sean no errantes, cuanto más grandes son, más dura la caída cuando se enfrentan a un adulador experto.

ST: Cuénteme sobre algunos de sus otros trucos para llevar a la gente a la deriva en la vida.

D: Uno de mis dispositivos más efectivos es el fracaso. La mayoría de las personas comienzan a derivar tan pronto como encuentran la oposición, y uno de cada diez mil seguirá intentándolo después de fracasar dos o tres veces.

ST: Entonces, su negocio implica inducir a las personas al fracaso siempre que pueda. ¿Es eso correcto?

D: Estás en lo correcto. El fracaso socava la moral de las personas, destruye su confianza en sí mismas, apaga su entusiasmo, atrofia su imaginación y debilita su determinación.

Sin esas cualidades, nadie puede lograr el éxito de manera duradera en ninguna empresa. El mundo ha producido miles de inventores con una habilidad superior a la de Thomas A. Edison, pero nunca se ha oído hablar de esos hombres, mientras que el nombre de Edison sigue resonando porque convirtió el fracaso en un escalón hacia el logro, mientras que los demás lo utilizaron como excusa para no producir resultados.

ST: ¿La capacidad de superar el fracaso sin desanimarse es uno de los principales activos de Henry Ford?

D: Sí, y esa misma cualidad es el activo principal de cualquier persona que logra un éxito sobresaliente en cualquier campo.

ST: Esa declaración abarca mucho terreno, Su Majestad. ¿No desea matizarla o suavizarla un poco por razones de precisión?

D: No es necesario hacer ninguna modificación, ya que la declaración no es excesivamente amplia. Si investigas con precisión la vida de las personas que logran un éxito duradero, encontrarás, sin excepción, que su éxito está en proporción directa a su capacidad para superar el fracaso.

La vida de cada persona exitosa proclama con claridad lo que todo verdadero filósofo sabe: cada fracaso lleva consigo la semilla de un éxito equivalente.

Sin embargo, esta semilla no germinará y crecerá bajo la influencia de un errante. Solo cobrará vida cuando esté en manos de alguien que reconozca que la mayoría de los fracasos son solo derrotas temporales y que nunca, bajo ninguna circunstancia, acepte la derrota como una excusa para la deriva.

ST: ¿Cuál es el factor más poderoso para convertir una derrota temporal en un fracaso?

D: ¡El hábito de la deriva!

ST: Si lo entiendo correctamente, usted afirma que hay una virtud en el fracaso. Esto no me parece razonable. ¿Por qué trata de inducir a las personas al fracaso si hay una virtud en el fracaso?

D: No hay inconsistencia en mis declaraciones. La aparente inconsistencia se debe a tu falta de comprensión. El fracaso es una virtud solo cuando no lleva a alguien a dejar de intentar y a comenzar a derivar. Induzco a tantas personas como puedo al fracaso, tan a menudo como sea posible, porque uno de cada diez mil no seguirá intentándolo después de fallar dos o tres veces. No me preocupan los pocos que convierten los fracasos en escalones, porque de todos modos están en oposición a mí. Son aquellos que no van a la deriva y, por lo tanto, están fuera de mi alcance.

ST: Su explicación aclara el tema. Ahora, por favor, cuénteme algunos de los otros métodos que utiliza para atraer a las personas a su causa.

D: Uno de los métodos más efectivos que empleo se conoce como propaganda. Es la herramienta más valiosa para mí cuando se trata de manipular a las personas y llevarlas a conflictos bajo la excusa de la guerra.

La maestría de este método reside principalmente en la sutileza con la que lo aplico.

Entremezclo la propaganda con las noticias del mundo, algo que se enseña tanto en escuelas públicas como privadas. Y observo cómo encuentra su camino hacia la conciencia del público.

Le añado colores a las imágenes en movimiento, lo introduzco en cada hogar donde haya una radio. Lo inyecto en vallas publicitarias, periódicos y anuncios de radio.

Lo difundo en lugares de trabajo y negocios frecuentados por la gente. Lo utilizo para avivar conflictos en los tribunales de divorcio y para perjudicar empresas e industrias.

Es mi herramienta principal para forjar carreras en el mundo de las finanzas. Mis propagandistas cubren el mundo con tal profundidad que puedo iniciar epidemias de enfermedades, liberar perros de guerra o sembrar el pánico en el mundo empresarial a voluntad.

ST: Si puede lograr todo lo que afirma a través de la propaganda, no es sorprendente que veamos guerras y crisis financieras. Por favor, proporcióneme una descripción simple del término propaganda. ¿Qué es y cómo funciona? Me gustaría entender especialmente cómo hace que las personas se vean arrastradas por medio de este dispositivo.

D: La propaganda es cualquier dispositivo, plan o método a través del cual se puede influenciar a las personas sin que sean conscientes de ello, sin que conozcan la fuente de esa influencia.

Permítame mostrarle cómo se puede utilizar la propaganda para socavar a la competencia en el mundo empresarial. Un fabricante deseaba eliminar a uno de sus competidores, por lo que envió discretamente a un grupo de hombres y mujeres para difundir rumores aquí, allá y en todas partes, diciendo que el Departamento de Salud había descubierto a un empleado con lepra trabajando en la planta de su competidor.

La noticia se propagó como un incendio descontrolado, como sucede siempre con las malas noticias. Este truco le costó a la víctima la pérdida de millones de dólares y estuvo al borde de la quiebra financiera. ¿Le parece inteligente?

ST: ¡Considero que es muy astuto, Su Majestad! ¿El plan logró que la víctima sufriera un fracaso completo?

D: No, no exactamente. El competidor descubrió el truco antes de que fuera demasiado tarde y lanzó un contraataque que salvó su negocio.

ST: Buenos compañeros, ¿verdad, Su Majestad?

D: La propaganda se emplea en los negocios con el objetivo de minar a la competencia. Los empleadores la utilizan para ganar ventaja sobre sus empleados, mientras que estos recurren a ella para obtener ventaja sobre sus empleadores. Los ferrocarriles la emplean para allanar el camino hacia el aumento de tarifas, y los servicios públicos la usan para justificar sus precios. De hecho, se utiliza de forma tan generalizada y mediante una técnica tan simple y elegante que parece inofensiva incluso cuando se reconoce.

ST: Supongo que algunos de sus jóvenes están influenciando la mente del pueblo estadounidense para que acepte alguna forma de dictadura. ¿Podría describir cómo lo están haciendo?

D: ¡Exactamente! Millones de nuestros jóvenes están preparando a los estadounidenses para ser adoctrinados de manera sutil. Nuestros mejores jóvenes trabajan a través de la política y las organizaciones laborales. Nuestra intención es tomar el país mediante votos en lugar de armas, ya que los estadounidenses son demasiado sensibles para soportar un cambio de gobierno violento. Entonces, nuestros propagandistas están creando conflictos entre empleadores y empleados, enfrentando al gobierno con las empresas y la industria.

Cuando la propaganda tenga su efecto completo, uno de mis seguidores se convertirá en dictador, y los antiguos líderes, con sus ideas anticuadas sobre la Constitución, serán reemplazados. Todos recibirán empleo o serán apoyados por el gobierno. Cuando los hombres tienen comida en sus estómagos, son más maleables. Los hombres hambrientos son impredecibles.

ST: A menudo me he preguntado quién inventó esta ingeniosa artimaña que usted llama propaganda. A partir de lo que me ha contado sobre su origen y naturaleza, entiendo por qué es tan eficaz. Solo alguien tan astuto como Su Majestad podría haber ideado un dispositivo capaz de nublar la razón, subyugar la voluntad y llevar a la gente al desorden.

D: Sí, reconozco la ingeniosidad de esta herramienta. Con su ayuda, puedo manipular a los amigos y familiares cercanos de una persona para arruinar su vida o llevarla al caos. Para demostrar lo que digo, basta con observar al Presidente de los Estados Unidos y cómo lo limité durante su segundo mandato, simplemente haciendo que se alejara de todas sus políticas de gobierno. También puedes ver cómo lo reduje a su tamaño adecuado con la ayuda de las mismas personas de las que obtuvo su influencia. Podría haberlo eliminado, como hice con un político en el Sur, pero eso lo habría convertido en mártir. Lo desactivé de manera más eficaz utilizando la propaganda.

ST: ¿Por qué no utiliza su poderosa propaganda para ganar control sobre sus víctimas en lugar de someterlas por medio del miedo y destruirlas mediante la guerra?

D: El miedo, mi querido amigo, es una herramienta poderosa en mi arsenal propagandístico. Utilizo el miedo de manera magistral para influenciar a las masas. Si observaras con mayor detenimiento mi estrategia, notarías que soy un maestro en el arte de la propaganda. Rara vez alcanzo mis objetivos de manera directa y abierta, cuando puedo lograrlos de manera mucho más efectiva a través de la astucia y la sutileza.

¿Qué utilizo para sembrar ideas negativas en la mente de las personas y manipularlas para que crean que son sus propias ideas? ¿Cómo podrías describir eso, sino como la forma más inteligente de propaganda?

ST: Comprendo. ¡También comprendo su oscuro propósito! Aquel que envenena el suministro de agua es considerado un asesino, pero usted, al sembrar el germen de pensamientos negativos en la mente de millones de personas, es un artista de la manipulación. ¿Es ese su objetivo?

D: Has captado mi esencia correctamente. Nunca actúo con torpeza. Esta es la principal razón, lo admito, por la que controlo al 98% de la población mundial.

Incluso algunas de mis víctimas son personas inteligentes. Pero la inteligencia promedio no puede competir con mi perfección en el arte de la propaganda. Si entiendes lo que confieso, comprenderás por qué y cómo mantengo bajo mi control a casi todas las personas del mundo, a excepción del 2%, a pesar de que mi oposición posee el poder de la Omnipotencia.

ST: Su confesión es reveladora. Estoy seguro de que millones de personas se han preguntado por qué las fuerzas malignas prevalecen abrumadoramente sobre las buenas en el mundo. Su lado prevalece porque está dispuesto a emplear artimañas que su oposición no usaría. ¿Es esto correcto?

D: En cierto sentido, tienes razón, pero estás inclinado a ser injusto conmigo. Me estás culpando de todos los males del mundo y no me estás dando crédito por el bien que también hago.

ST: Dejaremos de lado sus supuestas virtudes por el momento. Me gustaría saber más sobre sus debilidades. La única virtud que he observado en su estudio es la inteligencia de su técnica propagandística. ¿Podría explicarme con más detalle cómo logra sus objetivos a través de la propaganda? El mundo entero está ávido de entender mejor el funcionamiento de la propaganda. Usted afirma que la utiliza para llevar a las personas al estado de deriva. ¿Cómo logra ese asombroso resultado?

D: Empleo una variedad de métodos que resulta imposible describir en su totalidad, pero puedo compartir algunos de mis favoritos. Comenzaré explicándote cómo obtengo control sobre las personas utilizando sus propias mentes con fines propagandísticos.

ST: ¿No me dirá que logra destruir a las personas con su propia colaboración sin que se den cuenta de lo que está ocurriendo?

D: Eso es precisamente lo que deseo que entiendas. Además, te mostraré exactamente cómo se lleva a cabo esta artimaña.

ST: Llegamos a un punto crucial, Su Majestad. ¿Cómo logra convertir a los seres humanos en propagandistas y atraerlos hacia su propia prisión voluntaria? Anhelo conocer la historia completa con todos sus detalles aterradores. Esta es la parte más significativa de su confesión, y ansío descubrir su secreto. No le reprocho por demorarse en responder a mi pregunta, ya que es consciente de que su respuesta someterá a millones de víctimas inocentes bajo su influencia. También sabe que su respuesta protegerá a innumerables millones de personas aún por nacer de caer en su trampa. No es de extrañar que evite proporcionar una respuesta directa.

D: Sus conclusiones son precisas. Esta parte de mi confesión me causará más perjuicio que el resto.

ST: Al expresar su malestar de una manera más precisa, esta parte de su confesión liberará a más millones de personas de su control que todo lo demás.

D: Todo lo que puedo decir es que me encuentro en una situación verdaderamente comprometida.

ST: ¡Excelente! Ahora conocerá el sentimiento de los millones de sus víctimas. Adelante.

D: Mi primera entrada en la mente de un individuo se realiza mediante el uso de sobornos.

ST: ¿Qué emplea como soborno?

D: Utilizo una variedad de cosas que satisfacen los deseos individuales.

ST: Cuénteme acerca de estos atractivos con los que soborna a la gente mientras les inculca el hábito de la sumisión.

D: Bueno, podría decirse que utilizo los mismos sobornos que las personas usan entre sí. Es decir, empleo como sobornos aquellas cosas que más desean las personas. Mis mejores sobornos incluyen:

1. El amor.

2. El anhelo de satisfacción sexual.

3. La codicia por el dinero.

4. El deseo obsesivo de obtener algo por nada, como en los juegos de azar.

5. La vanidad en las mujeres y el egoísmo en los hombres.

6. El deseo de ejercer control sobre los demás.

7. La ansia de sustancias estupefacientes y narcóticas.

8. El deseo de expresión personal a través de palabras y acciones.

9. El anhelo de imitar a los demás.

10. El deseo de preservar la vida más allá de la muerte.

11. La necesidad de idealizar y venerar a otros.

12. El hambre física.

Esta es la esencia de cómo manipulo a las personas y las atraigo hacia mi influencia.

ST: Es impresionante la variedad de sobornos que emplea, Su Majestad. ¿Utiliza otros además de estos?

D: Sí, existen muchos más, pero estos son mis preferidos. Mediante la combinación de estos sobornos, puedo acceder a la mente de cualquier ser humano, en cualquier etapa de su vida, desde el nacimiento hasta la muerte.

ST: ¿Quiere decir que estos sobornos son las herramientas que utiliza para abrir discretamente las puertas de las mentes que elige?

D: Exactamente eso es lo que quiero decir, y es precisamente lo que puedo hacer.

ST: ¿Cuál es su primer paso una vez que ha entrado en la mente de alguien?

D: Eso depende de quién sea la persona y de cómo planeo utilizarla.

ST: ¿Está insinuando que puede infiltrarse en la mente de cualquier individuo que elija y utilizarlo como un instrumento para su sometimiento?

D: No, nunca he hecho una afirmación tan general. Puedo acceder a la mente de cualquier individuo que elija, utilizando una combinación de sobornos, pero solo puedo tomar el control de aproximadamente el 98 de cada 100 personas, a quienes puedo llevar a adoptar el hábito de la deriva. Puedo ingresar en la mente de los otros dos de cada cien que no son errantes, pero no puedo mantenerme allí. Me expulsan y cierran la puerta en mi cara.

ST: ¿Entonces, hay alguna ventaja en ser uno de los que no se dejan llevar?

D: Exactamente en la misma medida en que hay desventaja en ser uno de los que se dejan llevar.

ST: ¿Qué sucede cuando accede a la mente de alguien que aún no ha adoptado el hábito de la deriva, pero pertenece al grupo del 98% como un posible errante?

D: Inmediatamente, me dedico a ocupar la mayor parte posible de su mente.

Si su debilidad principal es el deseo de dinero, comienzo a tentarlo con la ilusión de riqueza. Aumento su deseo y lo empujo a buscar el dinero. Sin embargo, cuando está a punto de alcanzarlo, se lo quito.

Es un truco antiguo mío. Después de que el truco se repite varias veces, la persona se rinde y se resigna. Entonces, aprovecho para ocupar un poco más de espacio en su mente y lo lleno de miedo a la pobreza. Este es uno de mis métodos más efectivos para el control mental.

ST: Es ciertamente astuto, pero ¿qué ocurre si la víctima logra obtener una gran cantidad de dinero por sí misma? ¿No llena su mente de miedo a la pobreza en ese caso?

D: No, no lo hago. En ese caso, lleno su mente con algo que también me beneficia. Si mi víctima convierte su deseo de dinero en una gran fortuna, comienzo a estimular sus deseos por las cosas que puede comprar con ese dinero.

Por ejemplo, lo incito a disfrutar de comidas exquisitas y abundantes. Esto ralentiza su capacidad de pensar y lo encamina hacia la deriva.

Luego, lo atormento con excesos alimenticios que resultan en malestar estomacal y lo hacen sentir incómodo. Esto también ralentiza su pensamiento y le causa una disposición desagradable.

ST: ¿Y si la víctima no es alguien que come en exceso? ¿Qué otras artimañas utiliza para llevarlos por el camino de la deriva?

D: Si la víctima es un hombre, generalmente puedo atraparlo a través de su apetito sexual. El exceso de indulgencia en el sexo hace que más hombres caigan en la deriva hacia el fracaso que todas las demás causas combinadas.

ST: Entonces, la comida y el sexo son dos de sus anzuelos más efectivos, ¿es eso correcto?

D: Sí, con esos dos señuelos, puedo tomar el control de la mayoría de mis víctimas.

ST: Qué lamentable que esas dos cosas que utiliza para controlar a las personas resulten ser los dos elementos esenciales más importantes para la supervivencia de la vida misma.

D: Oh, sí. Esa es la razón por la que puedo usarlos de manera tan efectiva. Puede que hayas notado que nunca utilizo cosas no esenciales o basura como señuelo para atraer a los seres humanos. Les ofrezco lo mejor que la Tierra tiene para ofrecer.

ST: Sí, y a cambio, ¿qué obtiene de sus víctimas? No responda. Le diré lo que obtiene: su mente y su capacidad de pensar mientras están vivos, y la posibilidad de influenciar lo que queda de ellos después de su muerte. Eso es todo lo que solicita de sus víctimas, ¿verdad?

D: ¡Eso es todo! No es mucho si consideras la cantidad de astucia que empleo en mi profesión.

ST: Empiezo a pensar que la riqueza es más peligrosa que la pobreza, si es que su historia es creíble.

D: Eso depende completamente de quién posea la riqueza y cómo la haya obtenido.

ST: ¿Qué hay en la forma en que se adquiere el dinero que puede convertirlo en una bendición o una maldición?

D: ¡Todo! Si no me crees, observa a aquellos que adquieren grandes sumas de dinero rápidamente, sin tiempo para adquirir sabiduría, y observa cómo lo utilizan.

¿Por qué crees que los hijos de hombres ricos rara vez logran igualar los logros de sus padres?

Te lo diré. Es porque les falta la autodisciplina que proviene de verse obligados a trabajar.

Mira los registros de las estrellas de cine que de repente se encuentran con grandes fortunas y elogios del público. Observa lo rápido que intervengo y los tomo bajo mi influencia, en muchos casos, principalmente a través del sexo, el juego, la comida y el alcohol.

Con eso, atrapo y controlo a personas talentosas y exitosas tan pronto como obtienen grandes sumas de dinero.

ST: ¿Qué sucede con aquellos que adquieren dinero lentamente, prestando alguna clase de servicio útil? ¿Son fáciles de atrapar también?

D: Comprendo bien a esas personas, pero por lo general, tengo que adaptar mi estrategia. Algunos desean una cosa y otros desean otra. Donde puedo cumplir mejor con mi propósito, me aseguro de que obtengan lo que desean, pero ingeniosamente incluyo algo que no desean en el trato.

Este es otro de mis astutos trucos. Por ejemplo, si alguien como Roosevelt deseaba ser reelegido como Presidente de Estados Unidos, le permitía alcanzar su objetivo, pero al mismo tiempo, le proporcionaba un problema laboral persistente con John L. Lewis. Les daba lo que no querían, lo que finalmente los llevaba al fracaso. ¿Ves cómo opero?

ST: Es un enfoque muy inteligente. Atraes a la gente a través de sus deseos naturales, pero insertas tu veneno en sus objetivos siempre que puedes.

D: ¡Ahora lo estás entendiendo! Juego en ambos extremos contra el medio, por así decirlo. Ingreso en sus mentes estimulando su deseo de dinero. Si la persona cae en cualquiera de los obstáculos que he colocado entre ella y el dinero, pierde la confianza, se rinde y experimenta el fracaso. Incluso si supera las dificultades y obtiene dinero, también tengo éxito al tentarla a usar ese dinero de manera imprudente.

ST: ¿Qué ocurre si alguien supera con éxito todos los obstáculos, acumula riqueza y se niega a caer en ninguna de tus otras trampas? ¿Puedes persuadir a esa persona para que colabore contigo y, de alguna manera, conduzca al fracaso?

D: Esa persona no. Pertenecen a la categoría de "no errantes".

ST: Por lo que dices, no puedes inducir a un "no errante" a ceder ante tus intentos de controlarlo mediante sobornos. ¿Es así?

D: Exactamente. Puedo atraer a los "no errantes" con mis sobornos, utilizando cosas que todos anhelan naturalmente. Sin embargo, los "no errantes" son como peces que pueden robar el cebo del anzuelo, pero se niegan a morderlo.

Los "no errantes" toman lo que quieren de la vida, ¡pero a su manera! En cambio, los "errantes" toman todo lo que pueden obtener, pero bajo mis condiciones.

En otras palabras, un "no errante" puede pedir prestado dinero de un banco legítimo y pagar una tasa de interés justa si así lo desea. Un "errante" recurre a una casa de empeño, deja sus posesiones y paga tasas de interés exorbitantes por sus préstamos.

Esta distinción se aplica a lo largo de la vida en todas las relaciones humanas. Todos quieren hacer algo para ayudar a los "no errantes".

Pueden obtener préstamos sin restricciones y acceder a crédito fácilmente. Son bienvenidos en los mejores clubes y tienen relaciones con personas influyentes. Pueden conseguir puestos públicos con facilidad. Pero todo lo que obtiene un "errante" es rechazo, tanto de amigos y familiares como de otros.

Mira a tu alrededor, evalúa a las personas que conoces y verás que lo que afirmo es una realidad.

ST: Entiendo, deduzco entonces que de alguna manera, influyes en los problemas y dificultades de las personas, incluso cuando tu presencia no es evidente.

D: Esa es una conclusión bastante acertada. Si no estoy presente en persona, me aseguro de que uno de mis propagandistas defienda mis intereses. Como mencioné antes, mis propagandistas, ya sean voluntarios o involuntarios, son numerosos y llegan a millones.

ST: No sabía que tenías control sobre trabajadores involuntarios.

D: ¡Oh, sí! A menudo, mis trabajadores involuntarios resultan ser los más efectivos. Son personas a las que no puedo controlar mediante sobornos, a quienes debo someter por temor o desgracia. No desean servirme, pero no tienen más opción, ya que están atrapados en mi red de destrucción por el hábito de la deriva.

ST: Ahora comienzo a entender mejor su enfoque. Aprovecha las inclinaciones naturales de sus víctimas y las desvía, induciéndolas a vagar si caen en su trampa. Si se resisten a responder, siembra el germen del miedo en sus mentes o las atrapa con alguna desgracia, manipulándolas mientras están en su punto más vulnerable. ¿Esa es su estrategia?

D: Exactamente, ese es el método que empleo. ¿Inteligente, no cree?

ST: ¿Prefiere que le sirvan como propagandista a los jóvenes o a los ancianos?

D: Sin duda, los jóvenes. Son más propensos a caer en la mayoría de los sobornos, ya que su juicio todavía está en desarrollo. Además, tienen más tiempo para quedarse a mi servicio.

ST: ¿Qué ocurre con las personas mayores que ya no ceden a sus sobornos y están en un estado en el que no pueden ser utilizadas para continuar con su destructiva labor?

D: Ya no tienen ningún valor.

FORMA DE PREVENIR LA DERIVA

ST: Su Majestad, me ha proporcionado una descripción clara de cómo evitar la deriva. ¿Puede darme una fórmula completa que sea accesible para cualquier persona?

D: La protección contra la deriva está al alcance de todos los seres humanos que poseen un cuerpo saludable y una mente lúcida. Esta defensa personal se puede aplicar mediante estos métodos sencillos:

1. Siempre piensa por ti mismo en todas las situaciones. El hecho de que los seres humanos tengan el control absoluto solo sobre sus propios pensamientos es de gran importancia.

2. Define claramente lo que deseas en la vida, crea un plan para alcanzarlo y muestra disposición para sacrificar todo lo demás en lugar de aceptar la derrota permanente.

3. Analiza cualquier derrota temporal, sin importar su naturaleza o causa, y extrae de ella una lección valiosa.

4. Está dispuesto a ofrecer un servicio útil que tenga un valor equivalente a todo lo material que deseas de la vida, y brinda ese servicio primero.

5. Reconoce que tu mente puede sintonizarse para recibir la sabiduría de la Inteligencia Infinita, convirtiendo tus deseos en realidad.

6. Comprende que tu tiempo es tu recurso más valioso, y no lo desperdicies.

7. Enfrenta el miedo como un estado mental que puedes controlar, llenando tu mente con fe en tu capacidad de lograr lo que deseas.

8. En tus oraciones, no ruegues; exige lo que deseas y mantén tu determinación.

9. Reconoce que dominas la vida o ella te domina a ti. No aceptes nada de la vida que no desees.

10. Finalmente, recuerda que tus pensamientos predominantes atraen sus equivalentes físicos. Controla tus pensamientos con cuidado.

ST: Esa lista es impresionante, Su Majestad. ¿Podría proporcionarme una fórmula simple que resuma estos diez puntos en uno solo?

D: Sé definido en todo lo que haces y no dejes pensamientos inconclusos en tu mente. Cultiva el hábito de tomar decisiones claras en todos los aspectos de tu vida.

LA SEGUNDA Y ÚLTIMA ETAPA DE LA DERIVA

ST: ¿Es posible romper el hábito de la deriva, o una vez formado, se vuelve permanente?

D: El hábito de la deriva puede romperse si la persona tiene suficiente fuerza de voluntad y actúa a tiempo. Sin embargo, existe un punto más allá del cual el hábito se vuelve irrompible. Una vez que se llega a ese punto, la persona queda atrapada de manera permanente. Es como una mosca atrapada en una telaraña, puede luchar, pero no puede escapar. Cada movimiento la enreda aún más. La red en la que atrapo a mis víctimas de manera permanente se rige por una ley de la naturaleza que los científicos aún no han aislado ni comprendido por completo.

ST: ¿Puede explicar más acerca de esa misteriosa ley que le permite tomar el control permanente del cuerpo de las personas antes que de sus almas? El mundo estaría interesado en saber más sobre esta ley y cómo funciona.

D: Es difícil describir esta ley de manera que se entienda completamente, pero podríamos llamarla "Ritmo Hipnótico". Es la misma ley mediante la cual se puede hipnotizar a las personas.

5. Ritmo Hipnótico

ST: Entonces, afirma que tiene el poder de utilizar las leyes naturales como una red para atrapar a las personas en un control eterno. ¿Es eso lo que está diciendo?

D: No es solo una afirmación, es la realidad.

ST: ¿Puede, y lo hace, tomar el control de las almas de las personas después de su muerte?

D: Eso es solo una parte de lo que hago. También tomo control de sus mentes y cuerpos antes de que mueran cada vez que caen en mi influencia o son consumidos por el temor, lo que los lleva al ritmo hipnótico.

ST: ¿Podría explicar más sobre este ritmo hipnótico? ¿Qué es y cómo lo utiliza para obtener un dominio permanente sobre los seres humanos?

D: Tendré que retroceder un poco en el tiempo y el espacio para proporcionar una explicación elemental sobre cómo la naturaleza emplea el ritmo hipnótico. De lo contrario, será difícil que entiendas cómo uso esta ley universal para controlar a los seres humanos.

ST: Por favor, continúe, pero mantenga su explicación en términos simples que puedan estar dentro del alcance de mi experiencia y conocimiento de las leyes naturales.

D: Muy bien, haré lo mejor que pueda. Seguramente sabes que la naturaleza mantiene un equilibrio perfecto entre todos los elementos y energías en el universo.

Puedes ver cómo las estrellas y los planetas se mueven con precisión, manteniendo cada uno su lugar en el tiempo y el espacio. Puedes observar cómo las estaciones cambian de manera constante y predecible.

Puedes notar cómo un roble crece a partir de una bellota y un pino crece de la semilla de su antepasado. Nunca verás que una bellota produzca un pino ni una semilla de pino produzca un roble.

Estas son cosas simples que cualquiera puede entender. Lo que no puedes ver es la ley universal que mantiene el equilibrio en los innumerables universos.

En la Tierra, tuvieron un vislumbre parcial de esta ley universal cuando Newton descubrió cómo mantiene a tu planeta en su órbita y atrae todos los objetos hacia su centro. Él la llamó la ley de la gravedad.

Sin embargo, Newton no llegó a comprender completamente esta ley. Si lo hubiera hecho, habría descubierto que esta misma ley, que mantiene a tu planeta en su lugar y equilibra todas las materias y energías en cuatro dimensiones, es la misma red que utilizo para atrapar y controlar la mente de los seres humanos.

ST: Ha presentado una afirmación sorprendente. Si la ciencia pudiera demostrar que esto es cierto, cambiaría la forma en que los humanos interactúan y podría tener un impacto transformador en la sociedad. Podría eliminar la pobreza, liberar a las personas del miedo y reducir la delincuencia al permitir que las necesidades se satisfagan sin conflicto. ¿Puede proporcionar más información sobre esta asombrosa ley del ritmo hipnótico?

D: ¿Debo retroceder y explicar cómo esta ley conecta las cuatro dimensiones, o prefiere que me mantenga en el ámbito del conocimiento común?

ST: Por favor, continúe su explicación dentro de los límites del conocimiento común. Eso será más beneficioso.

D: Como mencioné anteriormente, existe una forma universal de energía que la naturaleza utiliza para mantener un equilibrio perfecto entre la materia y la energía en el universo. Esta energía se divide en diferentes longitudes de onda mediante un proceso llamado hábito.

Para comprenderlo mejor, piensa en cómo uno aprende a tocar música. Al principio, se memorizan las notas. Luego, se combinan en melodías y ritmos. A través de la repetición, estas melodías y ritmos se arraigan en la mente, y así surge la música.

Cualquier pensamiento que la mente repite una y otra vez debido al hábito se convierte en un ritmo organizado. Los hábitos indeseables pueden romperse, pero deben romperse antes de que se conviertan en ritmos. ¿Me sigues hasta ahora?

ST: Sí, sigo.

D: Excelente. El ritmo es la etapa final del hábito. Si un pensamiento o movimiento físico se repite una y otra vez debido al hábito, eventualmente alcanza la proporción del ritmo. En este punto, el hábito se vuelve irrompible porque la naturaleza lo toma y lo convierte en algo permanente.

Puedes imaginarlo como un remolino en el agua. Un objeto puede flotar indefinidamente a menos que quede atrapado en un remolino. Entonces, girará en círculos una y otra vez sin poder escapar. De manera similar, la energía con la que las personas piensan se puede comparar con el agua en un río, y los pensamientos son como objetos que flotan en esa corriente.

Si un pensamiento se mantiene en la mente durante un período de tiempo sin ser controlado y dirigido deliberadamente hacia un objetivo definido, la naturaleza toma ese pensamiento a través del ritmo del hábito y lo convierte en algo permanente.

ST: Entonces, ¿eso es lo que utiliza para tomar el control de las mentes de las personas?

D: Exactamente. Todo lo que necesito hacer para tomar el control de una mente es inducir a su propietario a la deriva, es decir, a permitir que su mente caiga en hábitos no controlados.

ST: ¿Quiero entender que el hábito de la deriva es el principal peligro que hace que las personas pierdan su capacidad de pensar por sí mismas y dar forma a su propio destino?

D: Eso es correcto. La deriva no solo es el hábito que hace que las personas pierdan el control sobre su destino terrenal, sino que también es el hábito que me permite tomar el control de sus almas después de que abandonan el cuerpo físico.

ST: Entonces, la única forma en que una persona puede salvarse de la aniquilación eterna es manteniendo el control sobre su propia mente mientras está en la Tierra, ¿es así?

D: Has expresado la verdad de manera precisa. Aquellos que controlan y usan su propia mente escapan de mis redes. Pero todos los demás caen bajo mi influencia tan naturalmente como el sol se pone en el oeste.

ST: ¿Eso es todo lo que se necesita para evitar la aniquilación eterna? ¿No tiene nada que ver su oposición en este proceso?

D: Mi oposición está completamente relacionada con la salvación de las personas de la aniquilación eterna. Por esta razón, se les otorga a todos los seres humanos el privilegio de usar su propia mente.

Para entender mejor esto, debes saber que la energía con la que las personas piensan no se origina en sus mentes. Es una energía universal, lo que en la Tierra llaman Dios. Si utilizas ese poder al mantener el control sobre tu mente, te conviertes en parte de él cuando dejas tu cuerpo físico. Si no lo haces, tengo el privilegio, a través de la ley del ritmo hipnótico, de aprovechar esa negligencia.

ST: ¿Cuánto toma de una persona cuando la controla?

D: Todo lo que queda después de que dejan de controlar y usar su propia mente.

ST: En otras palabras, cuando usted toma el control de una persona, se apodera de su individualidad desde el momento en que deja de usar su propia mente. ¿Es eso correcto?

D: Así es como procedo.

ST: ¿Qué hace usted con las personas que controla antes de que mueran? ¿En qué les beneficia mientras están vivas?

D: Las utilizo, o lo que queda de ellas después de que tomo el control, como propagandistas, para ayudarme a preparar las mentes de los demás para la deriva.

ST: Entonces, no solo engaña a las personas para que pierdan la capacidad de controlar sus propias mentes, ¿sino que también las utiliza para atrapar a otros?

D: Sí, no dejo pasar ninguna oportunidad.

ST: Volvamos al tema del ritmo hipnótico. Cuénteme más sobre cómo funciona esa ley. Muéstreme cómo utiliza a las personas para ayudarle a controlar a los demás. Quiero conocer la forma más efectiva de emplear el ritmo hipnótico.

D: Es difícil decir cuál es la forma más efectiva de utilizar esa fuerza, ya que la empleo de diversas maneras.

ST: Entonces, dígame cuál es el objetivo más deseado que logra usted mediante su uso.

D: ¡Oh, eso es sencillo! Lo que más disfruto es llenar la mente de las personas de miedo. Una vez que logro esto, tengo pocos problemas para llevarlas a la deriva, atrapándolas en la red del ritmo hipnótico.

ST: ¿Qué tipo de miedo humano sirve mejor a su propósito?

D: El miedo a la muerte.

ST: ¿Por qué el miedo a la muerte es su arma favorita?

D: Porque nadie lo conoce y debido a la naturaleza misma de las leyes del universo, nadie puede demostrar definitivamente qué ocurre después de la muerte.

Esta incertidumbre nubla el juicio de las personas. Aquí es donde utilizo la religión y los líderes religiosos para mi beneficio.

ST: ¿Qué religión específica le resulta más útil?

D: Las denominaciones no tienen importancia para mí. ¡Las empleo a todas! El sectarismo o las distintas religiones son creaciones humanas. Son solo nombres. Lo que verdaderamente importa en todas las religiones es algo que la mayoría de la gente nunca sospecha.

ST: ¿Y qué es, Su Majestad?

D: Es el hecho de que todas las religiones mantienen la mente de las personas enfocada en sus temores, especialmente el miedo a la muerte. Nunca encontrarás a una persona profundamente religiosa que no tenga miedo desesperadamente a algo. Aquellas personas que entregan su mente al miedo, sea cual sea, dejan de utilizarla y comienzan a derivar. Terminan arrastrándose hacia el torbellino del ritmo hipnótico del cual nunca podrán escapar.

ST: Siempre he tenido la impresión de que los líderes religiosos del mundo desempeñaron un papel fundamental en la evolución de nuestra civilización. ¿Es esto cierto, Su Majestad?

D: En efecto, es cierto. Merecen reconocimiento. Yo ejerzo influencia sobre el 98 por ciento de la población de tu civilización. Y debo decirte que gran parte de mi poder se debe a los líderes religiosos.

ST: Eso suena inquietante. ¿Cómo han contribuido los líderes religiosos a su causa?

D: Manteniendo a la gente en un estado constante de temor hacia mí.

ST: Pero pensaba que los líderes religiosos habían evolucionado; que ya no asustaban a la gente con historias de castigos eternos en fuego y azufre. ¿No están perdiendo terreno en esta era de la imprenta, la radio y la investigación científica?

D: Oh, ciertamente. He perdido parte de mi influencia desde los tiempos en que podía aterrorizar a la gente con truenos, pero aún persiste la incertidumbre sobre la vida después de la muerte, lo que sigue llenando de temor las mentes de las personas.

Para mí, el miedo es útil, sin importar la fuente de ese temor.

ST: Me sorprende escuchar que considera a las religiones como una ayuda para su causa. Pensé que habría sido perjudicado por la lucha que las iglesias han librado en contra de Su Majestad.

D: De ninguna manera. Si los líderes religiosos hubieran abandonado la idea de predicar sobre mi maldad hace dos mil años y en su lugar se hubieran dedicado a comprender las leyes naturales, habrían descubierto un ritmo hipnótico, y los científicos habrían encontrado principios beneficiosos para la humanidad mucho antes. En lugar de dañarme, los líderes religiosos me han ayudado a mantener las mentes de la gente ocupadas con conjeturas insondables e incognoscibles.

ST: ¿No teme que los líderes religiosos se sientan ofendidos por sus afirmaciones y luchen con más ahínco?

D: Cuento con ello. Nada beneficia más a mi causa que la oposición.

ST: Entonces, ¿no le importa lo que los líderes religiosos piensen o digan de usted?

D: No, siempre y cuando sigan hablando de mí. Si las iglesias dejaran de mencionarme, mi influencia se vería seriamente afectada.

Cada ataque en mi contra refuerza el temor hacia mí en las mentes de aquellos que son influenciados por él. La oposición es lo que impide que algunas personas se desvíen. Siempre y cuando no cedan al miedo.

ST: Dado que afirma que las iglesias ayudan en lugar de obstaculizar su causa, ¿qué le haría preocuparse?

D: Mi única preocupación es que algún día aparezca un verdadero pensador en la Tierra.

ST: ¿Qué sucedería si apareciera un pensador?

D: ¿Me preguntas qué sucedería? Entonces te lo diré.

La gente aprendería la más grande de todas las verdades: que el tiempo que pasan temiendo algo, si se invierte sabiamente, les daría todo lo que desean en el mundo material y los liberaría de mí después de la muerte. ¿No vale la pena reflexionar sobre eso?

ST: ¿Qué es lo que impide que aparezca un pensador de ese tipo en el mundo?

D: El miedo.

ST: ¿Miedo a qué o a quién?

D: Miedo a las críticas. Debes entender que el miedo a las críticas es la única herramienta efectiva que tengo para influenciar. Si no temes publicar esta confesión después de haberla quitado de mí, perdería mi poder en el mundo terrenal.

ST: Y si te sorprendiera y la publicara, ¿cuánto tiempo tomaría antes de que perdieras tu poder?

D: Solo el tiempo suficiente para que una generación de niños crezca con entendimiento. No puedo influir en los adultos, ya están firmemente bajo mi dominio. Pero si publicaras esta confesión, sería suficiente para evitar que yo tome control sobre los que aún no han nacido y aquellos que aún no han alcanzado la edad de la razón. No te atreverías a publicar lo que te he revelado sobre los líderes religiosos. Serías social y financieramente crucificado.

ST: Pensé que la práctica de la crucifixión estaba en desuso hace dos mil años.

D: No me refiero a la crucifixión en una cruz. Me refiero a la crucifixión en términos sociales y financieros. Tus ingresos se detendrían, te convertirías en un paria social. Los líderes religiosos y sus seguidores te despreciarían.

ST: ¿Qué sucedería si lograra el apoyo de los líderes religiosos y sus seguidores?

Siendo el sabio demonio que es usted, sabe que el mundo está lleno de personas que no están afiliadas a ninguna iglesia y que no le tienen miedo ni a Dios.

También sabe que los grandes pensadores de la historia, como Sócrates, Platón, Bruno, Newton y nuestros científicos modernos como

Edison y Franklin, no estaban vinculados a ninguna religión. ¿Debería optar por buscar el apoyo de aquellos pocos que usan su propia mente en lugar de temer a las masas que no lo hacen, las mismas masas de las que afirma tener el 98%?

D: Si tuvieras el coraje suficiente para hacerlo, alterarías mi influencia.

ST: ¿Por qué no menciona a ningún científico? ¿No le agradan los científicos?

D: Oh, me agradan todas las personas en general, pero los científicos están fuera de mi alcance.

ST: ¿Por qué?

D: Porque piensan por sí mismos y dedican su tiempo al estudio de las leyes naturales.

ST: ¿Es esa la razón por la que los científicos generalmente no se afilian a ninguna religión o secta en particular?

D: Los científicos no necesitan afiliaciones religiosas o sectarias. Su enfoque está en la causa y el efecto, en los hechos que encuentran. Pero no cometas el error de pensar que los científicos carecen de espiritualidad. Tienen una religión muy definida.

ST: ¿Cuál es esa religión?

D: La religión de la verdad, la religión de las leyes naturales. Si alguna vez llega a surgir un pensador verdadero con la capacidad de comprender el profundo secreto de la vida y la muerte, puedes estar seguro de que la ciencia será la responsable de la revelación.

ST: ¿Catástrofe para quién?

D: ¡Para mí, por supuesto!

D: Volvamos al tema del ritmo hipnótico. Quiero saber más al respecto. ¿Es algo similar al principio mediante el cual las personas pueden hipnotizarse entre sí?

D: Exactamente eso. Ya te lo mencioné. ¿Por qué repites tus preguntas?

ST: Es una costumbre mía, Su Majestad. Lo hago para enfatizar sus declaraciones y también para ver si puedo atraparlo en una contradicción. Volvamos al ritmo hipnótico y explíquemelo en detalle.

¿Soy una víctima de ese ritmo?

D: No en este momento, pero estuviste muy cerca de caer bajo su influencia. Estabas siendo arrastrado hacia el vórtice del ritmo hipnótico hasta que descubriste cómo forzarme a hacer esta confesión. En ese momento, perdí mi control sobre ti.

ST: Interesante, Su Majestad. ¿No está tratando de halagarme para recuperarme, verdad?

D: Elogiarte sería la mejor forma de soborno que podría ofrecer. De hecho, solía usar ese soborno con eficacia antes de que me superaras.

ST: ¿Qué tipo de halagos me ofreció, Su Majestad?

D: Te tenté con muchas cosas, incluyendo el deseo sexual y la necesidad de autoexpresión.

ST: ¿Cuál fue el efecto de sus sobornos en mí?

D: Hicieron que perdieras de vista tu propósito principal en la vida y te llevaron a la deriva.

ST: ¿Fue eso todo lo que hizo a través de sus sobornos?

D: ¡Eso fue suficiente!

ST: Pero ahora estoy de vuelta en el camino y fuera de su alcance, ¿verdad?

D: Sí, estás temporalmente fuera de mi alcance porque no estás a la deriva.

ST: ¿Qué rompió su hechizo sobre mí y me liberó de la deriva?

D: Mi respuesta podría resultar humillante para ti. ¿Deseas escucharla?

ST: Por supuesto, adelante, Su Majestad. Quiero saber cuánta verdad puedo manejar.

D: Perdiste el control cuando encontraste un amor profundo en la mujer que elegiste. Eso fue lo que me hizo perder el control sobre ti.

ST: ¿Así que me va a acusar de depender de una mujer?

D: No, no de depender. No usaría esa palabra. Diría que has aprendido a fortalecer tu mente a través de la conexión con la mente de una mujer.

ST: ¿Entonces, la mujer no es relevante?

D: No, pero su mente sí lo es. Cuando tú y tu esposa comenzaron a combinar sus mentes a través del hábito de la "Mente Maestra" todos los días, descubriste el poder secreto que me obligó a hacer esta confesión.

ST: ¿Es eso realmente cierto o está tratando de halagarme de nuevo?

D: Puede que intente halagarte si estuvieras solo, pero no puedo hacerlo mientras estés utilizando la mente de tu esposa.

ST: Empiezo a comprender algo importante. Comienzo a entender lo que el escritor de la Biblia quiso decir en el pasaje que dice, en resumen: "Otra vez os digo, que si dos de vosotros se ponen de acuerdo en la Tierra sobre cualquier cosa que pidan, les será concedida por mi Padre que está en los cielos. Porque donde hay dos o tres reunidos en mi nombre, allí estoy yo en medio de ellos".

D: No solo es cierto, es necesario antes de que alguien pueda mantener una conexión continua con la gran fuente de Inteligencia Infinita en la que reside todo lo que es, todo lo que fue y todo lo que puede ser.

ST: ¿Existe realmente esa fuente?

D: Si no existiera, ahora mismo no estarías humillándome, ni tendrías la capacidad de hacerlo, con esta confesión forzada.

ST: ¿Puede alguien conectarse con la fuente original de todo poder y conocimiento?

D: Nadie puede hacerlo por sí solo. La conexión solo puede lograrse cuando dos o más mentes se unen en un espíritu de completa armonía y con un propósito definido.

ST: Pero conocía el concepto del Master Mind desde el principio, a través del cual dos o más mentes pueden unirse y sintonizarse con la Inteligencia Infinita, mucho antes de conocer a mi esposa. ¿Por qué no aprendí a utilizarlo antes?

D: Porque no tenías una alianza con una mente amigable y armoniosa hasta que encontraste a tu esposa.

ST: ¿Pueden dos mentes unirse y conectarse con la Inteligencia Infinita a voluntad?

D: ¡No! Las mentes deben estar en perfecta armonía y deben buscar simultáneamente el mismo objetivo. La mera asociación de mentes no es suficiente.

ST: ¿No es peligroso compartir este tipo de información con el mundo?

D: Sí, es peligroso, ¡para mí! Si fuera tú, no la compartiría.

ST: ¿Cómo es que usted tiene el poder de influir en el 98% de las personas en el mundo? ¿Qué hace su oposición mientras usted hipnotiza a la gente con su ritmo hipnótico? ¿Por qué la oposición no utiliza la misma ley y se encarga de sus víctimas desde el otro lado?

D: ¿Cómo sabes que no está sucediendo exactamente eso en este momento? Esta es la primera vez que alguien me obliga a revelar mis secretos.

ST: Volvamos a la técnica con la que atrapa a sus víctimas en el hábito de la deriva. Quiero que me diga de manera definitiva cuál es el punto de no retorno para las personas que tienen ese hábito.

¿Dónde se encuentra ese remolino interminable al que se refiere y que somete a sus víctimas a la ley del ritmo hipnótico?

D: Me resultará difícil, si no imposible, describir el punto exacto en la vida de un vagabundo más allá del cual no puede liberarse del hábito y reclamar su derecho a usar su propia mente. Pero haré lo mejor que pueda. Debes comprender que ese punto varía según la persona.

ST: ¿Cuál es el primer paso que debe dar alguien atrapado en ese hábito para romperlo?

D: ¡Debe tener un deseo ardiente de romperlo! Por supuesto, sabes que nadie puede ser hipnotizado por otra persona sin su consentimiento. La naturaleza tampoco puede someter a alguien al hechizo del ritmo hipnótico sin su consentimiento. Esta disposición puede manifestarse como indiferencia hacia la vida en general, falta de ambición, miedo, falta de un propósito definido y de muchas otras formas. La naturaleza no necesita el consentimiento de alguien para atraparlo en el ritmo hipnótico, solo necesita encontrarlo desatento o descuidado, de cualquier manera en la que no utilice su propia mente. Recuerda esto: lo que no utilizas, lo pierdes.

ST: Comprendo la idea. La naturaleza detesta los vacíos, la ociosidad y las cosas sin utilizar. Donde encuentre una mente inactiva y sin uso, la toma y la pone a trabajar a su manera. ¿Estoy en lo correcto?

D: Exacto, me aseguro de que ninguna mente quede desaprovechada. Lleno esa mente inactiva con el hábito de la deriva. Con el tiempo, la ley natural se hace cargo y lo convierte en un hábito permanente a través del ritmo hipnótico. Una vez que eso sucede, no hay vuelta atrás para la persona. Cualquier intento exitoso de romper el hábito de la deriva debe realizarse antes de que la naturaleza lo convierta en un hábito permanente a través del ritmo hipnótico.

ST: Según entiendo, el ritmo hipnótico es una ley natural que establece la vibración de todos los entornos. ¿Es así?

D: Sí, la naturaleza utiliza el ritmo hipnótico para fijar de forma permanente los pensamientos dominantes y los hábitos de pensamiento. Por eso, la pobreza es como una enfermedad. La naturaleza la hace permanente al fijar de manera constante los hábitos de pensamiento de aquellos que aceptan la pobreza como una circunstancia inevitable.

A través de esa misma ley del ritmo hipnótico, la naturaleza también fijará de forma permanente los pensamientos positivos de abundancia y prosperidad.

Quizás comprendas mejor el principio del ritmo hipnótico si te digo que su naturaleza es fijar de forma permanente todos los hábitos, ya sean mentales o físicos. Si tu mente teme la pobreza, atraerá la pobreza. Si tu mente demanda opulencia y la espera, atraerá los equivalentes físicos y financieros de la opulencia. Esto está en consonancia con una ley inmutable de la naturaleza.

ST: ¿El autor de la afirmación en la Biblia, "Todo lo que el hombre siembra, eso también cosechará", tenía en mente esta ley de la naturaleza?

D: No podría haber tenido en mente otra cosa. La afirmación es verdadera, y puedes ver evidencia de su veracidad en todas las relaciones humanas.

ST: Entonces, ¿el hombre que se acostumbra a derivar en la vida debe aceptar lo que la Vida le brinde?

D: Es absolutamente correcto. La Vida paga al que se desvía el precio de la desviación, en sus propios términos. Quien no se desvía hace que la Vida le pague, también en sus propios términos.

ST: ¿La cuestión de la moral no influye en lo que uno obtiene de la vida?

D: Por supuesto, pero solo porque la moral de uno influye en sus pensamientos. Nadie puede obtener lo que quiere de la vida simplemente siendo bueno, si eso es lo que te preocupa.

ST: ¿Quiere decir que una persona inmoral y deshonesta puede obtener de la Vida lo mismo que una persona honesta y moral?

D: No, no estoy haciendo esa afirmación. Tu pregunta se responde a sí misma con la cita de la Biblia: "Todo lo que el hombre siembra, eso también cosechará".

ST: Al Capone sembró cerveza y ametralladoras y cosechó una fortuna de millones, mientras hombres de buena moral, educación y un agudo sentido de la justicia se morían de hambre a su alrededor.

¿Qué tiene usted que decir sobre eso?

D: Solo puedo decir esto: Al Capone está actualmente en prisión, en una isla solitaria en el Océano Pacífico. ¿Conoces a alguien que estaría dispuesto a tomar su lugar, sus miedos y sus pensamientos, junto con su celda en prisión, a cambio de todas las posesiones terrenales que él tenía?

ST: ¡Entiendo a lo que se refiere! Los pensamientos son fundamentales, y nuestras acciones siguen a nuestros pensamientos. Además, los pensamientos pueden atraer su contraparte física o proporcionar un plan y un motivo para adquirir lo que representan.

D: Exacto, has captado la esencia. Los pensamientos son poderosos y moldean nuestra realidad.

ST: ¿Cómo puede un pensamiento transformarse en su equivalente físico?

D: Eso ocurre a través de medios naturales disponibles para atraer su contraparte física. Un pensamiento puede atraer lo que representa o proporcionar un plan para adquirirlo.

ST: ¿Dónde adquirió esta comprensión profunda de la Vida?

D: La obtuve de la fuente original, de los hechos y realidades tal como existen en todas sus formas. La adquirí porque soy parte de la Vida, aunque mi parte sea negativa.

ST: Me gustaría saber más sobre usted. ¿Dónde más opera y ejerce su influencia además de en la mente de las personas?

D: Opero en cualquier lugar donde pueda ejercer control y apropiarme de algo.

- Soy la parte negativa del electrón de la materia.

- Soy la explosión de un rayo.

- Soy el dolor en la enfermedad y el sufrimiento físico.

- Soy el invisible general en la guerra.

- Soy el Comisario de Pobreza y Hambruna desconocido.

- Soy el verdugo extraordinario de la muerte.

- Soy el inspirador de la lujuria carnal.

- Soy el creador de celos, envidia y codicia.

- Soy el instigador del miedo.

- Soy el genio que convierte los logros científicos en instrumentos de muerte.

- Soy el destructor de la armonía en las relaciones humanas.

- Soy la antítesis de la justicia.

- Soy la fuerza impulsora detrás de la inmoralidad y el estancamiento del bien.

- Soy ansiedad, suspenso, superstición y locura.

- Soy el destructor de la esperanza y la fe.

- Soy el inspirador de chismes destructivos y escándalos.

- Soy el desalentador del pensamiento libre e independiente.

- En resumen, soy el creador de todas las formas de miseria humana, el instigador del desánimo y la desilusión. Mi naturaleza y mi propósito son destruir a todos los seres vivos que usan energía y se apropian de la energía de los vencidos.

ST: ¡Qué maravilloso ser!

D: No, no simplemente un buen ser humano, ¡sino una persona poderosa!

El poder es lo que realmente importa. Los residentes de los asilos de ancianos pueden ser amables, pero carecen de poder. La amabilidad por sí sola no tiene virtud. Aquellos que demandan lo que quieren de la vida y hacen que esta les responda lo hacen con poder. Debes tener esto claro en tu mente si deseas que la vida te recompense.

ST: ¿Siempre es necesario ser cruel, injusto, implacable y despiadado para ser poderoso?

D: ¡No, para nada! Pero uno debe ser decidido, valiente, persistente y, sobre todo, ¡saber exactamente lo que quiere! Para una persona así, la vida le recompensa en su moneda. Los demás, la vida me los entrega y yo los someto completamente y me apodero de sus almas.

ST: ¿Y eso no te parece frío y cruel?

D: ¡A mí me parece decidido y confiable!

ST: ¿Cuál es la diferencia principal entre Henry Ford y cualquiera de los miles de hombres que trabajan para él?

D: La diferencia en la superficie es sutil. La diferencia invisible es inmensa. Henry Ford sabe lo que quiere de la vida y tuvo el valor de hacer que esta le pagara exactamente eso.

Los hombres que trabajan para Ford no tienen una mentalidad tan definida. Esa es la diferencia principal entre Ford y todos los hombres que no pueden hacer que la vida les recompense en sus propios términos.

ST: ¿Ford nació con esa capacidad para saber lo que quiere y obtenerlo, o la adquirió a través de su educación o experiencia?

D: Nació con el potencial de saber lo que quiere y obtenerlo. ¡Al igual que cualquier otra persona! También nació con el poder de elegir, de ejercer su derecho de exigir lo que quiere de la vida o descuidar hacerlo.

Al igual que cualquier otra persona.

ST: ¿No es cierto que los impresionantes logros materiales de Ford se deben en gran parte al hecho de que nació en un momento propicio, cuando el mundo necesitaba vehículos de transporte autopropulsados, y él simplemente se dirigió hacia esa oportunidad?

D: ¡Nadie se dirige hacia el éxito! Donde había una oportunidad para alcanzar el éxito material cuando Ford comenzó su carrera empresarial, hoy en día existen al menos cien oportunidades igualmente favorables.

La depresión mundial cambió la situación en todas partes y redistribuyó las fuentes de oportunidad en todos los aspectos de la vida a una escala sin precedentes.

La excusa favorita del que va a la deriva, tratando de justificar su posición desfavorable, es que el mundo se ha quedado sin oportunidades.

Los que no van a la deriva no esperan que la oportunidad caiga en su regazo. ¡Ellos crean oportunidades para satisfacer sus deseos y demandas de la vida!

ST: ¿Los que no van a la deriva son lo suficientemente astutos como para evitar caer en el influjo del ritmo hipnótico?

D: ¡Nadie es lo suficientemente astuto como para escapar del influjo del ritmo hipnótico! Se podría evitar tan fácilmente como evitar la ley de la gravedad.

La ley del ritmo hipnótico fija de manera permanente los pensamientos predominantes de las personas, ya sean errantes o no.

No hay razón para que alguien que no va a la deriva desee evitar el influjo del ritmo hipnótico, ya que esta ley le beneficia. Ayuda a que sus objetivos, planes y propósitos predominantes se manifiesten físicamente. Establece sus hábitos de pensamiento y los hace permanentes.

Solo aquellos que van a la deriva desearían escapar del influjo del ritmo hipnótico.

ST: A lo largo de gran parte de mi vida adulta, me he considerado un viajero errante.

¿Cómo logré evitar ser arrastrado por el hipnotizante ritmo de la rutina?

D: No has logrado escapar de él. Desde que llegaste a la adultez, tu enfoque principal ha sido comprender plenamente todas las capacidades de la mente.

Es posible que hayas tenido distracciones menores, pero nunca te desviaste de tu deseo fundamental. No te perdiste en el sentido de ese anhelo. Como resultado, ahora estás documentando exactamente lo que tus pensamientos dominantes buscaban en la vida.

ST: ¿El ritmo hipnótico cambia o altera los deseos de las personas?

D: No, simplemente cristaliza esos deseos y los hace permanentes.

ST: Entiendo. El ritmo hipnótico es como una cuerda con la que la naturaleza agrupa hábitos y los ata en patrones definidos, ¿es así?

D: ¡Exacto! Otra manera de entender la naturaleza del ritmo hipnótico es comparándolo con el cemento que se adapta a cualquier diseño deseado y se endurece con el tiempo.

ST: ¿Por qué la oposición no utiliza el ritmo hipnótico para hacer que los pensamientos más elevados y las acciones más nobles sean permanentes? ¿Por qué permite que esta poderosa fuerza se utilice para enredar a las personas en una red de maldad creada por sus propios pensamientos y acciones? ¿Por qué no trabaja para unir a las personas a través de pensamientos constructivos y elevadores?

D: La ley del ritmo hipnótico está al alcance de todos, ¡yo la uso de manera más efectiva que mi oposición porque ofrezco recompensas más atractivas para que las personas adopten mis pensamientos y acciones!

ST: Entonces, usted controla a las personas creando pensamientos negativos y actos destructivos que les resulten atractivos, ¿es correcto?

D: Esa es la idea, ¡exactamente!

ST: Si eso es cierto, ¿por qué no hace que las iglesias sean más atractivas, ofreciendo programas que compitan exitosamente con el cine, el teatro, los restaurantes y los salones de baile? ¿Por qué los programas de las iglesias a menudo carecen de interés humano y son monótonos?

D: La falta de interés de la que te quejas no es mi invención. Eso es obra de mi oposición. Verás, yo no controlo las iglesias, solo las utilizo para luchar contra mí mismo, sembrar el miedo y avergonzar a mi oposición.

ST: A menudo me he preguntado por qué la oposición, lo que llamamos Dios, no lo elimina. ¿Puede explicarme por qué?

D: Porque el poder al que ustedes, los mortales, llaman Dios, es accesible tanto para mí como para él. Está igualmente disponible para mí. Eso es lo que he estado tratando de comunicarte. El poder supremo del universo se puede utilizar para propósitos constructivos a través de lo que llamas Dios, o se puede utilizar de manera negativa a través de lo que llamas Diablo. Lo que es aún más importante, cualquier ser humano puede emplearlo con la misma eficacia que Dios o el Diablo.

ST: Eso es una afirmación impactante. ¿Puede respaldar su afirmación?

D: Sí, pero sería mejor que lo descubrieras por ti mismo. Las palabras del Diablo no tienen mucho valor entre ustedes, los pecadores terrenales. Tampoco las palabras de Dios. Tú temes al Diablo y te niegas a confiar en tu Dios, por lo tanto, solo tienes una fuente a tu disposición para acceder a los beneficios del poder universal, y es confiar en tu propio poder de pensamiento y utilizarlo. Ese es el camino directo hacia la tienda universal de la Inteligencia Infinita. No hay otro camino disponible para ningún ser humano.

ST: ¿Por qué los seres humanos no descubrimos el camino hacia la Inteligencia Infinita antes?

D: Porque yo intervine y desvié a las personas de ese camino, sembrando en sus mentes pensamientos que debilitan su capacidad de utilizar la mente de manera constructiva. Hice que resultara atractivo para ellos emplear el poder de la Inteligencia Infinita en busca de objetivos negativos, como la avaricia, la codicia, la lujuria, la envidia y el odio. Recuerda, la mente atrae lo que se enfoca. Para apartar a las personas de mi oposición, simplemente les proporcioné pensamientos que servían a mis intereses.

ST: Si entiendo correctamente, usted está sugiriendo que ningún ser humano necesita temer al Diablo ni preocuparse por agradar a Dios. Cualquier persona que lo desee puede acceder directamente al suministro universal de lo que piensa y apropiarse de la cantidad necesaria para manifestar cualquier deseo en la realidad física. ¿Es eso lo que está tratando de comunicarme?

D: Exactamente. Aunque esta revelación pueda afectar mi estilo, me satisface saber que también puede frenar mi influencia al llevar a las personas directamente a la fuente de todo poder.

ST: En otras palabras, si no puede controlar a las personas a través del soborno negativo o el miedo, ¿intenta causar problemas mostrando a la gente cómo evadir a Dios? ¿Está usted, por casualidad, también involucrado en la política? Su estrategia me parece bastante astuta.

D: ¿Si estoy involucrado en la política? Si no lo estoy, ¿quién crees que provoca recesiones económicas y fomenta conflictos armados? Seguro que no culparías a mi oposición. Cuando se trata de astucia, mis seguidores en la política superan a los de las iglesias. Además, mis colaboradores políticos se enorgullecen de actos que los seguidores ingenuos en las iglesias no considerarían. Como mencioné anteriormente, tengo aliados en todas las áreas de la vida para avanzar en mis objetivos.

ST: ¿Por qué no toma usted el control directo de las iglesias y las utiliza para promover su causa?

D: ¿Crees que soy ingenuo? ¿Quién seguiría temiendo al Diablo si yo tomara el control de las iglesias? ¿Quién serviría como anzuelo para captar la atención de las personas mientras manipulo sus mentes si no tuviera una entidad que sembrara el miedo y la duda? Lo más inteligente que hago es aprovechar a los aliados de mi oposición para mantener viva la amenaza del infierno en la mente de la gente. Mientras las personas teman algo, sin importar lo que ocurra, seguiré teniendo influencia sobre ellas.

ST: Comienzo a comprender su estratagema. Utiliza las iglesias para sembrar el miedo, la incertidumbre y la confusión en la mente de las personas. Estos estados mentales negativos hacen que las personas adquieran el hábito de la deriva. Este hábito se solidifica de manera permanente a través de la ley del ritmo hipnótico, de modo que la víctima no puede evitarlo, ¿verdad?

D: Exactamente, así es. Cuando una persona se desvía, ya sea a través de cualquier tipo de hábitos, una vez que ese hábito de deriva se establece mediante la ley del control hipnótico, ni siquiera todas las fuerzas del universo pueden devolverle su capacidad de pensamiento independiente.

ST: ¿Está diciendo que su oposición no tiene el poder de restaurar la capacidad de pensamiento independiente de una persona que ha sido influenciada por el ritmo hipnótico?

D: No, no después de que se haya perdido esa habilidad debido al ritmo hipnótico.

Recuerda, el ritmo hipnótico es la fuerza que mantiene todo en equilibrio en el universo y está relacionado de manera adecuada con todo lo demás. Nada puede superar esa fuerza. Si algo pudiera alterarlo en un solo caso, el universo dejaría de existir mucho antes.

ST: ¿Deberíamos observar y respetar el ritmo hipnótico?

D: Sería más preciso decir que debemos estudiar, comprender y aplicar conscientemente el ritmo hipnótico para lograr nuestros objetivos definidos.

ST: ¿Si no aplicamos conscientemente la fuerza del ritmo hipnótico para lograr objetivos específicos, eso podría representar un gran peligro?

D: Sí, porque opera automáticamente. Si no se utiliza deliberadamente para alcanzar un objetivo deseado, operará de todas formas para lograr objetivos no deseados.

ST: ¿Cómo puedo explicar de manera sencilla y comprensible la ley del ritmo hipnótico a personas con poca o ninguna formación científica y escaso conocimiento de los principios fundamentales de la naturaleza?

D: El enfoque más efectivo será proporcionar ejemplos que muestren cómo esta ley opera en la vida cotidiana de las personas.

Puedes utilizar ejemplos relacionados con el clima. Todos pueden observar y entender cómo la naturaleza obliga a cada ser vivo y a cada elemento de la materia a adaptarse al clima en el que se encuentran. Por ejemplo, en los trópicos, la naturaleza crea árboles que dan frutos y se reproducen, adaptándolos al calor intenso. Estos árboles desarrollan hojas adecuadas para protegerse del sol abrasador. Sin embargo, estos mismos árboles no podrían sobrevivir si fueran trasladados a regiones árticas con un clima completamente diferente.

En climas más fríos, la naturaleza genera árboles que se adaptan para sobrevivir y reproducirse en condiciones frías, pero no podrían prosperar en climas tropicales. De manera similar, la naturaleza proporciona a los animales una capa adecuada para su comodidad y supervivencia en cada clima específico.

De la misma forma, la naturaleza influye en la mente de las personas a través de su entorno, imponiendo influencias más fuertes que los pensamientos individuales, a menos que esos pensamientos sean más poderosos que las influencias circundantes.

Los niños son particularmente susceptibles a las influencias del entorno a menos que sus propios pensamientos sean lo suficientemente fuertes como para resistir esas influencias.

Cada lugar, desde un hogar hasta una comunidad, tiene su propio ritmo definido y discernible. Puedes notar la diferencia en los ritmos caminando por diferentes calles en una ciudad, lo que demuestra cómo cada entorno tiene su propio ritmo característico.

ST: ¿Cada individuo tiene su propio ritmo de pensamiento?

D: ¡Exacto! Esa es la principal diferencia entre las personas. Aquellos que piensan en términos de poder, éxito y prosperidad establecen un ritmo que atrae esas experiencias deseables. Por otro lado, aquellos que se centran en la miseria, el fracaso y la pobreza atraen influencias no deseadas. Esto explica por qué el éxito y el fracaso son resultados de hábitos. El hábito establece el ritmo de pensamiento y este ritmo atrae lo que está en sintonía con los pensamientos dominantes.

ST: ¿Podríamos decir que el ritmo hipnótico actúa como un imán que atrae cosas con las que tiene afinidad magnética?

D: Exactamente, eso es correcto. Por eso las personas que experimentan pobreza a menudo se encuentran en comunidades con situaciones similares. Es como el dicho: "la miseria ama la compañía". También explica por qué aquellos que tienen éxito en una empresa encuentran que el éxito se multiplica con menos esfuerzo con el tiempo. Todas las personas exitosas utilizan el ritmo hipnótico, ya sea consciente o inconscientemente, al esperar y demandar el éxito. Esta demanda se convierte en un hábito, el ritmo hipnótico se encarga del hábito y la ley de atracción armoniosa lo traduce en resultados concretos en la vida.

ST: Entonces, ¿no existe realmente algo llamado suerte, verdad?

D: Absolutamente no. Lo que la gente etiqueta como "suerte" son simplemente circunstancias que no comprenden. Detrás de cada evento hay una causa. A menudo, esa causa está tan distante del resultado que la gente solo puede atribuirlo a la suerte. La naturaleza no reconoce la noción de suerte; es una invención humana para explicar lo desconocido.

Las palabras "suerte" y "milagro" son como hermanos gemelos. Ninguno de ellos tiene existencia real más allá de la imaginación de las personas. Ambos se utilizan para explicar lo que no entendemos. Recuerda esto: todo lo que existe puede demostrarse. Mantén esta verdad en mente y te convertirás en un pensador más sólido.

ST: Pero, Su Majestad, ¿esto no lo pone en desventaja? Si sus aliados involuntarios en las iglesias fueran desafiados a demostrar su existencia, ¿no estarían en una posición comprometida?

D: Tienes razón en eso. Sin embargo, manejo esa situación a mi manera. Mantengo a los líderes religiosos ocupados proclamando mi existencia, y sus seguidores tienen tanto temor de mí que no tienen tiempo para buscar pruebas de mi inexistencia en carne y hueso.

ST: ¿Y el antiguo ritmo hipnótico también contribuye a su causa, verdad?

D: Sí, eso es cierto. Los líderes religiosos han mantenido a la gente en un estado de temor hacia mí durante tanto tiempo que es difícil para la mayoría de los adultos superar ese miedo, sin importar cuántas pruebas de mi inexistencia se les presenten. Estas personas han sido efectivamente hipnotizadas para someterse al miedo.

ST: Permítame entender mejor la ley del ritmo hipnótico. ¿Es correcto suponer que nada puede escapar de su influencia?

D: La verdad es que, al enfocar y dirigir nuestros pensamientos hacia un objetivo específico, podemos ponernos bajo la influencia del poder del ritmo hipnótico y convertir nuestros pensamientos en realidad material.

ST: En otras palabras, si sé lo que quiero en la vida, lo reclamo, estoy dispuesto a pagar su precio y no acepto sustitutos, la ley del ritmo hipnótico hará que mi deseo se convierta en realidad de forma natural y lógica, ¿es así?

D: Eso es precisamente cómo funciona la ley.

ST: La ciencia ha demostrado que nuestras características son el resultado de la herencia y el entorno. Al nacer, traemos una mezcla de cualidades de nuestros antepasados. Luego, en la edad de la autoconciencia, moldeamos nuestra personalidad y determinamos nuestro destino terrenal basados en las influencias del entorno, especialmente durante la infancia.

Estos hechos están bien establecidos y no pueden ser cuestionados por personas inteligentes. ¿Cómo puede el ritmo hipnótico cambiar la naturaleza de un cuerpo físico que heredamos y las influencias del entorno en el que crecemos?

D: El ritmo hipnótico no puede cambiar nuestra naturaleza física heredada al nacer, pero puede influir y modificar las influencias del entorno que nos rodean. Podemos elegir nuestro entorno, pero la naturaleza impone los hábitos que adquirimos en ese entorno. El ritmo hipnótico no crea el entorno, pero lo moldea y afecta, haciendo que se ajuste a un ritmo específico y, a través del poder de la comprensión y la razón, influye en todos los seres vivos en ese entorno.

ST: Si entiendo correctamente, ¿la naturaleza tiende a forzar a un ser humano a asumir y formar parte del ambiente que elige o que se le impone?

D: Eso es correcto, pero existen formas y medios mediante los cuales un individuo puede resistir las influencias de un ambiente no deseado y también un método para cambiar la aplicación del ritmo hipnótico de negativo a positivo.

ST: ¿Está diciendo que hay un método definido para hacer que el ritmo hipnótico trabaje a favor en lugar de en contra?

D: Exactamente eso es lo que quiero decir.

ST: Por favor, explíqueme cómo se puede lograr este sorprendente resultado.

D: Mi explicación, para que sea práctica, será necesariamente extensa, ya que cubrirá siete principios de psicología que todos aquellos que deseen utilizar el ritmo hipnótico para lograr sus deseos deben comprender y aplicar.

ST: Entonces, divida su explicación en siete partes, cada una con un análisis detallado de uno de los siete principios, junto con instrucciones claras para su aplicación práctica.

Ahora, el Diablo procederá a describir en detalle los siete principios a través de los cuales los seres humanos pueden tomar el control total de sus mentes.

Estos principios, aunque pueden parecer simples en sí mismos, adquieren una importancia abrumadora cuando uno comprende hasta qué punto determinan el destino humano.

El primero de los siete principios es la clave maestra que desbloquea las puertas de la limitación espiritual en las que la mayoría de las personas se encuentran atrapadas debido a su tendencia a ir a la deriva.

Tengo una fuerte intuición de que la descripción del Diablo sobre cómo funcionan estos siete principios en la vida cotidiana relegará a un segundo plano todo lo que hemos escuchado hasta ahora. Basándome en una observación cercana de miles de personas, creo que los verdaderos secretos del control del Diablo sobre los seres humanos se revelarán en su explicación de estos siete principios.

Aunque aún no hemos llegado a esa parte de su confesión, predigo que nos proporcionará información reveladora que permitirá a las personas liberarse rápidamente del hechizo del ritmo hipnótico y tomar el control de sus propias mentes, pensamientos y vidas, disfrutando así de una libertad física, mental y espiritual.

Ahora, Su Majestad, le invito a continuar con su testimonio.

6. Un Propósito Preciso

ST: En este momento, Su Majestad revelará los secretos de los siete principios que nos permiten buscar la libertad espiritual, mental y física en la vida. No escatimaremos en detalles al explorar estos principios y cómo pueden aplicarse en cualquier situación. Comencemos con una explicación completa del principio de precisión del propósito.

D: Me estás forzando a tomar una medida drástica. Si sigues adelante con esta idea tuya, abrirás las puertas del Infierno y liberarás a las almas que he estado recolectando durante siglos. También me privarás de almas que aún no han nacido, y liberarás a millones que actualmente están bajo mi influencia. Te ruego que te detengas antes de que sea demasiado tarde.

ST: Entonces, mis sospechas son correctas. Parece que no ha compartido toda la historia de manera completa. Ha estado hablando en términos abstractos y generales. Sin embargo, ahora que le pido que profundice y explique cómo las personas pueden romper el hechizo del ritmo hipnótico, parece que está angustiado. Por favor, continúe y explíquenos su perspectiva sobre el principio de precisión del propósito.

D: Estás avivando las llamas del Infierno, pero la responsabilidad recae sobre ti, no sobre mí. También puedo decirte que cualquier ser humano que sea preciso en sus objetivos y planes puede influir en la Vida para que le conceda lo que desea.

ST: Esa es una afirmación bastante amplia, Su Majestad. ¿Puede matizarla un poco?

D: ¿Matizarla? ¡No, quiero enfatizarla aún más! Cuando escuches lo que tengo que decir a continuación, comprenderás por qué el principio de precisión es tan crucial. Mi oposición utiliza un truco sutil para obstaculizar mi control sobre las personas. Saben que la precisión del propósito cierra firmemente la puerta de la mente, impidiéndome entrar, a menos que pueda inducir al individuo a caer en el hábito de la deriva.

ST: ¿Por qué su oposición no revela su secreto a todas las personas, diciéndoles que eviten caer en su influencia mediante un propósito preciso? Usted mismo ha admitido que dos de cada cien personas están en su oposición.

D: ¡Porque soy más astuto que mi oposición! Atraigo a las personas con mis promesas, alejándolas de la precisión. Comprende que controlo a más personas que mi oposición porque soy un mejor vendedor y un mejor espectáculo. Las atraigo al proporcionarles hábitos de pensamiento en los que disfrutan sumergirse.

ST: ¿Entonces, afirma usted que es un vendedor más efectivo que la Omnipotencia?

D: Si no fuera así, ¡no tendría tantos seguidores!

ST: ¿La precisión del propósito es algo con lo que uno nace o se puede desarrollar con el tiempo?

D: Como mencioné antes, todos nacen con el potencial de ser precisos, pero el 98% de las personas pierden ese potencial por no prestarle atención. El privilegio de la precisión solo se puede mantener adoptándolo como una guía en todos los aspectos de la vida.

ST: ¡Ahora lo entiendo! Uno puede aprovechar el principio de precisión de la misma manera que se construye un cuerpo físico fuerte, a través del uso constante y sistemático, ¿verdad?

D: Has expresado la verdad de manera clara y precisa.

ST: ¡Creo que finalmente estamos llegando a alguna conclusión, Su Majestad! Hemos descubierto que su mayor ventaja radica en la falta de precaución de las personas, lo que le permite llevarlas al terreno de la imprecisión mediante simples sobornos.

Hemos confirmado que cualquier persona que adopte la precisión del propósito como una política y la aplique en todas sus experiencias diarias no puede caer en el hábito de la deriva. Sin la ayuda de ese hábito, usted no puede atraer a las personas con sus promesas.

¿Es eso correcto?

D: No podría haberlo expresado de manera más precisa.

ST: Continúe, por favor, y explique cómo la gente descuida su capacidad de ser libre y autodeterminada al caer en la imprecisión y la deriva.

D: Ya he hecho una referencia breve a este principio, pero ahora entraré en más detalle sobre cómo funciona. Empezaré desde el nacimiento. Cuando un niño nace, trae consigo un cuerpo físico que representa los resultados de millones de años de evolución. Su mente está completamente en blanco. A medida que el niño crece y comienza a reconocer su entorno, comienza a imitar a los demás.

La imitación se convierte en un hábito arraigado, y naturalmente, el niño imita principalmente a sus padres. Luego, se extiende a otros familiares, amigos y figuras de autoridad, incluyendo sus líderes religiosos y maestros.

La imitación no se limita solo a la expresión física, sino también a la expresión del pensamiento. Si los padres o figuras de autoridad expresan miedo hacia mí (y la mayoría lo hace de alguna manera), ese miedo se convierte en parte de las creencias subconscientes del niño a través del hábito de la imitación.

De manera similar, el niño aprende, a través de la imitación, a limitar su capacidad de pensamiento al llenar su mente con envidia, odio, codicia, lujuria, venganza y otros impulsos negativos que destruyen cualquier posibilidad de precisión.

Mientras tanto, yo intervengo y empujo al niño hacia la deriva hasta que su mente quede atrapada en el ritmo hipnótico.

ST: ¿Entiendo correctamente que debe obtener el control sobre las personas cuando son jóvenes, o de lo contrario perderá la oportunidad por completo?

D: Preferiría reclamarlos antes de que tomen el control de sus propias mentes. Una vez que alguien comprende el poder de sus propios pensamientos, se vuelve positivo y difícil de influenciar. De hecho, no puedo controlar a ninguna persona que descubra y aplique el principio de precisión.

ST: ¿La precisión del propósito ofrece una protección permanente contra su influencia?

D: No, en absoluto. La precisión solo cierra la puerta de la mente mientras se sigue como una política. Si una persona duda, pospone o se vuelve imprecisa en cualquier aspecto de su vida, está a un paso de caer bajo mi influencia.

ST: ¿Cómo está relacionada la precisión con las circunstancias materiales de una persona?

D: Casi todo está relacionado. Puedes entenderlo observando a personas exitosas y aquellas que enfrentan el fracaso. Las personas permanentemente exitosas son precisas y hacen de la precisión una política constante.

ST: Por lo que usted está diciendo, ¿la imprecisión es la causa principal de la pobreza en muchas personas?

D: La falta de precisión lleva al hábito de la deriva, que a su vez conduce al control a través del ritmo hipnótico. La pobreza es a menudo el resultado material de este hábito negativo de la deriva.

ST: Parece que la precisión de propósito es fundamental para el poder personal, ¿es eso correcto?

D: Puedes deducirlo al observar a aquellos que tienen poder. Toma, por ejemplo, a los tres dictadores europeos. Puede que no tengan la justicia de su lado, pero todos reconocen que tienen poder. Obtuvieron ese poder al definir con precisión lo que querían y estar decididos a lograrlo a cualquier costo.

ST: Sin embargo, Su Majestad, me preocupa si uno puede obtener poder a través de la precisión de propósito sin enfrentar la destrucción debido a la ley de compensación. Aunque estos dictadores tienen poder, también parece que ese poder eventualmente los destruirá. ¿No es así?

D: Estás interesado en saber cómo obtener poder sin caer en la destrucción, ¿verdad?

ST: Esa es precisamente la idea. Nadie en su sano juicio desea el tipo de poder que los dictadores europeos han impuesto a sus seguidores, renunciando a sus derechos a la libertad con reluctancia. Por favor, explíquenos cómo se puede adquirir poder a través de un propósito preciso sin atraer la autodestrucción no deseada.

D: Tu pregunta toca un punto crítico, ya que muy pocas personas en el mundo comprenden cómo utilizar la precisión del propósito sin incurrir en las consecuencias negativas de la ley de la compensación. Estoy revelando uno de mis secretos más preciados. Debo decirte que, en algún momento, reclamaré a aquellos que temporalmente escapan a mi influencia debido a un propósito preciso. Lo haré al llenar sus mentes de codicia por el poder y amor por la expresión egoísta, llevándolos a violar los derechos de los demás.

Entonces, intervendré con la ley de la compensación y los reclamaré como víctimas.

ST: Entonces, por su admisión, la precisión del propósito puede ser peligrosa en relación con su potencial de poder. ¿Es eso correcto?

D: Sí, y es más importante aún recordar que todo principio positivo lleva en sí la semilla de un peligro equivalente.

ST: Eso suena sorprendente, Su Majestad. ¿Cómo puede haber peligro, por ejemplo, en el hábito de amar la verdad?

D: El peligro radica en la palabra "hábito". Todos los hábitos, excepto el de precisión, pueden llevar al hábito de la deriva. El amor por la verdad, a menos que se convierta en una búsqueda constante de la verdad, puede volverse similar a todas las demás buenas intenciones. ¿Sabes lo que hago con buenas intenciones, verdad?

ST: ¿El amor por la familia también es peligroso?

D: El amor por cualquier cosa o persona, excepto el amor por la precisión del propósito, puede ser peligroso. El amor es una emoción que nubla la razón y la fuerza de voluntad, cegando a las personas ante los hechos y la verdad.

El amor es uno de mis cebos más efectivos, y con él, puedo llevar a las personas hacia el hábito de la deriva cuando no puedo atraerlas de ninguna otra manera. Por eso lo coloco al principio de mi lista de sobornos. Si conozco lo que una persona ama profundamente y a qué teme, tengo las claves para inducirla a la deriva y luego atarla con el ritmo hipnótico.

El amor y el miedo, cuando se combinan, son herramientas poderosas que utilizo para llevar a las personas hacia la deriva. Ambos hacen que las personas descuiden el desarrollo de la precisión en el uso de sus mentes. Cuando tengo control sobre los miedos y las cosas que aman, puedo considerar a esas personas como mis esclavos.

ST: Su explicación sobre el amor y el miedo me lleva a creer que aquellos que están dominados por uno de estos estados mentales no pueden aprovechar al máximo el principio de precisión. ¿Es correcto? ¿La naturaleza de lo que aman o temen tiene alguna influencia en cuán peligrosos son estos estados mentales?

D: Lo que se ama o se teme no hace diferencia. Tanto el amor como el miedo son emociones de tal magnitud que pueden anular completamente el poder de la voluntad y la razón. Cuando estas dos facultades están ausentes, no hay nada que respalde la precisión del propósito.

ST: ¿Los líderes religiosos son como marionetas cuando instan a sus seguidores a amar a Dios?

D: En realidad, lo son. Este es uno de mis astutos trucos. Utilizo a los líderes religiosos para inculcar el miedo y, al mismo tiempo, fomentar el amor. Aunque pueda parecer inconsistente, es una estrategia inteligente. A través de ellos, manejo a millones de personas para promover mi causa, personas que, si supieran lo que están haciendo, se opondrían.

Puedo controlar a algunos a través del miedo hacia mí y a otros a través del amor hacia mi oposición. No me importa cómo llegue la gente a servirme.

ST: Pero, Su Majestad, la vida no tendría sentido si las personas nunca experimentaran el amor.

D: ¡Ah, tienes razón! Pero olvidas mencionar que el amor debe estar bajo un estricto control en todo momento.

El amor es un estado mental deseable, pero también es un paliativo que puede usarse para limitar o destruir la razón y la fuerza de voluntad, que son más importantes que el amor para aquellos que buscan la libertad y la autodeterminación.

ST: Entiendo que según usted, aquellos que obtienen poder deben mantener sus emociones en control, superar el miedo y restringir el amor, ¿es eso correcto?

D: Las personas que adquieren y mantienen el poder deben ser precisas en todos sus pensamientos y acciones. Si eso significa ser firmes, entonces deben serlo.

ST: Analicemos las ventajas de la precisión en asuntos cotidianos. ¿Es más probable que tenga éxito un plan débil ejecutado con precisión o un plan sólido y fuerte ejecutado sin precisión?

D: Los planes débiles tienden a fortalecerse si se ejecutan con precisión.

ST: ¿Está sugiriendo que cualquier plan, cuando se ejecuta con precisión para lograr un propósito específico, puede tener éxito, incluso si no es el mejor plan?

D: Sí, eso es lo que estoy diciendo. La precisión en el propósito y en el plan utilizado para lograrlo generalmente lleva al éxito, independientemente de lo débil que sea el plan. La principal diferencia entre un plan sólido y uno débil es que el primero, si se ejecuta con precisión, se llevará a cabo más rápidamente que el segundo.

ST: En otras palabras, si uno no puede estar siempre en lo correcto, ¿debería esforzarse siempre por ser preciso? ¿Esa es la idea que quiere transmitir?

D: Exactamente. Aquellas personas que son precisas tanto en sus planes como en sus propósitos nunca consideran la derrota temporal como algo más que un impulso para un esfuerzo mayor. Puedes ver por ti mismo que esa política está destinada al éxito si se sigue con precisión.

ST: ¿Cuál cree que es la debilidad humana más común que lleva al fracaso?

D: La imprecisión. Ese hábito abre literalmente la puerta de la mente y permite que entren y se establezcan todos los rasgos y hábitos destructivos.

Observa cómo la desgracia, la derrota, el desánimo y la mala salud siguen a quienes siguen una política de vaguedad.

Mira cómo estos aspectos negativos brillan por su ausencia cuando uno sigue una política de precisión en el plan y el propósito. Todos los líderes son precisos, mientras que los seguidores se ven arrastrados por la imprecisión. Los seguidores no pueden poseer un gran poder, solo pueden ayudar a los líderes a adquirirlo.

ST: ¿La precisión como estado mental otorga poder a un individuo?

D: La precisión no solo es un estado mental, sino que también inspira y atrae la cooperación de los demás. Además, desalienta la oposición, ya que todas las formas de oposición requieren precisión. No es solo la precisión en sí lo que otorga poder a un individuo, sino las fuerzas, las personas y el conocimiento que atrae.

ST: Hablando del poder del miedo, ¿cuál es su mayor temor?

D: Mi mayor temor es que el mundo produzca un pensador riguroso con suficiente precisión para transformar las escuelas e iglesias en instituciones que enseñen precisión.

ST: Es un temor breve y aparentemente sencillo. Si yo fuera el Diablo, temería a la Inteligencia Infinita más que a cualquier otra cosa.

D: Puedo mantener mi equilibrio de poder con mi oposición siempre y cuando pueda controlar el 98 de cada cien mentes humanas. Cuando pierdo ese control, me veo obligado a una posición defensiva. Prefiero estar en el lado agresivo de la vida.

ST: Claramente, no teme a aquellos que se desvían o tienen una política de deriva, ¿verdad?

D: ¿Por qué debería temerlos? Yo controlo a todos los que se desvían, es decir, siempre y cuando se mantengan en ese estado. Cuando dejan de hacerlo y comienzan a pensar y actuar con precisión, como algunos hacen, pierdo mi control sobre ellos.

ST: Entonces, según lo que dice, la precisión en la política otorga poder y otras ventajas que no disfrutan los que se desvían.

D: Si quieres comprender cuánta ventaja tiene alguien con una política de precisión en todos sus pensamientos y acciones sobre aquellos que carecen de esa política, simplemente observa la importancia que la naturaleza otorga a la precisión.

¿Crees que es pura casualidad que el sol se eleve y se oculte con una regularidad perfecta, siguiendo la ley del ritmo de la naturaleza?

¿Piensas que es una coincidencia que la naturaleza nunca titubee en su política de precisión al hacer crecer un pino a partir de una bellota?

¿Crees que las mareas de los océanos fluyen y refluyen con precisión puntual por azar?

Si buscas evidencia de que la precisión es el fundamento sobre el cual debe construirse la libertad humana, simplemente observa que la precisión es el centro alrededor del cual la naturaleza organiza todo el sistema de universos.

La persona que no sabe exactamente lo que quiere de la vida debe conformarse con lo que queda después de que aquellos que siguen la precisión como política hacen sus elecciones.

Mira a tu alrededor, haz un inventario de todos aquellos que consideras exitosos y notarás que su éxito es directamente proporcional a su precisión en sus planes y propósitos. No hay excepciones a esta regla.

ST: Hace afirmaciones muy precisas. He intentado encontrar fallas en su argumento, pero no he encontrado evidencia que lo contradiga.

D: ¡Oh no! La evidencia se encuentra en el lado opuesto.

ST: ¿Puede una persona que actúa con precisión tanto en sus planes como en sus objetivos estar segura de alcanzar siempre el éxito?

D: No necesariamente. A veces, incluso los mejores planes pueden fallar, pero aquel que actúa con precisión reconoce la diferencia entre una derrota temporal y el fracaso absoluto. Cuando los planes fallan, los reemplaza, pero no cambia su objetivo. Al final, encuentra un plan que conduce al éxito.

ST: ¿Un plan basado en fines inmorales o injustos puede tener éxito tan rápidamente como uno motivado por un agudo sentido de la justicia y la moral?

D: A través de la ley de la compensación, todos cosechamos lo que sembramos. Los planes basados en motivos injustos o inmorales pueden llevar al éxito temporal, pero el éxito duradero debe considerar la cuarta dimensión: el tiempo.

El tiempo es enemigo de la inmoralidad y la injusticia, pero amigo de la justicia y la moral. No reconocer este hecho ha contribuido a la proliferación de la delincuencia entre los jóvenes en todo el mundo. La mente joven e inexperta a menudo confunde el éxito temporal con el éxito permanente. Los jóvenes cometen el error de desear las ganancias momentáneas de planes inmorales e injustos, pero no consideran las consecuencias que inevitablemente siguen, tan seguras como la noche sigue al día.

ST: Eso es muy profundo, Su Majestad. Volvamos a temas más concretos que puedan interesar a la mayoría de las personas.

D: Muy bien, tú guías la conversación, y seguiré tu liderazgo. Pero no subestimes el hecho de que, en un análisis cuidadoso de estas abstracciones, se encuentra la base de lo que brinda a los seres humanos libertad en mente y cuerpo.

ST: Eso es cierto, pero estoy interesado en discutir las cosas que hacen que las personas sean felices o miserables, ricas o pobres, saludables o enfermas. En resumen, me interesa todo lo que los seres humanos pueden utilizar para obtener recompensas satisfactorias en la vida a cambio de su esfuerzo. Limitemos nuestra conversación a las fuerzas que afectan la salud y el bienestar del hombre promedio.

D: De acuerdo, seamos precisos.

ST: Siento que a veces Su Majestad se enreda en detalles abstractos que la mayoría de las personas no pueden comprender ni aplicar a la resolución de sus problemas. ¿Podría ser que su plan sea responder a mis preguntas de manera imprecisa? Si ese es su plan, es un truco ingenioso, pero no funcionará. Adelante, cuénteme más sobre las miserias y fracasos de las personas que resultan de la falta de precisión.

D: ¿Por qué no me permites contarte más sobre las alegrías y éxitos de quienes comprenden y aplican el principio de precisión?

ST: ¡Tiene razón! Acepto la crítica. Será más útil aprender lo que lleva al éxito que conocer lo que conduce al fracaso. Sin embargo, quiero escuchar ambos lados de la historia. Para llevar una vida plena, completa y feliz, uno debe saber no solo qué hacer, sino también qué evitar.

D: Algo que alguien que busca una vida plena y feliz debe evitar es vagar sin rumbo fijo en cualquier asunto. Algo que debe hacer es actuar con precisión tanto en sus objetivos como en sus planes.

ST: A veces, noto que personas con objetivos y planes precisos obtienen lo que desean de la vida, solo para descubrir después de alcanzarlo que en realidad no lo quieren. ¿Qué se debe hacer en ese caso?

D: Por lo general, uno puede deshacerse de lo que no quiere aplicando el mismo principio de precisión que utilizó para obtenerlo. Una vida que se vive con paz, satisfacción y felicidad siempre se libra de lo que no desea. Aquel que se preocupa por cosas que no quiere no actúa con precisión. Se convierte en un errante.

ST: ¿Y qué pasa con las parejas que dejan de amarse? ¿Deberían separarse o es cierto que todos los matrimonios están destinados a durar para siempre, incluso si resulta en infelicidad para ambos?

D: En primer lugar, permíteme corregir ese antiguo dicho de que todos los matrimonios están destinados a durar para siempre. Sé de algunos que se formaron en mi lado de la valla. Las mentes que no están en armonía nunca deberían ser forzadas a permanecer juntas en el matrimonio o en cualquier otra relación.

La fricción y todas las formas de discordia entre las mentes inevitablemente llevan a la deriva y, por supuesto, a la falta de precisión.

ST: ¿No están algunas personas unidas por un sentido de deber que les impide buscar lo que realmente desean en la vida?

D: El deber es una de las palabras más malinterpretadas y maltratadas que existen. El primer deber de todo ser humano es consigo mismo. Cada persona tiene el deber de buscar una vida plena y feliz para sí misma. Además, si alguien tiene tiempo y energía adicionales más allá de sus propios deseos, puede asumir la responsabilidad de ayudar a los demás.

ST: ¿No es eso egoísta, y el egoísmo no es una causa de la infelicidad?

D: Sostengo firmemente que no hay un deber más alto que uno mismo.

ST: ¿No le debe un hijo algo a sus padres, que le dieron vida y cuidaron de él cuando era vulnerable?

D: De ninguna manera. Es al revés. Los padres le deben a sus hijos todo lo que puedan brindarles en términos de conocimiento. Además, los padres a menudo miman a sus hijos en lugar de ayudarlos, debido a un falso sentido del deber que los lleva a consentir a sus hijos en lugar de fomentar su búsqueda y adquisición de conocimiento directo.

ST: Entiendo lo que quiere decir. Su teoría es que demasiada ayuda para los jóvenes los lleva a la deriva y a la falta de precisión en todas las cosas. Usted cree que la necesidad es un maestro astuto, que la derrota puede ser una virtud, y que los regalos no merecidos de cualquier tipo pueden convertirse en una maldición en lugar de una bendición. ¿Es así?

D: Has expresado mi filosofía a la perfección. No es una teoría, es un hecho.

ST: Entonces, ¿no considera la oración como un medio para alcanzar metas deseables?

D: Al contrario, yo valoro la oración, pero no aquella que consiste en palabras vacías, suplicantes y carentes de sentido. La única oración que defiendo es la que posee una precisión de propósito.

ST: Nunca había pensado en la precisión de propósito como una forma de oración. ¿Cómo es eso posible?

D: La precisión es, de hecho, la única forma de oración en la que uno puede confiar. Esta te coloca en el camino de utilizar un ritmo hipnótico para lograr metas específicas.

ST: ¿A quién se debe rezar entonces?

D: ¡A uno mismo!

ST: ¡Qué afirmación tan sorprendente! ¿Cómo puede un ser humano vulnerable responder a sus propias oraciones?

D: ¿Quién te dijo que todos los seres humanos son vulnerables? Los verdaderamente vulnerables son aquellos que flotan sin rumbo, atrapados por la falta de precisión y la ley del ritmo hipnótico. Los demás saben lo que quieren y trabajan para lograrlo a través de una demanda precisa, que es la verdadera forma de oración.

ST: ¿Cómo puede un ser humano acceder al poder de responder a sus propias oraciones?

D: Simplemente apropiándose del vasto depósito universal de Inteligencia Infinita. Esta apropiación se logra a través de una búsqueda persistente de precisión de propósito, si te interesa saberlo.

ST: ¿Por qué la mayoría de las oraciones parecen no funcionar?

D: ¡No fallan! Todas las oraciones entregan lo que uno pide.

ST: Pero usted dijo que la precisión de propósito es la única forma de oración en la que uno puede confiar. Ahora dice que todas las oraciones entregan resultados. ¿Puede aclararlo?

D: No hay contradicción en eso. La mayoría de las personas solo recurren a la oración cuando todo lo demás ha fallado. Naturalmente, rezan con temor de que sus oraciones no sean atendidas. Y, bueno, sus miedos se vuelven realidad.

La persona que ora con un propósito específico y con fe en su logro pone en marcha las leyes naturales que transforman sus deseos predominantes en su equivalente físico. Así funciona la oración.

Hay una forma de oración negativa que solo produce resultados negativos. Y otra forma es positiva, que brinda resultados precisos y positivos. ¿Puede haber algo más sencillo? El individuo responde a sus propias oraciones porque tiene el control de su propio estado mental, ya sea haciéndolo positivo o negativo.

ST: Los líderes religiosos seguramente contradirán sus afirmaciones. Suelen decir que debemos alabar a Dios y suplicar humildemente para que responda favorablemente a nuestras oraciones. ¿Qué opina usted al respecto?

D: Comprendo bien lo que afirman los líderes religiosos. También sostienen que Dios solo escucha sus oraciones. Prefiero que continúen con esas afirmaciones. Si alguna vez revelaran la verdad sobre quién responde a las oraciones y por qué, eso sería un problema para mí.

ST: Entiendo. ¿Ayuda a su causa cuando los líderes religiosos persuaden a las personas a orar a través de intermediarios?

D: ¡Tienes un entendimiento rápido! Hay algo que debes saber sobre la forma de oración promovida por los líderes religiosos: es uno de los principales contribuyentes al hábito de la deriva.

Las personas que se quejan y ruegan a Dios que se haga cargo de todos sus problemas y satisfaga todas sus necesidades y lujos son demasiado pasivas para crear lo que desean y materializarlo mediante el poder de su propia mente.

Cuando escuchas a alguien orar por algo que debería buscar con su propio esfuerzo, ten por seguro que estás escuchando a alguien que está perdido.

ST: ¿Y qué pasa con las oraciones que se encuentran en libros de oraciones?

D: ¿Y qué importa? ¡Los libros de oraciones se crearon para vender y obtener ganancias! Eso es lo más relevante sobre ellos. ¡Incluso aliento el uso de libros de oraciones! Cualquiera que sea demasiado perezoso para formular su propia oración es mi aliado.

ST: Algunas de las personas más nobles que conozco son devotas creyentes en la forma ortodoxa de oración. Si esas personas no pueden influir en el Dios al que oran, ¿quién puede hacerlo?

D: La inteligencia infinita favorece solo a aquellos que comprenden y se ajustan a sus leyes. No discrimina en función del carácter o la personalidad agradable. Estas cualidades pueden ayudar a las personas a llevarse mejor entre sí, pero la fuente que responde a las oraciones no se impresiona por ellas. La ley de la naturaleza es simple: sabe lo que quieres, adáptate a mis leyes y lo obtendrás.

ST: ¿Esto concuerda con las enseñanzas de Cristo?

D: ¡Absolutamente! También es coherente con las enseñanzas de todos los grandes filósofos.

ST: ¿Su teoría de la precisión es compatible con la filosofía de los científicos?

D: La precisión es la distinción fundamental entre un científico y una persona que está perdida. A través del principio de precisión de propósito y plan, el científico obliga a la naturaleza a revelar sus secretos más profundos. Fue mediante este principio que Edison descubrió el secreto de la máquina parlante, la bombilla incandescente y muchas otras contribuciones a la humanidad.

ST: ¿Debo entender que la precisión es el factor crucial para el éxito en todas las empresas terrenales?

D: Exactamente.

ST: ¿Por qué las Iglesias del mundo han perdido influencia en la civilización, y por qué el mundo ahora busca a los científicos para avanzar en el conocimiento?

D: Las Iglesias perdieron su influencia debido a la imprecisión de sus credos y doctrinas abstractas. Pasaron demasiado tiempo enseñando a la gente cómo enfrentar la muerte y muy poco tiempo enseñándoles cómo vivir. Perdieron terreno al mirar hacia el pasado y venerar un pasado que ya no tenía vida ni vitalidad, en lugar de vivir en el presente y mirar hacia el futuro, hacia el desarrollo de un mayor conocimiento sobre cómo vivir.

Los hombres de ciencia han ganado terreno debido a su precisión tanto en el propósito como en el plan de ejecución. La civilización futura estará en manos de científicos y educadores que enseñen hechos científicos basados en un conocimiento preciso.

ST: ¿No será eso un desafío para su existencia?

D: Cualquier cosa que fomente la examinación de hechos y la coordinación de planes precisos a través del pensamiento crítico es un desafío para mi existencia.

Si esta búsqueda de conocimiento preciso que se está extendiendo por el mundo continúa, mi negocio se desmoronará en los próximos siglos. Prospero en la ignorancia, la superstición, la intolerancia y el miedo, pero no puedo sobrevivir en un entorno de conocimiento preciso y mentes pensantes.

ST: ¿Por qué no controla la Omnipotencia y dirige todas las obras a su manera?

D: ¿Por qué la Omnipotencia no me controla y dirige todas las obras a su manera? La respuesta es simple y precisa: uno no puede controlar al otro porque ambos controlamos la mitad del poder que mantiene los universos en un orden organizado.

Puedes compararlo con la pregunta de por qué la carga negativa de un electrón no controla la carga positiva y dirige todas las obras. La respuesta es que ambas cargas, positiva y negativa, son esenciales para la existencia del electrón. Están equilibradas una contra la otra en un delicado equilibrio.

De manera similar, yo y lo que llaman Omnipotencia representamos las fuerzas positivas y negativas de todo el sistema de universos, y estamos igualmente equilibrados el uno contra el otro.

Si ese equilibrio de poder cambiara en lo más mínimo, todo el sistema de universos colapsaría en un caos. Ahora entiendes por qué no puedo tomar el control total y dirigirlo a mi manera.

ST: Si lo que dice es cierto, usted tiene el mismo poder que la Omnipotencia. ¿Es así?

D: Exactamente. Mi oposición, que usted llama Omnipotencia, se manifiesta a través de las fuerzas que representan el bien, las fuerzas positivas de la naturaleza. Yo me manifiesto a través de las fuerzas que representan el mal, las fuerzas negativas. Ambos aspectos son igualmente necesarios en la existencia. Uno no puede existir sin el otro.

ST: ¿Qué beneficio obtiene al atormentar a los seres humanos?

D: El mismo beneficio que mi oposición obtiene al brindar ayuda y consuelo a los seres humanos. Ambos expresamos nuestra naturaleza a través de leyes naturales que no podemos cambiar ni evitar.

ST: Entonces, la doctrina de la predestinación es sólida. Las personas nacen con un destino de éxito o fracaso, felicidad o miseria, bondad o maldad, y no pueden cambiar su naturaleza ni su destino. ¿Es eso lo que está afirmando?

D: De ninguna manera. Cada ser humano tiene un amplio rango de opciones tanto en sus pensamientos como en sus acciones. Cualquier persona puede usar su mente para recibir y expresar pensamientos positivos, o puede usarla para expresar pensamientos negativos. La elección que haga en este asunto determina su vida.

ST: Según lo que ha dicho, parece que los seres humanos tienen más libertad de expresión que usted o su oposición. ¿Es eso correcto?

D: Es cierto. La Omnipotencia y yo estamos limitados por leyes naturales inmutables. No podemos expresarnos de ninguna manera que no esté en línea con esas leyes.

ST: Entonces, es cierto que los seres humanos tienen derechos y privilegios que no están disponibles para la Omnipotencia o el Diablo. ¿Es eso lo que está diciendo?

D: Sí, es cierto, pero también podrías haber agregado que los seres humanos aún no han despertado completamente a la realización de este potencial. Muchos todavía se ven a sí mismos como seres inferiores, cuando en realidad poseen más poder que cualquier otro ser viviente en la Tierra.

ST: ¿Es posible que los seres humanos puedan materializar cosas a través de la transmutación del pensamiento?

D: Sí, eso se ha hecho en el pasado y se hará de nuevo en el futuro. Los científicos aún no han descubierto la ley natural detrás de este fenómeno, pero eventualmente lo descubrirán. Puedo darte una pista sobre cómo podría lograrse: la precisión del propósito es el punto de partida desde el cual los científicos deben comenzar su investigación.

ST: ¿Está sugiriendo que la naturaleza revelará el secreto de cómo convertir el pensamiento en materia si la demanda es lo suficientemente precisa?

D: No lo diría exactamente de esa manera. Más bien, diría que un grupo de mentes coordinadas y enfocadas en un propósito preciso, en un espíritu de completa armonía, puede elevarse al nivel de comprender una ley natural mediante la cual el pensamiento puede transmutarse en materia.

ST: Pero, ¿esto no podría ser logrado por una sola mente, verdad?

D: Correcto, ninguna mente individual tiene la capacidad de vibrar a la frecuencia necesaria para comprender esa ley.

ST: ¿Pero está seguro de que el descubrimiento y la aplicación de esta ley requerirán un propósito preciso?

D: Sí, absolutamente. Ningún errante o grupo de errantes descubrirá o aplicará esta ley. Esto ha sido cierto para todos los descubrimientos de leyes naturales.

ST: Estoy intrigado por sus afirmaciones asombrosas, pero también me resulta difícil aceptarlas.

D: Por supuesto, todas las ideas nuevas suelen ser difíciles de aceptar.

ST: ¿Qué tipo de personas me odiarán más por revelar estos secretos?

D: Los instructores religiosos.

ST: ¿Todos ellos?

D: No, solo los intolerantes. Los pensadores dentro del clero te elogiarán, mientras que los que no están dispuestos a pensar te criticarán. Solo tienes que mirar lo que le sucedió a personas como Robert G. Ingersoll y Thomas Paine.

ST: ¿Y en relación al hombre común en el mundo? ¿Aquel individuo que busca sinceramente la verdad sin importar de dónde venga ni quién la revele? ¿Cómo recibirá mi revelación de sus secretos?

D: Los pensadores mantendrán sus mentes abiertas hacia ti y buscarán formas de verificar la verdad de tu exposición.

Los que son intolerantes, ignorantes e indiferentes simplemente gritarán y te ignorarán. Siempre son escépticos ante cualquier cosa que les obligue a pensar por sí mismos.

ST: ¿Cuántos auténticos pensadores existen en el mundo hoy en día?

D: Pero, señor Terrenal, soy solo un modesto diablo trabajador, y no puedo saber cuántos pensadores rigurosos existen en el mundo.

ST: ¿Y qué opinarán los científicos sobre mi revelación de sus secretos?

D: Los científicos, en su mayoría, no se dejan llevar por simples hipótesis. Requieren evidencia de hechos concretos. Si puedes proporcionar evidencias sólidas y hacer preguntas precisas, podrás convencer a cualquier científico serio de la autenticidad de tu revelación. Pero no te preocupes por lo que el mundo pueda decir sobre esta exposición. Debería ser yo quien se preocupe.

ST: Si usted existe en la mente de los hombres, ¿dónde reside Dios?

D: ¿Quieres decir dioses? La humanidad ha tenido la opción de elegir entre más de treinta mil dioses diferentes, desde una simple lombriz de tierra hasta un ser humano.

¡Treinta mil dioses, imagínate! Y cada uno es una creación de la imaginación humana.

Lo que ustedes, mortales, llaman Dios existe exactamente en el mismo plano en el que yo existo. De hecho, tu Dios coexiste conmigo; es una parte de la fuerza que represento. Cualquier persona que busque un Dios personal o un Diablo personal tendrá una búsqueda interminable. Los nombres Dios y Diablo representan las fuerzas positivas y negativas de la naturaleza, ¡nada más!

ST: ¿No sorprenderá a la gente conocer esta verdad?

D: La mayoría de las personas se sorprenden ante cualquier verdad. Los descubrimientos de científicos impactaron tanto a la gente en la época de Bruno que lo quemaron en la hoguera por revelar los secretos de las estrellas a través de un telescopio.

Sócrates se vio forzado a tomar veneno porque sacudió a la gente de su época con sus revelaciones sobre las leyes naturales.

Emerson sorprendió a la gente de su tiempo con su interpretación de la ley de la compensación, que muestra cómo la naturaleza mantiene un equilibrio perfecto entre todas las fuerzas y la materia.

Benjamín Franklin asombró a la gente al demostrar que el rayo era energía eléctrica y no una señal de desaprobación divina.

Cristo conmovió a la gente al afirmar que todos los seres humanos tienen igualdad de derechos para aprovechar el poder de la Inteligencia Infinita.

ST: ¿El miedo al Diablo es lo que mantiene a algunas personas bajo control y evita que vuelvan a comportarse como primitivos?

D: Algunos líderes religiosos afirman eso, pero desafíales a demostrarlo. El miedo nunca ha mejorado a nadie, sin importar a qué teman.

Por esa razón, las instituciones que alimentan los miedos humanos están perdiendo poder. Cuando aparece el cuervo carroñero del miedo, es señal de que algo esencial para la felicidad ha muerto.

En general, ese algo es la claridad de propósito. Aquellas personas que saben exactamente lo que quieren en la vida rara vez caen presas del miedo. Están ocupadas expresando su confianza y autoeficacia.

ST: La claridad de propósito parece ser una solución para muchos problemas humanos.

D: Puede que no sea una solución para todo, pero sin duda es un paso fundamental hacia la autodeterminación.

ST: ¿Por qué no se enseña a los niños la importancia de la claridad de propósito en las escuelas?

D: La razón principal es que la mayoría de los currículos escolares carecen de un propósito claro. Los niños son enviados a la escuela para obtener calificaciones y memorizar información, no para descubrir su propósito en la vida.

ST: ¿De qué sirve obtener calificaciones si no se pueden traducir en las necesidades materiales y espirituales de la vida?

D: Soy solo un Diablo, no puedo resolver ese enigma.

ST: Según lo que dices, parece que las escuelas y las Iglesias no están preparando a los jóvenes para comprender su propia mente. ¿Hay algo más importante que comprender las fuerzas que influyen en nuestra mente?

D: El conocimiento práctico de nuestra propia mente es lo más valioso para cualquier ser humano. Las Iglesias a menudo limitan la exploración de la mente, y las escuelas no siempre reconocen su importancia.

ST: ¿No eres un poco duro con las escuelas y las Iglesias?

D: No estoy siendo duro, simplemente estoy describiendo la realidad sin prejuicios.

ST: ¿No son las escuelas y las Iglesias tus enemigos declarados?

D: Puede que algunos de sus líderes lo piensen, pero yo me baso en hechos. La verdad es que tanto las Iglesias como las escuelas contribuyen a mantener a la gente en la deriva.

ST: ¿En qué te basas para hacer tal afirmación?

D: Lo digo en función de que ambas instituciones contribuyen a que las personas se vuelvan complacientes y carezcan de un propósito claro en la vida.

ST: Tu confesión decepcionará a muchas personas que encuentran consuelo en sus creencias religiosas. ¿No es cruel revelarles la verdad sobre ti?

D: ¿Qué significa "salvación" para esas personas? ¿De qué necesitan ser salvados? La única forma de salvación verdadera y valiosa para cualquier ser humano proviene del reconocimiento del poder de su propia mente. La ignorancia y el miedo son los únicos enemigos de los que la humanidad realmente necesita ser salvada.

ST: ¡Parece que a nada considera sagrado!

D: ¡No estás en lo correcto! Solo considero sagrado aquello que es mi amo, lo que verdaderamente temo.

ST: ¿Y qué es?

D: El poder del pensamiento independiente respaldado por la precisión del propósito.

ST: Entonces, no tiene usted muchas personas que temer.

D: ¡Dos de cada cien, para ser exacto! El resto está bajo mi control.

ST: ¿Acaso la civilización no tendría mucho que lamentar si le permitieran controlar a 98 de cada 100 personas?

D: Esa pregunta deberías hacérsela a las Iglesias. Ellas reclaman el mérito por la civilización tal como la conocemos hoy.

ST: Dejemos las Iglesias de lado y volvamos a las escuelas. Ha quedado claro que usted prospera al apoderarse de las mentes de los niños antes de que tengan la oportunidad de aprender a usarlas.

Deseo entender, ¿cuál es el problema con un sistema educativo que permite que usted controle a 98 de cada 100 personas? Deseo saber también qué se puede hacer para cambiar el sistema educativo y asegurar que todos los niños tengan la oportunidad de descubrir que tienen una mente y aprender a usarla para obtener libertad tanto espiritual como económica.

Hago esta pregunta con precisión, como ha enfatizado la importancia de la precisión del propósito. ¡Así que le advierto que su respuesta debe ser precisa!

D: ¡Espera un momento mientras recupero el aliento! Me has dado una orden. Es curioso que recurras al Diablo para aprender a vivir en lugar de buscar mi oposición. ¿Por qué no lo haces?

ST: Su Majestad, usted es quien está siendo juzgado aquí, no yo. Busco la verdad y no me importa de dónde provenga. La humanidad ha recurrido a su oposición durante más de cuatro mil años para aprender a vivir, pero aquí estamos, utilizando los avances científicos para la guerra, matándonos unos a otros y saqueando como si fuéramos parte de la Orden de Alí Babá y sus cuarenta ladrones.

Vivimos en la pobreza a pesar de la abundancia, y nos asustamos ante la mera mención de su nombre, a pesar de los millones de dólares gastados en una educación que se supone que debe impartir conocimientos prácticos.

Hay algo fundamentalmente erróneo en el sistema educativo que nos ha proporcionado una visión de la vida que nos muestra desesperadamente en números rojos, y nos tiene buscando a tientas el camino hacia la autodeterminación como si fuéramos animales perdidos en la selva.

Si lo que los humanos llamamos Dios no tiene la respuesta, sospecho que usted podría proporcionarnos una pista que guiará a la humanidad hacia la felicidad.

D: ¿Esperas obtener información del Diablo que no puedas obtener de mi oposición? ¿Por qué no le preguntas a las Iglesias cristianas la respuesta a tu enigma? Después de todo, tienen un gran dominio sobre las escuelas públicas.

ST: ¡Ese parece ser el problema, Su Majestad! El influjo que ejerce sobre las escuelas públicas debe ser, sin duda, una de sus estrategias.

Si no fuera así, todos los habitantes de la Tierra disfrutarían de las mismas bendiciones que yo logré arrebatarle a la Vida. Además, veo que está ansioso por desviarme hacia las Iglesias en busca de respuestas.

¡Eso me hace desconfiar de usted! Ya he visitado las Iglesias en busca de respuestas a lo que ahora le exijo, pero siempre salí por la misma puerta por la que entré, ¡con las manos vacías! Este mundo está lleno de millones de adultos que han pasado por las escuelas públicas sin haber oído nunca mencionar el ritmo hipnótico, y mucho menos se les ha enseñado cómo evitar caer bajo su dominio.

Este mundo cuenta con un sistema educativo que mantiene a la gente ocupada estudiando lenguas muertas, glorificando la guerra y casi cualquier otro tema, excepto cómo usar la mente.

Creo firmemente que la mente es el único activo inmortal que poseemos los seres humanos. Todo lo que usted declara en su confesión respalda esta creencia.

La libertad espiritual y económica, las dos metas más elevadas que los seres humanos pueden aspirar, solo se logran mediante el uso adecuado de la mente.

La mente es lo único que cualquier ser humano puede controlar por completo. La mente es el taller donde cada individuo crea, a través de sus pensamientos, el patrón que lleva a la pobreza o al éxito, a la miseria o a la opulencia.

Entonces, ¿por qué tenemos un sistema escolar que ni siquiera intenta enseñar a los niños cómo usar su mente?

¿Cuál es el problema de nuestra civilización, tan promocionada por los cristianos, que nos ha dejado a la deriva en un océano de ignorancia, superstición y miedo?

¿Qué sentido tiene el cristianismo o cualquier otra religión si no pueden enseñar a las personas a hacer que la vida sea feliz en lugar de miserable?

¿Para qué sirve una religión que dedica la mayor parte de su tiempo a exigir tributos materiales a sus seguidores y promete recompensas después de la muerte, en un mundo del que no sabemos nada, en algún lugar del cosmos? Estas son preguntas directas, y exijo respuestas precisas.

D: Te advierto que te arrepentirás de haber planteado esas preguntas incisivas. Atraerás la ira de cada líder religioso e instructor de escuela pública en todo el mundo.

ST: Tranquilícese, Su Majestad. Si desea amenazarme, le pido que se apegue a la verdad y me diga que atraeré la ira de aquellos que lideran las escuelas y las religiones, pero que no comparten mi punto de vista. No olvide que hay muchos educadores que conocen las debilidades de nuestro sistema escolar y muchos clérigos que son conscientes de las limitaciones de la religión. Estos no dirigirán su enojo hacia mí, Su Majestad.

D: ¿Por qué esos sabios no han tomado medidas para abordar las deficiencias en la educación y la religión? Permítame decirle que lo colgarán en el poste de luz más cercano si les atribuye la causa de la miseria en el mundo.

ST: Yo planteo preguntas en lugar de responderlas, pero no me importa expresar mi opinión de que la razón por la que los intelectuales del clero y las escuelas públicas no han actuado para enseñar a las personas a pensar de manera crítica es bastante simple y comprensible.

Son una minoría tan desesperada que no han logrado tomar el control de la maquinaria política que supervisa las Iglesias y las escuelas.

En otras palabras, existen individuos tanto en el ámbito educativo como en el religioso que desearían cambiar ambos sistemas, pero carecen de la fuerza necesaria para superar las restricciones impuestas por la maquinaria que limita sus acciones.

D: Me veo obligado a reconocer la verdad en tus palabras.

ST: Ahora, volvamos a la pregunta inicial. Por el momento, dejemos de lado las Iglesias y concentrémonos en las escuelas. Deseo obtener más información sobre el sistema que es responsable de la falta de enseñanza del pensamiento crítico en los niños.

Tengo dos preguntas sobre este sistema. En primer lugar, cuál es su mayor debilidad y, en segundo lugar, cómo se puede corregir. El turno es suyo nuevamente. Le ruego que se adhiera a la pregunta y deje de intentar involucrarme en discusiones profundas y abstractas.

Quiero saber qué está fallando en las escuelas públicas y cómo podemos solucionarlo. ¿Es eso claro, verdad?

D: No me dejas otra opción que dar una respuesta directa. En primer lugar, el sistema de escuelas públicas aborda la educación desde el enfoque incorrecto. Se esfuerza por enseñar a los niños a memorizar hechos en lugar de enseñarles cómo utilizar su propia mente.

ST: ¿Eso es todo lo que está mal en el sistema?

D: ¡No, eso es solo el principio! Otra de las debilidades fundamentales del sistema escolar es que no inculca en la mente de los niños la importancia de tener un propósito definido ni hace ningún esfuerzo por enseñar a los jóvenes cómo ser precisos en cualquier aspecto de sus vidas.

El objetivo principal de la educación se centra en obligar a los estudiantes a memorizar hechos, en lugar de enseñarles cómo organizar y aplicar ese conocimiento de manera práctica.

Este enfoque lleva a que los estudiantes se concentren en acumular créditos y certificados, pero descuida la crucial cuestión de cómo utilizar el conocimiento en situaciones reales.

El sistema produce graduados cuyos nombres aparecen en diplomas, pero cuyas mentes carecen de autodeterminación. El sistema escolar tuvo un inicio problemático. Las escuelas comenzaron como instituciones de educación superior, destinadas exclusivamente a unos pocos privilegiados cuya riqueza y linaje les garantizaban la educación.

Pronto se descubrió que incluso los jóvenes más talentosos no podían empezar su educación desde la universidad, lo que llevó al establecimiento de las Escuelas Preparatorias, diseñadas para preparar a los estudiantes para la educación universitaria.

Sin embargo, se descubrió que los jóvenes necesitaban preparación incluso antes de entrar a las Escuelas Preparatorias, dando lugar al sistema de las escuelas de calificación.

Finalmente, se reconoció que los niños muy pequeños no estaban listos para ingresar a las escuelas de calificación, lo que llevó a la creación del sistema de jardín de infantes.

Todo el sistema escolar evolucionó desde arriba hacia abajo, lo que hace comprensible que descuide la enseñanza de la importancia de tener un propósito definido cuando el sistema en sí mismo se desarrolló en medio de la falta de precisión.

ST: ¿Qué se podría hacer para corregir esta debilidad del sistema escolar? No tiene sentido quejarnos de sus deficiencias a menos que tengamos una solución práctica para corregirlas. En otras palabras, mientras discutimos la importancia de la precisión en el plan y el propósito, apliquemos ese principio siendo precisos en nuestras propias ideas.

D: ¿Por qué no me permites hablar sobre cómo se mantienen las estrellas en su lugar o cómo mi oposición encuentra tiempo para contar los cabellos en la cabeza de los hombres?

ST: Esto no es una conversación trivial. Usted está en el estrado de los testigos y le estoy instando a hablar sobre cómo y por qué los seres humanos son mantenidos en la ignorancia y la servidumbre, a pesar de la abundancia de instituciones como la Iglesia y la escuela, y el ejército de instructores y líderes religiosos que han influido en la civilización que nos limita.

No me interesa quién mantiene las estrellas en su lugar ni el sistema para contar cabellos. Lo que me importa es un plan concreto que permita al ser humano más modesto, y a aquellos que aún no han nacido, tomar el control de sus propias mentes y utilizarlas para resolver sus problemas económicos y espirituales. Eso es lo que más me preocupa en este momento. Continúe, por favor.

D: ¿Por qué no considera la posibilidad de prescindir de las escuelas y las Iglesias y evitar así muchos problemas? ¿No se da cuenta de que está entrometiéndose en los asuntos de las dos fuerzas que controlan el mundo? Supongamos que demuestra que las escuelas y las Iglesias son inadecuadas para las necesidades humanas. ¿Entonces, qué? ¿Con qué planea reemplazar estas dos instituciones?

ST: No trate de evadir mis preguntas respondiendo con otras preguntas. No estoy proponiendo reemplazar las escuelas y las Iglesias, pero estoy interesado en descubrir, si es posible, cómo podemos modificar esas instituciones para que sirvan a las personas en lugar de mantenerlas en la ignorancia. Continúe y proporcione un catálogo detallado de todos los cambios que mejorarían el sistema escolar.

D: Muy bien, ¿quieres que enumere todos los cambios? ¿Te gustaría que los presente en orden de importancia?

ST: Describa los cambios necesarios tal como le lleguen a usted.

D: Me estás obligando a cometer un acto de traición contra mí mismo, pero aquí está:

1) Cambiar el enfoque actual del sistema educativo, otorgando a los niños el privilegio de liderar su propio aprendizaje en lugar de seguir reglas ortodoxas diseñadas únicamente para transmitir conocimiento abstracto. Permitir que los instructores sean estudiantes y que los estudiantes sean instructores.

2) Organizar todas las tareas escolares de manera precisa para que los alumnos puedan aprender haciendo y participar en alguna forma de trabajo práctico relacionado con los desafíos cotidianos de la vida.

3) Resaltar que las ideas son el punto de partida de cualquier logro humano. Enseñar a todos los estudiantes cómo reconocer ideas prácticas que pueden ser beneficiosas para ayudarles a obtener lo que desean de la vida.

4) Enseñar a los alumnos a elaborar un presupuesto y a administrar su tiempo, y sobre

todo, enseñar la verdad de que el tiempo es el activo más valioso disponible para los seres humanos y, al mismo tiempo, el más económico.

5) Instruir a los alumnos sobre los Motivos Básicos que influyen en todos, y mostrarles cómo utilizarlos para obtener de la vida tanto lo necesario como los lujos.

6) Educar a los niños sobre qué comer, cuánto comer y cómo se relaciona esto con una buena salud.

7) Abordar de manera realista la naturaleza y función de la emoción del sexo, y, sobre todo, enseñarles que se puede transformar en una fuerza motriz capaz de elevarlos a grandes alturas de logros.

8) Enseñar a los niños a ser precisos en todas las cosas, comenzando por elegir un propósito principal y preciso en la vida.

9) Educar a los niños sobre la naturaleza y las posibilidades del bien y el mal en el desarrollo de hábitos, utilizando ejemplos de

experiencias cotidianas de niños y adultos para ilustrar este tema.

10) Enseñar a los niños cómo se forman los hábitos mediante la ley del ritmo hipnótico, y utilizar la influencia para que adopten hábitos en sus primeros años que conduzcan a un pensamiento independiente.

11) Explicar a los niños que los dos conceptos, Dios y Diablo, representan los dos elementos de poder, lo negativo y lo positivo, y describir cómo pueden evitar uno y abrazar el otro mediante una comprensión adecuada y el uso de su propia mente.

12) Enseñar a los niños la diferencia entre una derrota temporal y el fracaso, y mostrarles cómo encontrar una ventaja equivalente que acompañe a cada situación de derrota.

13) Instruir a los niños para que expresen sus propios pensamientos sin temor y para que puedan aceptar o rechazar las ideas de los demás según su propio juicio.

14) Enseñar a los niños a tomar decisiones con rapidez y a cambiarlas, si es

necesario, de manera lenta y con precaución, siempre con una razón precisa.

15) Educar a los niños sobre el cerebro humano como el instrumento a través del cual se recibe la energía especializada en pensamientos precisos del vasto almacén de la naturaleza, enfatizando que el cerebro no piensa, sino que sirve como instrumento para interpretar los estímulos que generan el pensamiento.

16) Destacar el valor de la armonía en la mente de los niños y explicar que esto solo se puede lograr a través del autocontrol.

17) Instruir a los niños sobre la naturaleza y el valor del autocontrol.

18) Enseñar a los niños que existe una ley de Retornos Crecientes que puede y debe ponerse en funcionamiento mediante la costumbre de brindar siempre más y mejor servicio de lo que se espera de ellos.

19) Educar a los niños sobre la verdadera naturaleza de la Regla de Oro, y, sobre todo, mostrarles que al aplicar este principio, todo lo

que hacen por otros, lo hacen también por sí mismos.

20) Enseñar a los niños a formar opiniones basadas en hechos o creencias que razonablemente puedan considerarse como tales.

21) Advertir a los niños sobre los peligros de los cigarrillos, el alcohol, las drogas y el exceso en el placer sexual, señalando que estos hábitos pueden debilitar la fuerza de voluntad y llevar a una vida sin rumbo. No prohibir estos males, sino explicar sus efectos.

22) Instruir a los niños sobre la importancia de cuestionar y no aceptar ciegamente cualquier creencia basada únicamente en la palabra de sus padres, líderes religiosos u otras personas.

23) Enseñar a los niños a enfrentar los hechos, ya sean agradables o desagradables, sin recurrir a engaños o excusas.

24) Fomentar el desarrollo del sexto sentido en los niños, a través del cual las ideas surgen en sus mentes desde fuentes

desconocidas, y animarlos a examinar cuidadosamente todas esas ideas.

25) Enseñar a los niños la profunda importancia de la ley de la compensación, tal como la interpretó Ralph Waldo Emerson, y mostrarles cómo opera en los pequeños asuntos cotidianos de la vida.

26) Educar a los niños sobre el hecho de que la guerra equivale a asesinato, sin importar cómo se la nombre o cuál sea la causa que la motive, y que toda guerra es una forma de robo que se diferencia del robo común solo en que la llevan a cabo ejércitos en lugar de individuos solos.

27) Transmitir a los niños que tener un propósito claro, respaldado por planes precisos y aplicado con persistencia y consistencia, constituye la forma más efectiva de comunicarse con lo divino que tienen a su disposición.

28) Enseñar a los niños que su posición en el mundo se mide en última instancia por la calidad y cantidad de servicios útiles que ofrecen.

29) Hacer comprender a los niños que no existe problema que no tenga una solución adecuada, y que muchas veces esa solución se encuentra en las mismas circunstancias que generan el problema.

30) Inculcar en los niños que sus únicas limitaciones verdaderas son aquellas que ellos mismos imponen o permiten que otros impongan en sus mentes. Como adultos, podrán lograr cualquier cosa que puedan imaginar y creer.

31) Transmitir a los niños que todas las instituciones educativas y los libros de texto son herramientas fundamentales que pueden ser útiles para el desarrollo de sus mentes, pero que la verdadera escuela de valor reside en la vasta Universidad de la Vida, donde tienen el privilegio de aprender a través de la experiencia.

32) Enseñar a los niños que los diplomas y títulos académicos son valiosos como reconocimientos, pero que no tienen otro propósito práctico.

33) Animar a los niños a ser auténticos en todo momento, entender que no pueden complacer a todos y, por lo tanto, enfocarse en complacerse a sí mismos.

ST: Esta lista es impactante, pero llama la atención porque prácticamente no menciona ninguna de las materias que actualmente se enseñan en las escuelas. ¿Fue esta omisión intencional?

D: Sí, lo fue. Me pediste una lista de cambios sugeridos en los planes de estudio escolares que pudieran beneficiar a los niños. Ahí la tienes.

ST: Algunos de los cambios que propone son tan poco convencionales que sorprenderían a la mayoría de los educadores de hoy en día, ¿no le parece?

D: La mayoría de los educadores actuales necesitan una sacudida. A menudo, una sacudida puede ayudar a despertar un cerebro adormecido por la rutina.

ST: Los cambios que propone para las escuelas públicas no serían del agrado de las Iglesias, ¿verdad?

D: Los cambios sugeridos no serían bien recibidos por aquellos que se oponen a que otros ejerzan su derecho a la libertad de pensamiento.

ST: ¿Estos cambios sugeridos no pondrían en peligro a las Iglesias si se implementaran de manera generalizada?

D: No me sorprendería que lo hicieran. Esto abordaría dos problemas con una sola solución. ¿Qué tiene de malo esa eficiencia?

ST: Lo único que parece malo, en mi opinión, es que estos cambios, si se implementaran en las escuelas, podrían provocar la ira de los líderes religiosos hacia los educadores.

D: Existe una ley natural conocida como la supervivencia del más apto. Es tan inmutable como la ley de la gravedad o la del ritmo hipnótico. Las Iglesias ya están disminuyendo en la misma medida en que las escuelas ganan poder. Los cambios sugeridos en los planes de estudio de las escuelas solo acelerarían el declive de las Iglesias, logrando rápidamente lo que la naturaleza lograría lentamente.

ST: ¿Los cambios que propone para las escuelas brindarían inmunidad a los niños contra el hábito de la deriva?

D: Sí, ese es uno de los resultados de los cambios, pero hay otros beneficios también.

ST: ¿Cómo podrían implementarse los cambios sugeridos en el sistema escolar? Sabemos que introducir una nueva idea en la mente de un educador es tan difícil como persuadir a un líder religioso para que modifique su religión en beneficio de la gente.

D: La manera más rápida y efectiva de introducir ideas prácticas en las escuelas públicas es primero implementarlas en las escuelas privadas y crear una demanda tal que el personal de las escuelas públicas se vea obligado a adoptarlas.

ST: ¿Deberían hacerse otros cambios en el sistema escolar público?

D: Sí, muchos más. Uno de los cambios necesarios en todos los programas de las escuelas públicas es la inclusión de un curso completo sobre psicología de la negociación armónica entre las personas. Todos los niños deben aprender cómo navegar por la vida con la menor cantidad de conflictos posible.

ST: Sí, y ¿qué otros cambios sugiere usted?

D: Todas las aulas deberían ser eliminadas por completo y reemplazadas por mesas redondas o un sistema de conferencias similar al utilizado por los empresarios. Todos los estudiantes deberían recibir instrucción y orientación individual en materias que no puedan enseñarse adecuadamente en grupos.

ST: ¿Algunos cambios más?

D: Cada escuela debería contar con un grupo auxiliar de instructores compuesto por empresarios, profesionales, científicos, artistas, ingenieros y periodistas, cada uno de los cuales compartiría su conocimiento práctico con todos los estudiantes en relación con su propia profesión, negocio u ocupación. Esta instrucción se llevaría a cabo a través de un sistema de conferencias para optimizar el tiempo de los instructores.

ST: Entonces, lo que sugiere es un sistema auxiliar de instrucción que proporcionaría a todos los niños en edad escolar un conocimiento práctico de los asuntos cotidianos directamente de las fuentes originales, ¿es eso correcto?

D: Exactamente, eso es lo que estoy proponiendo.

ST: Dejemos de lado por un momento el sistema de escuelas públicas y volvamos a las Iglesias. A lo largo de mi vida, he escuchado a clérigos predicar en contra del pecado y advertir a los pecadores que deben tener cuidado y arrepentirse para poder ser salvados. Sin embargo, ninguno de ellos me ha explicado qué es realmente el pecado. ¿Podría usted arrojar algo de luz sobre este tema?

D: El pecado es cualquier acción o pensamiento que nos haga sentir infelices. Los seres humanos con buena salud física y espiritual deberían sentirse en paz consigo mismos y ser felices en general.

Cualquier forma de sufrimiento mental o físico indica la presencia del pecado.

ST: ¿Podría mencionar algunas formas comunes de pecado?

D: Cometer excesos en la comida es un pecado, ya que conduce a problemas de salud y desdicha.

Excederse en el ámbito sexual también es un pecado, ya que destruye la fuerza de voluntad y lleva a hábitos perjudiciales.

Permitir que la mente sea dominada por pensamientos negativos como la envidia, la codicia, el miedo, el odio, la intolerancia, la vanidad, la autocompasión o el desánimo también es un pecado, ya que estos estados mentales llevan a hábitos destructivos.

Engañar, mentir y robar son pecados, ya que estos hábitos degradan la autoestima y subyugan la conciencia, lo que conduce a la infelicidad.

Permanecer en la ignorancia es un pecado, ya que esto conduce a la pobreza y a la pérdida de la autosuficiencia.

En general, aunque no siempre, estar físicamente enfermo puede considerarse un pecado, ya que indica un descuido de las leyes naturales.

Aceptar de la vida todo lo que no se desea es un pecado, ya que indica una negligencia inexcusable en el uso de la mente.

ST: ¿Contra quién peca el pecador?

D: El pecador peca contra sí mismo, sin lugar a dudas. ¿Contra quién más podría pecar sino contra sí mismo?

ST: Siempre he oído que el pecado es cualquier acto que pueda desagradar a Dios.

D: Esa creencia es una reminiscencia de los tiempos en que ciertos individuos autodenominados agentes de Dios vendían el perdón de los pecados y salían impunes. Esta práctica está disminuyendo a medida que la ciencia y la educación crecen, lo que permite a la gente discernir entre la verdad y la falsedad.

ST: ¿Es pecado vivir una vida sin rumbo, sin un objetivo, plan o propósito preciso?

D: Sí, es considerado un pecado, ya que ese hábito puede llevar a la pobreza y destruir la capacidad de autodeterminación. También priva a la persona del privilegio de utilizar su mente para conectarse con la Inteligencia Infinita.

ST: ¿Es Su Majestad la principal fuente de inspiración para el pecado?

D: Sí, mi objetivo es tomar control de las mentes de las personas de todas las maneras posibles.

ST: ¿Puede usted controlar la mente de alguien que no comete pecados?

D: No puedo, porque una persona que nunca permite que su mente sea dominada por pensamientos negativos me excluye y no me permite ejercer control sobre ella.

ST: ¿Cuál es el pecado más común y destructivo de todos?

D: El miedo y la ignorancia.

ST: ¿No hay nada más que añadir a la lista?

D: No, esa es la lista completa.

ST: ¿Qué es la fe?

D: La fe es un estado mental en el cual uno reconoce y utiliza el poder del pensamiento positivo como un medio para conectarse con la reserva universal de Inteligencia Infinita y recurrir a ella a voluntad.

ST: En otras palabras, la fe implica la ausencia de pensamientos negativos. ¿Es eso correcto?

D: Sí, esa es otra forma de describirlo.

ST: ¿Tiene la capacidad de tener fe una persona errante?

D: Puede tener la capacidad, pero a menudo no la utiliza. Todos tienen el potencial para liberar sus mentes de pensamientos negativos y, de esa manera, aprovechar el poder de la fe.

ST: ¿Cuál debería ser la actitud de una persona hacia aquellos que instan a tener fe en alguien cuya existencia no se puede comprobar y que se supone que reside en un mundo desconocido?

D: El pensador simplemente ignora a esas personas. Los errantes, por otro lado, pueden sentirse confundidos y asustados por ellas. La fe es un estado mental que está libre de pensamientos negativos y se basa en la creencia en algo. La fe no es algo que se pueda encender y apagar como un sombrero.

ST: En resumen, la fe es la claridad de propósito respaldada por la creencia en la realización de ese propósito. ¿Es así?

D: Sí, eso es correcto.

7. Autodisciplina

(El segundo de los siete principios que conducen a la libertad espiritual, física y económica.)

ST: ¿Qué preparación se requiere antes de poder actuar con precisión en todo momento?

D: Es necesario adquirir el dominio sobre uno mismo. Aquel que no controla sus propios impulsos nunca podrá ejercer control sobre los demás. La falta de autodominio es, en sí misma, la forma más perjudicial de inexactitud.

ST: ¿Por dónde debe comenzar alguien para controlar su propia persona?

D: Debe comenzar por dominar los cuatro deseos que son responsables de la mayoría de las carencias de autodisciplina. Estos cuatro deseos son (1) el deseo de comida, (2) el deseo sexual, (3) el deseo de expresar opiniones desorganizadas, (4) el deseo de disfrutar de experiencias espirituales a través de ceremonias religiosas.

ST: ¿Existen otros deseos que también deben ser controlados?

D: Sí, hay muchos, pero estos cuatro son los primeros que deben ser controlados. Cuando una persona logra dominar estos cuatro deseos, ha desarrollado suficiente autodisciplina para controlar fácilmente los deseos menos importantes.

ST: Pero estos son deseos naturales, ¿no deberíamos satisfacerlos para mantenernos saludables y felices?

D: Ciertamente, son deseos naturales, pero también pueden ser peligrosos, ya que las personas que no se dominan a sí mismas tienden a excederse en su satisfacción. El autodominio implica tener suficiente control sobre estos deseos para satisfacerlos de manera adecuada y rechazar lo que no es necesario.

ST: Su perspectiva es interesante y educativa. ¿Puede describir más detalladamente cómo y cuándo las personas tienden a excederse en la satisfacción de estos deseos?

D: Tomemos el deseo de comida física como ejemplo. La mayoría de las personas carecen de autodisciplina y llenan sus estómagos con alimentos ricos que satisfacen su paladar pero sobrecargan sus sistemas digestivos y de eliminación.

Consumen una cantidad excesiva y combinaciones de alimentos que el cuerpo no puede procesar adecuadamente, convirtiéndolos en sustancias tóxicas. Estas toxinas obstruyen y ralentizan el sistema de eliminación del cuerpo, lo que eventualmente conduce al estreñimiento.

En ese punto, la persona está en riesgo y necesita atención médica. La autointoxicación, o envenenamiento interno, afecta la función cerebral y la hace funcionar de manera deficiente. La persona se vuelve lenta física y mentalmente irritable.

Si pudiera percibir el olor de su propio sistema de eliminación, se sentiría avergonzada. Las alcantarillas de la ciudad no son agradables cuando están obstruidas, pero son limpias en comparación con el sistema intestinal cuando se encuentra en ese estado. Esto es lo que puede ocurrir cuando uno se excede en la satisfacción de sus deseos alimenticios.

El aceite de ricino y los enemas son métodos desagradables pero necesarios para mantener limpio el sistema de eliminación, lo cual me perjudica porque una alcantarilla limpia generalmente significa un cuerpo sano y un cerebro en buen funcionamiento.

Imagina, si puedes, qué sucedería si una persona intentara actuar con precisión mientras su sistema de eliminación está lleno de suficiente veneno como para matar a cien personas si se inyectara directamente en su torrente sanguíneo.

ST: Entiendo que no tiene una opinión muy favorable de los médicos.

D: Si los médicos permitieran que las personas comieran sin restricciones y no las ayudaran a mantener limpio su sistema intestinal, podría influir en todas las personas del mundo en la próxima generación. Así de amigables son conmigo.

ST: Dejemos de hablar de sistemas intestinales. No es un tema agradable para mí.

D: Y te gustaría aún menos el olor si estuvieras cerca del sistema intestinal de una persona promedio.

ST: Si debemos hablar de este tema desagradable, ¿podría utilizar un término más amable en lugar de "sistema de alcantarillado"? La idea de una tubería de alcantarillado dentro del cuerpo me resulta desagradable.

D: Bueno, a diferencia de tus amigos, yo prefiero llamar a las cosas por su nombre apropiado. Te diré que el mal aliento, a veces conocido como halitosis por cortesía, no es más que gases intestinales que salen por arriba en lugar de escapar en la otra dirección.

ST: ¡Detente, te lo ruego! No podré volver a comer si sigues recordándome que mi comida no digerida está en un sistema de alcantarillado.

D: Esa es una de las debilidades de las criaturas terrenales, les gusta ocultar los hechos desagradables con nombres bonitos y evadir los aspectos importantes de la vida. Prefieren tomar aspirinas para aliviar un dolor de cabeza en lugar de limpiar su sistema de alcantarillado del veneno que lo causa. En otras palabras, ¡la falta de autodisciplina es uno de los principales pecados de la mayoría de los seres humanos!

ST: Entonces, ¿no tienes problemas con la aspirina? Dijiste que los médicos no son tus amigos, pero ¿no recetan aspirina y otros medicamentos para el dolor de cabeza?

D: Sí, algunos médicos lo hacen. Los médicos honestos e inteligentes recomiendan una limpieza exhaustiva del sistema intestinal, que es la causa de la mayoría de los dolores de cabeza y muchas otras molestias físicas.

ST: ¿Cuál es el problema con las tabletas de aspirina?

D: ¿Problema? ¡En absoluto! Desde mi punto de vista, no hay problema alguno. De hecho, la aspirina fue inventada por uno de mis seguidores. Pero prefiero llamarlas "Bolas de Confusión" porque confunden el cerebro y bloquean la señal de dolor que el sistema intestinal envía al cerebro para advertir que necesita limpieza.

ST: Entiendo, te gustan las tabletas de aspirina porque evitan que las personas se den cuenta de que su sistema intestinal necesita limpieza y se envenenan antes de saberlo.

D: ¡Exactamente!

ST: ¿Y todo esto se debe a la falta de control sobre el apetito por la comida?

D: Si quieres ser preciso, debes decir que una alimentación inadecuada es la responsable de la mayoría de las enfermedades del cuerpo y prácticamente de todos los dolores de cabeza. Si quieres una prueba, toma a cien personas con dolor de cabeza y dales un enema completo para limpiar su sistema intestinal. Verás que al menos 95 de los dolores de cabeza desaparecerán en cuestión de minutos después de la limpieza.

ST: ¿Por qué la gente no mantiene su sistema intestinal limpio? ¿Es doloroso hacerse un enema?

D: Esa es otra debilidad difícil de entender. La mayoría de las personas prefieren someterse a cirugías importantes o dar a luz antes que limpiarse el sistema intestinal con agua corriente.

ST: He oído que hacerse enemas regularmente puede ser perjudicial para la salud. ¿Es cierto?

D: Es tan cierto como la creencia de un niño promedio de que lavarse las orejas y el cuello no es beneficioso. ¿Alguna vez has oído hablar de un hábito de limpieza que sea perjudicial para alguien? Claro que no.

ST: De todo lo que ha mencionado sobre el sistema intestinal, parece que dominar el apetito físico por la comida también implica el control de la higiene intestinal.

D: Exactamente, es igual de importante eliminar los desechos del cuerpo y las partes no utilizadas de los alimentos que ingerimos, además de consumir la cantidad adecuada y las combinaciones adecuadas de alimentos.

ST: Nunca había considerado la autointoxicación como una herramienta de control, y me sorprende cuántas personas son víctimas de este sutil enemigo. Ahora, ¿qué puede decir sobre los otros tres apetitos?

D: Bien, hablemos del deseo sexual. Es una fuerza que utilizo para dominar a personas de todas las edades, fortalezas e inteligencia. En realidad, domino a todos aquellos que no controlan adecuadamente su sexualidad.

ST: ¿Cómo se puede controlar la emoción del sexo?

D: A través del simple proceso de transmutar esa emoción en otra forma de actividad que no sea la cópula. El sexo es una de las fuerzas más poderosas que impulsan a los seres humanos, pero también es una de las más peligrosas. Si el ser humano promedio pudiera controlar sus deseos sexuales y dirigir esa energía hacia sus ocupaciones durante la mitad del tiempo que la dedica a buscar el sexo, nunca conocería la pobreza.

ST: ¿Está sugiriendo que existe una conexión entre la sexualidad y la pobreza?

D: Sí, cuando la sexualidad no se controla adecuadamente. Si se permite que siga su curso natural sin restricciones, puede llevar rápidamente al hábito de la deriva.

ST: ¿Hay alguna relación entre la sexualidad y el liderazgo?

D: Sí, todos los grandes líderes en todas las áreas de la vida son personas con una sexualidad muy activa, pero también tienen la habilidad de controlar sus deseos sexuales y canalizar esa energía hacia sus metas y ocupaciones.

ST: ¿Es tan peligroso el hábito de la indulgencia sexual excesiva como el consumo de drogas o el alcohol?

D: No hay diferencia entre esos hábitos. Ambos conducen al control hipnótico a través del hábito de la deriva.

ST: ¿Por qué el mundo considera la sexualidad como algo vulgar?

D: Esto se debe al abuso vulgar que muchas personas hacen de su sexualidad. No es la sexualidad en sí lo que es vulgar, sino la falta de control o la negligencia de las personas al respecto.

ST: ¿Quiere decir con esto que uno no debe satisfacer sus deseos sexuales?

D: No, lo que quiero decir es que la sexualidad, al igual que todas las demás fuerzas disponibles para el ser humano, debe ser comprendida, controlada y utilizada para beneficio propio. El deseo de expresión sexual es tan natural como el de comer. No se puede eliminar el deseo, al igual que no se puede detener por completo el flujo de un río. Si la emoción sexual no se canaliza adecuadamente, encontrará una salida de alguna manera menos deseable, al igual que un río buscará su camino alrededor de un obstáculo si se le bloquea. Una persona con autodisciplina comprende la emoción sexual, la respeta y aprende a controlarla y a convertirla en actividades constructivas.

ST: ¿Cuáles son los efectos negativos de un exceso en la indulgencia sexual?

D: El daño principal radica en el agotamiento de la fuente principal de la motivación humana y el derroche sin una compensación adecuada de la energía creativa.

También conlleva la disipación de la energía necesaria para mantener la salud física, ya que el sexo es una fuerza terapéutica fundamental de la naturaleza.

Además, agota la energía magnética que es la base de una personalidad atractiva y encantadora.

También puede apagar el brillo de los ojos y afectar el tono de la voz de una persona.

Por último, puede destruir el entusiasmo, someter la ambición y llevar a una búsqueda constante de satisfacción en todos los aspectos de la vida.

ST: Me gustaría que respondiera a mi pregunta de otra manera, diciéndome cuáles beneficios puede aportar la energía sexual cuando se controla y se transforma adecuadamente.

D: El control del sexo proporciona la fuerza magnética que atrae a las personas entre sí y desempeña un papel fundamental en la formación de una personalidad agradable.

Además, mejora la calidad del tono de voz y permite expresar cualquier sentimiento deseado a través de la voz.

El sexo controlado también puede motivar los deseos de una persona de manera efectiva, mantener el sistema nervioso con la energía necesaria para llevar a cabo las tareas diarias, estimular la imaginación y fomentar la creación de ideas útiles.

Además, contribuye a la agilidad tanto física como mental, fomenta la persistencia y la perseverancia en la búsqueda de los objetivos de vida, y actúa como un antídoto contra el miedo, proporcionando inmunidad contra el desánimo.

También ayuda a superar la pereza y la procrastinación, proporciona resistencia física y mental en situaciones de oposición o derrota, y fomenta las cualidades necesarias para la autodefensa en diversas circunstancias.

En resumen, el control adecuado de la energía sexual puede contribuir a forjar individuos triunfadores en lugar de derrotistas.

ST: ¿Estas son todas las ventajas que se pueden atribuir a la energía sexual controlada?

D: No, estas son solo algunas de las ventajas más significativas. Algunos pueden considerar que la más importante de todas las virtudes del sexo es su papel como el método natural para la perpetuación de todas las formas de vida, lo que debería eliminar cualquier idea de vulgaridad asociada con el sexo.

ST: ¿Existen riesgos o desventajas relacionadas con el control de los deseos sexuales?

D: En absoluto, siempre y cuando los deseos sexuales se transmuten y se utilicen con fines constructivos. La completa supresión del sexo es peligrosa, ya que puede llevar a la represión de formas naturales de expresión y provocar problemas de salud física y mental.

ST: ¿Cuáles serían los efectos de la emasculación?

D: Los efectos serían similares en los hombres que en los animales inferiores. La castración de un caballo lo somete y le quita el deseo de cualquier forma de acción. Lo mismo sucedería con un hombre.

Las personas que han sido alteradas al punto de destruir su capacidad de expresión sexual se vuelven malhumoradas, pierden su ambición y son víctimas fáciles de la deriva en todas sus formas.

ST: Supongo que según usted, la emoción del sexo es una virtud y no un defecto.

D: Es una virtud cuando se controla y se dirige hacia el logro de objetivos deseables. Se convierte en un defecto cuando se descuida y conduce a actos de lujuria.

ST: ¿Por qué estas verdades no se enseñan en las escuelas públicas ni por los padres a sus hijos?

D: La falta de enseñanza se debe a la ignorancia sobre la verdadera naturaleza del sexo. Al igual que mantener limpio el sistema de alcantarillado corporal es necesario para mantener la salud, es igualmente necesario comprender y utilizar adecuadamente la emoción del sexo. Ambos temas deberían enseñarse en todas las escuelas públicas y en todos los hogares donde haya niños.

ST: ¿No necesitarían la mayoría de los padres una educación sobre la función y el uso apropiado del sexo antes de poder enseñar adecuadamente a sus hijos?

D: Sí, y lo mismo se aplica a los maestros de las escuelas públicas.

ST: ¿Cuál sería la importancia relativa del conocimiento preciso sobre el tema del sexo según su opinión?

D: Está cerca del principio de la lista. Solo hay una cosa más importante para los seres humanos: el pensamiento riguroso.

ST: ¿Está diciendo que el conocimiento de las funciones reales del sexo y la capacidad de pensar rigurosamente son las dos cosas más importantes para la humanidad?

D: Esa es precisamente la idea que quiero transmitir. El pensamiento riguroso es lo primero, ya que es la solución a los problemas de todos los seres humanos, la respuesta a todas sus oraciones y la fuente de riqueza y posesiones materiales. La emoción sexual, cuando se dirige y controla adecuadamente, es una ayuda para el pensamiento riguroso, ya que es la misma energía con la que una persona piensa.

ST: ¡Eso es asombroso! Si es cierto, es una crítica fuerte hacia las escuelas públicas, las iglesias y otras influencias culturales. La crítica es aún más fuerte porque el pensamiento riguroso y el uso adecuado de la emoción sexual son conocimientos al alcance de todos los que deseen aprenderlos.

D: Sí, y la crítica es aún más fuerte porque es una afirmación que puede demostrarse fácilmente a través de la experiencia.

ST: ¿Dónde deberían comenzar los experimentos?

D: Deben comenzar con aquellos que deseen la autodeterminación lo suficiente como para pagar el precio. Nadie puede alcanzar la verdadera libertad espiritual, mental, física y económica sin aprender el arte del pensamiento riguroso. Y nadie puede aprender a pensar rigurosamente sin incluir, como parte de ese conocimiento necesario, la comprensión del control de las emociones sexuales mediante la transmutación.

ST: Son afirmaciones poderosas. ¿No serán cuestionadas por educadores y líderes religiosos?

D: Todas las afirmaciones de la verdad son cuestionadas. Esa es la razón por la que me resulta tan fácil dominar a tanta gente. También es la razón por la que la civilización no ha avanzado más. Aquellos que reconocen, aceptan y aprovechan rápidamente la verdad y las nuevas ideas no tienen dificultades para lograr que la vida les recompense según sus elecciones. Los demás se contentan con las migajas que caen en su camino.

ST: Será una sorpresa para muchos saber que existe una estrecha relación entre el pensamiento y la sexualidad. Ahora, hablemos sobre el tercer apetito y cómo se relaciona con la autodisciplina.

D: El hábito de expresar opiniones desorganizadas es extremadamente perjudicial. Su daño radica en su tendencia a influenciar a las personas a adivinar en lugar de basarse en hechos para formar opiniones, crear ideas o elaborar planes.

Este hábito genera una mente saltarina que va de una cosa a otra sin concluir nada.

Y, por supuesto, la falta de cuidado al expresar opiniones conduce al hábito de divagar. A partir de ahí, es solo cuestión de tiempo hasta que uno se vea atrapado en la trampa del ritmo hipnótico, que automáticamente inhibe el pensamiento crítico.

ST: ¿Existen otras desventajas en expresar libremente opiniones?

D: Quienes hablan en exceso revelan al mundo sus debilidades y planes, brindando a los demás la oportunidad de aprovecharse de sus ideas.

Las personas sabias guardan sus planes y evitan expresar opiniones no solicitadas. Esto les impide que otros se adueñen de sus ideas y dificulta la interferencia en sus planes.

ST: ¿Por qué tantas personas caen en el hábito de expresar opiniones no solicitadas?

D: Este hábito es una forma de egoísmo y vanidad. El deseo de expresarse es natural en las personas. El motivo detrás del hábito es atraer la atención de los demás e impresionarlos positivamente, pero suele tener el efecto opuesto. Cuando el hablante no solicitado atrae la atención, generalmente es de manera negativa.

ST: ¿Cuáles son otras desventajas de este hábito?

D: Las personas que insisten en hablar rara vez tienen la oportunidad de aprender escuchando a los demás.

ST: Pero, ¿no es cierto que un orador magnético a menudo encuentra oportunidades al atraer la atención de los demás con su elocuencia?

D: Sí, un orador magnético tiene un activo valioso en su capacidad para impresionar a las personas con su discurso, pero no puede aprovecharlo al máximo si impone su discurso a otros sin ser invitado.

Existe un viejo adagio que dice que nada vale más que su costo real. Esto se aplica tanto a la expresión libre y no solicitada de opiniones como a las posesiones materiales.

ST: ¿Y qué pasa con las personas que ofrecen sus opiniones por escrito de manera voluntaria? ¿También carecen de autodisciplina?

D: Una de las peores plagas en la sociedad son las personas que envían cartas no solicitadas a personas prominentes. Los funcionarios públicos, las celebridades de cine, las personas exitosas en los negocios o autores de bestsellers, y aquellos cuyos nombres aparecen con frecuencia en los periódicos son constantemente bombardeados con cartas que expresan opiniones no solicitadas sobre una variedad de temas.

Henry Ford recibe más de treinta mil cartas de este tipo cada año, y el presidente de Estados Unidos recibe cientos de miles de cartas, la mayoría sin solicitud y con opiniones de poco valor.

ST: Pero escribir cartas no solicitadas es una forma inofensiva de encontrar placer a través de la autoexpresión, ¿no es así? ¿Qué daño hace ese hábito?

D: Los hábitos son contagiosos. Cada hábito atrae a otros hábitos similares. El hábito de realizar actividades inútiles conduce a la formación de otros hábitos inútiles, especialmente el hábito de divagar.

Pero eso no es todo, el hábito de expresar opiniones no solicitadas también tiene otros peligros. Este hábito puede crear enemigos y poner en sus manos armas peligrosas que pueden ser utilizadas para dañar a quienes tienen esa costumbre.

Ladrones, estafadores y delincuentes a menudo buscan a personas que escriben cartas no solicitadas, ya que saben que son más susceptibles a caer en todo tipo de esquemas que resultan en pérdida de dinero.

También se refieren a los escritores de cartas no solicitadas como "fans". Si quieres ver cuán insensatas son las personas que escriben cartas no solicitadas, basta con leer la sección de "cartas de los lectores" en cualquier periódico, donde se publican opiniones voluntarias, para darte cuenta de cómo suelen generar antagonismo en las personas y provocar la oposición de otros.

ST: No tenía idea de que las personas enfrentaran tantas dificultades debido a la expresión no solicitada de sus opiniones. Sin embargo, ahora que ha mencionado el tema, recuerdo haberle escrito al editor de una revista prominente una carta de crítica no solicitada que me costó mi trabajo y un buen salario. Ahora, déjenos escuchar lo que tiene que decir sobre las "orgías espirituales", el último de los cuatro apetitos.

D: El hábito de disfrutar de "orgías espirituales" se originó mucho antes del amanecer de la civilización. Es una respuesta al miedo del hombre al Diablo o su temor a que la muerte signifique la eterna nada. Lo peor de este hábito es que suprime la razón y socava los cimientos del buen juicio y el pensamiento crítico. Además, tiene otro efecto perjudicial al preparar la mente para ser fácilmente influenciada por el ritmo hipnótico.

ST: Continúe y describa exactamente a qué se refiere con "orgías espirituales".

D: Una "orgía espiritual" es cualquier tipo de ceremonia religiosa que excita la mente y la lleva a un estado de vibración extática. Todas las formas de avivamientos religiosos, como los liderados por Billy Sunday, Gypsy Smith, Dwight L. Moody y otros de su calaña, se consideran "orgías espirituales". Los líderes de estas orgías espirituales utilizan la sugestión hipnótica para debilitar la capacidad de razonamiento de sus seguidores.

En ocasiones, las personas se entregan con tanto fervor a estas orgías que nunca recuperan el control completo de su razón y su poder mental. Los hospitales psiquiátricos están llenos de personas que perdieron su salud mental debido a su participación en alguna forma de orgía espiritual.

ST: Siempre me han enseñado que es el espíritu del Señor, y no el hipnotismo, lo que toma control de la mente de las personas durante un renacimiento religioso. ¿Qué tiene que decir sobre eso?

D: El hipnotizador logra resultados más rápidos y duraderos al convencer a las personas de que el extraño poder que experimentan durante una orgía espiritual es el "Espíritu del Señor".

Este es un buen momento para recordarte que hay dos peligros que superan a todos los demás. Uno es el miedo al Diablo, y el otro es lo que la gente suele confundir con el amor a Dios.

Las dos puertas más efectivas para acceder a la mente de un ser humano son el amor y el miedo. Y debo decirte que no hay nada en la Tierra que me satisfaga más que una buena orgía espiritual a la antigua.

Después de una orgía espiritual, me resulta sencillo acceder a la mente de las víctimas a través de muchas puertas, ya que han dejado de lado la protección de la razón y la voluntad.

ST: No quiere decir que aquellos que aman a Dios ciegamente son presa fácil para su influencia, ¿verdad?

D: Lamento desilusionarte, pero la verdad es que son mis presas más fáciles. Aprovecho a aquellos que aman o temen algo más intensamente que el uso de su propia mente para pensar con rigor. Permíteme recordarte una vez más que nada puede detenerme, excepto el poder del pensamiento. El amor y el miedo no son pensamientos, son emociones, a veces placenteras como sustitutos del pensamiento, pero siempre peligrosas.

ST: Si lo que dice es cierto, es sorprendente que se queje de la decadencia de los renacimientos religiosos. También comprendo por qué considera a las iglesias como instrumentos útiles para su causa, ya que tienden a desalentar el pensamiento independiente. ¿Es eso lo que quiere decir?

D: Sí, es cierto. Tan pronto como una persona tiene su mente atrapada en el fanatismo religioso, yo puedo paralizarla mediante el miedo. Ambas condiciones dejan a un lado el único obstáculo serio contra mi entrada libre en la mente de un individuo, que es el poder del pensamiento independiente.

ST: Siempre me han dicho que las religiones contribuyeron al desarrollo de la civilización, pero ahora usted afirma que la religión siempre ha sido una herramienta efectiva para influenciar y controlar a las personas. ¿Cómo puedo estar seguro de que lo que dice es cierto?

D: A través del pensamiento crítico. Si examinamos detenidamente nuestra civilización, la misma que las religiones presumen haber construido y a la que se atribuyen el mérito, encontraremos pruebas que respaldan mi afirmación.

¿Qué encontramos en el mundo actual, aparte de la pobreza, la obsesión por la riqueza, la violencia manifestada a través de la proliferación de homicidios, el uso de los avances científicos para fines destructivos, la traición en todas las relaciones humanas, la mala salud, las mentes perturbadas y la desesperanza en todas sus formas? Muéstrame algo hermoso o esperanzador en la civilización en la que las religiones presumen haber desempeñado un papel crucial, y te permitiré usarlo como evidencia de que no digo la verdad cuando afirmo que las iglesias son mis aliadas más efectivas.

Tomemos, por ejemplo, la religión cristiana. Después de dos mil años de intenso esfuerzo, durante los cuales ejerció un dominio sobre el mundo, moldeando las mentes de los jóvenes, ¿qué nos queda de esa religión sino una serie de rituales vacíos y sin sentido, utilizados como uno de los peores engaños para obtener dinero? Refuta eso, si puedes.

La religión es el enemigo más grande de la humanidad y, al mismo tiempo, mi aliada más poderosa en el mundo terrenal, ya que engaña las mentes humanas con doctrinas basadas en el miedo, la ignorancia y la superstición.

La religión es mi aliada principal porque se inculca en las mentes de los jóvenes antes de que puedan desarrollar su propia conciencia, lo que facilita atraparlos en un ciclo de obediencia en lugar de fomentar su pensamiento independiente.

Reitero lo que he dicho antes: Los individuos reclaman sus derechos en esta cuarta dimensión, el tiempo, al tomar control de su propia mente y usarla de manera libre e independiente. ¿Puede existir una verdad más precisa?

Empleo la religión en tiempos de paz para incitar a la lucha entre los seres humanos.

Utilizo la religión en tiempos de guerra para impulsar a los hombres hacia el frenesí de matarse unos a otros sin cuestionarse por qué lo hacen.

Empleo la religión para sembrar discordias entre padres en la crianza de sus hijos.

Utilizo la religión para enseñar a las personas a cargar con una pesada carga mental y espiritual que consideran una cruz, habiéndoles inculcado previamente la idea de que es un gran honor llevarla. Sus expectativas nunca quedan sin cumplirse. Si puedo arraigar la religión en la mente de alguien, puedo ejercer control sobre ella. La religión promueve la sumisión, la humildad y el miedo. Estas son mis armas más efectivas.

ST: Según lo que menciona, entiendo que la religión debe ser superada como parte del proceso de alcanzar el pleno dominio de uno mismo. ¿Es esto correcto?

D: Su afirmación es precisa. El punto de partida adecuado para iniciar la autodisciplina es precisamente donde uno se encuentra. Comenzar implica reconocer una verdad fundamental: en la inmensidad de los universos, no existe nada, ya sea para bien o para mal, excepto el poder de la ley natural.

No hay un dios, sino la aplicación positiva de la ley natural.

No existe ninguna entidad individual en ningún rincón de los numerosos universos que posea el más mínimo poder para influir en un ser humano, excepto la naturaleza misma y los propios seres humanos.

Ningún ser humano vivo, ninguno que haya existido antes, y ninguno que existirá en el futuro tiene el derecho o la capacidad de privar a otro ser humano del innato privilegio del pensamiento libre e independiente.

Este privilegio es lo único sobre lo que cualquier ser humano tiene un control absoluto. Nadie pierde el derecho a la libertad de pensamiento una vez que alcanza la adultez, aunque muchos pierden los beneficios de este privilegio debido a la negligencia o a la influencia de sus padres o instructores religiosos, que lo restringen antes de que lleguen a la edad de comprender.

Estas son verdades innegables y su importancia no se reduce, independientemente de si se presentan como palabras del Diablo o de su oposición.

Aquí tienes la respuesta a tu pregunta sobre cómo asegurarte de que estoy diciendo la verdad. Afortunadamente, no es necesario depender ni del Diablo ni de su oposición para confirmar la veracidad de esta respuesta.

ST: Pero, Su Majestad, si eliminamos los fundamentos de todas las religiones, ¿en qué se apoyará la gente en momentos de crisis, cuando no sepan a quién recurrir?

D: La respuesta está en que confíen en el único poder confiable al alcance de cualquier ser humano.

ST: ¿Y cuál es ese poder?

D: ¡El poder de sus propios pensamientos! Es el único poder que pueden controlar y en el que pueden confiar.

Es el único poder que no puede ser distorsionado, influenciado, alterado o falsificado por personas deshonestas.

Es el único poder que no puede ser arrebatado a las personas a través de engaños piadosos perpetrados por aquellos que pretenden actuar en nombre de Dios o de las Legiones del Diablo, y que se utilizan como herramienta para ejercer control sobre los demás, pero solo si uno lo permite voluntariamente.

ST: Lo que usted está diciendo parece ser una perspectiva radical. Si el mundo aceptara esta verdad, ¿cómo afectaría a la civilización?

D: Observa lo que sucedió en el contexto de la Segunda Guerra Mundial. Ambas partes en conflicto afirmaban actuar en nombre de Dios y liberaron la ira divina sobre sus enemigos. Sin embargo, ningún Dios intervino en su ayuda, y ambos bandos llegaron a un punto muerto. ¿Qué lograron?

Permíteme responder por ti. Lo que ganaron fue evidencia sólida de que no hay ningún Dios, en ninguna parte, con el poder de mejorar la suerte de los seres humanos, excepto la humanidad misma.

El ser humano es el resultado de millones de años de evolución bajo las leyes naturales. El cerebro humano se desarrolló a pesar de la oposición de la religión, no gracias a ella.

Una vez que uno comprende esto, ya no necesita depender de la religión en tiempos de duda. Ya no necesita ninguna muleta.

ST: Sus palabras suenan lógicas, pero ¿por qué tendría que recurrir al Diablo para descubrir estas verdades profundas? ¿Por qué no se enseñan estas verdades en nuestro sistema educativo, que está diseñado para impartir conocimiento?

D: La respuesta es clara. Las instituciones educativas han estado influenciadas por líderes religiosos.

ST: Eso fue cierto en el pasado, pero las escuelas públicas están cada vez menos influenciadas por la religión. ¿Por qué no se enseña a los niños cómo tomar el control de su mente y usarla para su autodeterminación?

D: Observa las aulas llenas de estudiantes en las escuelas públicas y el declive de las iglesias, y encontrarás la respuesta. Las escuelas públicas están liberando a la civilización de la influencia religiosa tan rápido como pueden. Con el tiempo, las iglesias desaparecerán.

ST: Entonces, ¿puedo asumir que las escuelas no están bajo su influencia?

D: Solo en la medida en que los líderes educativos carezcan del coraje para liberarse de la influencia religiosa y enseñar abiertamente a los jóvenes la verdad sobre la mente y el cuerpo.

ST: Pero algunos educadores están cada vez más dispuestos a hacerlo, ¿verdad?

D: Sí, y eso es malditamente frustrante.

ST: ¿Por qué algunos educadores todavía insisten en que se lea la Biblia en las escuelas públicas? ¿Es la Biblia un libro adecuado para enseñar conocimientos precisos?

D: La Biblia no es adecuada para enseñar nada preciso, excepto la confusión. Se lee en algunas escuelas debido a la influencia persistente de la religión. Si los maestros se vieran obligados a leer todo el contenido de la Biblia en las escuelas públicas, habría muchas protestas.

ST: ¿Por qué? ¿Qué sucedería?

D: Bueno, por un lado, gran parte de lo que se encuentra en el Antiguo Testamento es tan sorprendentemente inapropiado que si lo leyeran niños y niñas en compañía mixta, seguramente harían preguntas incómodas a sus padres y maestros.

Además, atribuir a Dios la autoría o la inspiración de semejante contenido perjudicaría la mente de cualquier niño normal, quien probablemente rechazaría todo el documento, considerándolo falso y no digno de la imagen que pueda tener sobre quién o qué es Dios.

Pero, en las escuelas públicas, los maestros no leen toda la Biblia a grupos mixtos. Escogen cuidadosamente los pasajes. Si los padres promedio de los niños leyeran la Biblia completa, y lo hicieran con la misma atención que ponen en su trabajo, seguramente no permitirían que ninguna parte de ese documento afectara la mente de sus jóvenes hijos.

ST: Yo pensaba que casi todos habían leído la Biblia. ¿Por qué la gente insiste en que sus hijos la lean si ellos mismos no la han leído?

D: Nadie que haya leído toda la Biblia intentaría imponérsela a nadie, a menos que tenga motivos para propagar la ignorancia o buscar algún beneficio personal. La mayoría de las personas que dicen creer en la Biblia ni siquiera la han leído.

ST: ¡Por supuesto! Dejemos de hablar de la Biblia y la religión antes de que termine convenciéndome de que tiene razón cuando afirma que son responsables de nuestra civilización.

D: Buscabas la verdad, y eso es precisamente lo que estás obteniendo. A veces, la verdad no coincide con nuestras expectativas. La verdad suele desmentir ilusiones y derribar construcciones basadas en deseos y conjeturas. Si buscas la verdad, estás en el lugar correcto. Si solo buscas halagos o confirmación de tus miedos, supersticiones e ignorancia, deberías dirigirte a quienes piensan de manera opuesta a mí.

ST: Si lo que usted dice sobre la influencia de la religión es cierto, ¿cómo se explica que muchos grandes pensadores del pasado fueran creyentes religiosos?

D: Tu conocimiento histórico es limitado. No todos los grandes pensadores del pasado eran religiosos. Tus datos están desactualizados, mi estimado Terrenal.

ST: ¿Podría mencionar a algunos grandes pensadores no religiosos?

D: Platón, Sócrates, Bruno, Darwin, Spencer, Huxley, Newton, Franklin, Washington, Lincoln, Paine, Henry, Jefferson y otros, quienes contribuyeron significativamente a la libertad tal como la conocemos hoy en la Tierra.

Es importante notar que a lo largo de la historia de la civilización, ninguna religión ha producido un gran pensador en ningún campo destinado a ayudar a las personas a alcanzar la libertad espiritual, mental y económica. Los grandes líderes son pensadores críticos.

La religión, por su parte, limita la mente humana a la aceptación ciega de dogmas, credos e hipótesis no probadas ni demostrables. Esto no fomenta el pensamiento crítico.

ST: Según lo que dice, ¿considera que la religión es la causa de la ignorancia humana?

D: ¿Quién más podría ser responsable? Las religiones ejercieron un control absoluto sobre la educación y el conocimiento hasta que la ciencia y la educación las relegaron a un segundo plano hace menos de un siglo. Incluso en la actualidad, en algunas partes del mundo, como en los Estados Unidos, enseñar la evolución en las escuelas públicas es ilegal. Si reflexionas, comprenderás que la religión ha fomentado la ignorancia y ha mantenido viva la superstición y el miedo.

ST: Dejemos de lado la discusión sobre religiones y regresemos a los siete principios. Hasta ahora, has proporcionado suficiente información para entender que la clave para romper el poder del ritmo hipnótico está vinculada a estos siete principios. También has destacado que el más fundamental de estos principios es la autodisciplina. Ahora, continúa explicando los otros cinco principios que aún no has mencionado y cómo contribuyen a cultivar la autodisciplina en una persona.

D: En primer lugar, permíteme resumir lo que ya he compartido en mi declaración anterior.

He sido completamente honesto al revelar que mis dos estrategias más efectivas para influenciar a los seres humanos son el hábito de la deriva y la ley del ritmo hipnótico.

He demostrado que la deriva no es una ley natural, sino un hábito creado por el ser humano que conduce a su sumisión a la ley del ritmo hipnótico.

Los siete principios son los instrumentos mediante los cuales una persona puede liberarse del control del ritmo hipnótico y recuperar el control de su propia mente. Por lo tanto, los siete principios representan los siete pasos que guían a quienes están atrapados en el ritmo hipnótico a salir de las prisiones que ellos mismos han construido.

ST: ¿Los siete principios son la llave maestra que abre la puerta hacia la autodeterminación espiritual, mental y económica? ¿Es eso correcto?

D: Esa es otra forma de expresar la verdad.

8. Aprendiendo De La Adversidad

ST: ¿Siempre beneficia al ser humano el fracaso?

D: Pocas personas saben que cada adversidad oculta una oportunidad equivalente. Y menos aún comprenden la diferencia entre una derrota temporal y el fracaso absoluto. Si esta sabiduría fuera común, perdería una de mis armas más poderosas para ejercer control sobre los seres humanos.

ST: Entonces, ¿el fracaso es su aliado?

D: Ahí está la clave. Yo los domino después de que abandonan la lucha. Si la gente entendiera la distinción entre la derrota temporal y el fracaso, no se rendiría ante las adversidades de la vida. Si supieran que toda derrota y fracaso encierran la semilla de una oportunidad no realizada, seguirían luchando hasta el éxito. A menudo, el éxito se encuentra justo al otro lado del punto donde uno se rinde.

ST: ¿Eso es todo lo que podemos aprender de la adversidad, la derrota y el fracaso?

D: No, es apenas lo mínimo que se puede aprender. Sorprendentemente, el fracaso a veces se convierte en una bendición disfrazada, pues rompe el trance hipnótico y libera la mente para un nuevo comienzo.

ST: Entonces, ¿la ley natural del ritmo hipnótico puede ser anulada?

D: No, la naturaleza nunca contradice sus leyes naturales.

ST: ¿Pero si la naturaleza rompe esta ley y devuelve el control de la mente a un ser humano, no sería una inversión de la ley natural?

D: La naturaleza no arrebata la libertad de pensamiento a un ser humano a través del ritmo hipnótico. El individuo renuncia a su libertad al malinterpretar esa ley. Si un hombre salta de un árbol y muere por la fuerza de la gravedad, no diríamos que la naturaleza lo asesinó, ¿verdad? Diríamos que el hombre fue negligente al no entender la ley de la gravedad.

ST: Ahora entiendo. La ley del ritmo hipnótico puede tener efectos tanto negativos como positivos. Puede esclavizar a alguien al privarle de su libertad de pensamiento, o puede elevarlo a grandes logros mediante el uso del pensamiento libre, dependiendo de cómo uno se relacione con esa ley. ¿Es eso correcto?

D: Ahora lo has comprendido perfectamente.

ST: En cuanto al fracaso, ¿no es algo que una persona busca intencionalmente ni con un propósito premeditado? A menudo, las circunstancias que llevan al fracaso están más allá del control individual. ¿Cómo se puede afirmar entonces que la naturaleza no quita la libertad de pensamiento cuando el fracaso destruye la ambición, la fuerza de voluntad y la autoconfianza necesaria para comenzar de nuevo?

D: El fracaso es un estado mental que el individuo mismo crea. No se convierte en realidad hasta que uno lo acepta como permanente. En otras palabras, el fracaso es controlable por el individuo, siempre y cuando no descuide ejercer ese control.

La naturaleza no fuerza a las personas al fracaso, pero a través de la ley del ritmo hipnótico, otorga permanencia a los pensamientos que dominan la mente.

En otras palabras, la ley del ritmo hipnótico influencia y hace permanentes los pensamientos de fracaso si el individuo interpreta cualquier situación como un fracaso definitivo. Esta misma ley también puede influir y hacer permanentes los pensamientos de éxito.

ST: ¿Cuál es el papel del fracaso en ayudar a una persona a romper el control del ritmo hipnótico después de que esta ley se ha establecido en su mente?

D: El fracaso representa un punto culminante en el que uno tiene la oportunidad de liberar su mente del miedo y emprender un nuevo camino. El fracaso es como un callejón sin salida en el camino de los hábitos que uno ha estado siguiendo, y cuando se alcanza, se ve obligado a abandonar ese camino y tomar uno nuevo, creando así un nuevo ritmo.

El fracaso va más allá de esto. Le brinda al individuo la oportunidad de poner a prueba su propia fuerza de voluntad.

El fracaso también obliga a las personas a aprender muchas verdades que nunca descubrirían de otro modo.

El fracaso a menudo lleva a una comprensión más profunda del poder de la autodisciplina, que es esencial para superar el control del ritmo hipnótico después de una derrota.

El fracaso demuestra de manera concluyente que algo está equivocado en los objetivos o en los planes que una persona persigue para alcanzar esos objetivos.

Si observas la vida de las personas que logran un éxito sobresaliente en cualquier campo, notarás que su éxito suele estar directamente relacionado con las derrotas que experimentaron antes de triunfar.

ST: ¿Es esto todo lo que tienes que decir sobre las ventajas del fracaso?

D: No, apenas estoy empezando. Si deseas comprender verdaderamente el significado de la adversidad, el fracaso, la derrota y todas las demás experiencias que rompen los hábitos de una persona y la obligan a forjar nuevos, observa cómo opera la naturaleza.

La naturaleza utiliza la enfermedad para romper el ritmo físico del cuerpo cuando las células y los órganos no están funcionando adecuadamente juntos.

La naturaleza utiliza las depresiones económicas para romper el ritmo del pensamiento colectivo cuando un gran número de personas están involucradas en actividades comerciales, sociales y políticas de manera inapropiada.

La naturaleza utiliza el fracaso para romper el ritmo del pensamiento negativo cuando un individuo no se relaciona adecuadamente consigo mismo en su propia mente.

Si observas con atención, verás que en toda la naturaleza siempre existe una ley natural que impulsa un cambio eterno en toda materia, energía y pensamiento. Lo único constante en el universo es el cambio, un cambio perpetuo e ineludible que brinda a cada átomo de materia y cada unidad de energía la oportunidad de relacionarse adecuadamente con todas las demás unidades de materia y energía. De igual manera, cada ser humano tiene la oportunidad y el privilegio de relacionarse adecuadamente con todos los demás seres humanos, sin importar cuántos errores cometan, cuántas veces fallen o de qué manera sean derrotados.

Cuando el fracaso afecta a una nación en gran escala, como ocurrió en la crisis financiera de 1929, esta situación está en armonía perfecta con el plan de la naturaleza para romper los hábitos humanos y brindar nuevas oportunidades.

ST: Me intriga lo que menciona. ¿Está sugiriendo que el ritmo hipnótico influye en cómo las personas se relacionan entre sí?

D: En efecto, el ritmo hipnótico tiene una profunda influencia en la forma en que las personas se relacionan entre sí.

El ritmo hipnótico es la ley fundamental de la naturaleza que gobierna la interacción de cada estrella, planeta, átomo material y unidad de energía en el universo con todo lo demás que existe.

Por ejemplo, la Tierra mantiene su posición precisa con respecto al sol gracias al ritmo hipnótico. Las estaciones cambian en respuesta a esta ley, permitiendo que se relacionen adecuadamente con la vida.

Incluso el ciclo del agua, con su flujo constante hacia los océanos, está determinado por esta misma ley. En cada ser vivo, desde una pequeña semilla de mostaza hasta un ser humano, el ritmo hipnótico regula y perpetúa el proceso vital de manera inmutable.

En otras palabras, todo lo que vive perdura gracias a la ley del ritmo hipnótico, ya que no puede ser de otra manera.

De acuerdo con lo que he expresado hasta ahora, es evidente que los seres humanos están conectados entre sí gracias a la operación de una ley que a menudo no comprenden y que no pueden eludir.

El ritmo hipnótico convierte literalmente los hábitos comerciales, profesionales y sociales de las personas en parte de su ser.

La noción abstracta y evasiva conocida como "carácter" no es más que una manifestación de la ley del ritmo hipnótico. En consecuencia, cuando se habla del carácter de un individuo, es correcto afirmar que sus hábitos de pensamiento se han solidificado en una personalidad positiva o negativa a través del ritmo hipnótico.

La bondad o maldad de una persona se origina en la unión de sus pensamientos y acciones, forjada por medio del ritmo hipnótico. La prosperidad o la pobreza de alguien se deben a que sus metas, planes y deseos, o su falta de ellos, se han vuelto permanentes y reales gracias a esta ley implacable.

ST: ¿Hay más que desees compartir sobre la conexión entre el ritmo hipnótico y las relaciones humanas?

D: Claro, aún hay mucho más que explorar en relación con el influjo del ritmo hipnótico en las relaciones humanas. Permíteme continuar sin interrupciones.

El éxito en los negocios se fundamenta en cómo las personas se relacionan con sus socios y con otros fuera de su ámbito empresarial. Los profesionales que prosperan lo hacen en gran parte gracias a la calidad de sus relaciones con sus clientes. Es más importante para un abogado comprender a las personas y las leyes de la naturaleza que la legislación en sí.

Un médico, por otro lado, es un fracaso desde el principio a menos que pueda establecer una relación efectiva con sus pacientes y generar confianza en ellos.

En el matrimonio, el éxito o el fracaso depende en gran medida de cómo las partes se relacionan entre sí. La relación adecuada en el matrimonio comienza con un motivo apropiado para la relación. La mayoría de los matrimonios no alcanzan la felicidad porque las partes involucradas no comprenden ni intentan entender la ley del ritmo hipnótico. Cada palabra que pronuncian, cada acción en la que participan y cada motivo que los impulsa a relacionarse se entrelazan en una red que puede enredarlos en conflictos o darles alas para elevarse por encima de la infelicidad.

Cada nueva amistad entre personas puede evolucionar hacia armonía espiritual (a veces llamada amor) o sembrar semillas de sospecha y duda que con el tiempo se convierten en abierta rebelión, todo dependiendo de cómo las partes se relacionan.

El ritmo hipnótico toma los motivos, objetivos, propósitos y emociones dominantes en las mentes de quienes se relacionan y los entrelaza en un tejido de fe o miedo, amor u odio. Con el tiempo, este patrón se vuelve definido y se integra en las mentes de quienes están involucrados en la relación. De esta manera discreta, la naturaleza perpetúa los factores predominantes en cada relación humana.

En cada relación, los motivos y acciones destructivas de las personas se coordinan y consolidan de manera precisa, entrelazándose sutilmente con ese elemento crucial llamado carácter. De manera similar, los motivos y acciones beneficiosas se consolidan y se imponen a la persona. De esta forma, queda claro que no solo las acciones de una persona, sino también sus pensamientos, determinan la naturaleza de todas las relaciones humanas.

ST: Estás llevándonos a un tema profundo. Vamos a mantenernos en aguas más cercanas a la orilla, donde sea más fácil seguir sin preocuparnos por profundidades peligrosas. Continúa y explícame cómo funcionan las relaciones humanas en el mundo actual, lleno de problemas como el que enfrentamos hoy.

D: ¡Claro, qué idea tan optimista! Pero primero, permíteme asegurarme de que entiendas los principios de los que estoy hablando antes de mostrarte cómo aplicarlos en la vida cotidiana.

Es importante que comprendas que la ley del ritmo hipnótico es algo que nadie puede controlar, influir o evitar, pero todos pueden relacionarse con esta ley para beneficiarse de cómo opera de manera constante. Tener una relación armoniosa con esta ley implica que una persona debe cambiar sus hábitos para que estén alineados con lo que desea y está dispuesta a aceptar.

Es imposible cambiar la ley del ritmo hipnótico, de la misma manera que no podemos cambiar la ley de la gravedad, pero lo que sí podemos cambiar somos nosotros mismos. Así que, recuerda que en todo lo que hablamos sobre relaciones humanas, estas son creadas y sostenidas por los hábitos de las personas involucradas.

La ley del ritmo hipnótico simplemente solidifica los elementos que conforman las relaciones humanas, pero no las crea.

Antes de seguir hablando de relaciones humanas, es importante que comprendas un principio llamado "mente subconsciente". Puede que esto te sorprenda, pero en realidad no existe un órgano físico llamado mente subconsciente.

El término "mente subconsciente" se refiere a una hipotética parte física que en realidad no existe. La mente humana está compuesta por energía universal (algunos la llaman Inteligencia Infinita), que el individuo recibe, asimila y organiza en formas de pensamiento a través de su complejo cerebro.

Estas formas de pensamiento son respuestas a los estímulos que llegan al cerebro a través de los cinco sentidos conocidos, y también a través de un sexto sentido menos conocido. Cuando un estímulo llega al cerebro y se convierte en un pensamiento, se clasifica y se almacena en un grupo de células cerebrales llamado grupo de memoria.

Los pensamientos similares se almacenan juntos, lo que permite que surjan fácilmente cuando uno de ellos se activa. Es como un sistema de archivo en una oficina moderna.

Los pensamientos cargados de emoción son especialmente poderosos y pueden llevar a las personas a actuar impulsivamente, sin razonar adecuadamente. Estos arrebatos emocionales a menudo dañan las relaciones humanas y generan discordia.

A través del sexto sentido, el cerebro puede conectarse con los archivos mentales de otros cerebros y explorar los pensamientos archivados allí. Esto se conoce como armonía, y los cerebros sintonizados en la misma frecuencia de pensamiento pueden acceder fácilmente a los archivos mentales del otro.

Además, a través del sexto sentido, uno puede recibir información del depósito universal conocido como Inteligencia Infinita. Esta información llega al cerebro de fuentes que no se pueden identificar fácilmente, lo que a menudo se denomina mente subconsciente.

Ahora sabes que la mente subconsciente no es un órgano físico, y que el sexto sentido es el medio a través del cual obtenemos información y conocimiento que no proviene de nuestros cinco sentidos físicos.

Comprender estos conceptos te ayudará a comprender por qué las relaciones humanas pueden ser complicadas y cómo pueden generar riqueza en diferentes aspectos de la vida. También entenderás que la felicidad se encuentra en la comprensión y la aplicación de los principios adecuados en las relaciones humanas, y que ningún individuo existe de manera aislada, sino que la integridad de la mente se logra a través de la armonía de pensamiento y acción entre dos o más personas.

Comprenderás por qué cada ser humano debería, por su propia elección, convertirse en el guardián de su hermano, tanto en realidad como en teoría.

ST: Todo esto resulta sumamente interesante, pero por favor, reduzca la velocidad y permítame descansar. Está causándome una especie de agotamiento mental. Mi mente aún no es lo suficientemente flexible como para asimilar y comprender todo lo que está compartiendo.

D: No deje que eso le preocupe. Vuelva más tarde a lo que mencioné, analícelo paso a paso, y llegará un momento en el que verá un enfoque completamente nuevo para abordar los problemas humanos. Este enfoque, como todo lo verdaderamente genial, es en realidad muy sencillo. Parte importante de su autodisciplina consistirá en su determinación para hacer que su mente comprenda los principios que rigen su funcionamiento.

ST: Lo que usted dice puede ser cierto, pero insisto en que me encuentro en aguas demasiado profundas y desconocidas. Volvamos más cerca de la orilla, donde pueda caminar en aguas familiares. Luego, una vez que haya aprendido a nadar con seguridad, podemos adentrarnos en aguas más profundas. Comenzamos hablando de cómo enfrentar la adversidad, pero parece que nos hemos alejado un poco de ese tema.

D: Nos hemos desviado, pero no nos hemos perdido. La desviación fue necesaria para prepararlo para comprender la parte más crucial de esta conversación.

Ahora, estamos listos para retomar la discusión sobre la adversidad. Dado que la mayoría de las adversidades surgen de relaciones inadecuadas entre personas, es fundamental comprender cómo las personas pueden relacionarse de manera adecuada.

Naturalmente, surge la pregunta: ¿Qué constituye una relación adecuada entre personas? La respuesta es que una relación adecuada es aquella que beneficia a todas las personas involucradas o afectadas por ella de alguna manera.

ST: Entonces, ¿qué es una relación inadecuada?

D: Cualquier relación entre personas que cause daño a alguien o que provoque miseria o infelicidad a cualquiera de los individuos involucrados.

ST: ¿Cómo se pueden corregir las relaciones inadecuadas?

D: Se pueden corregir al cambiar la mentalidad de la persona que está causando la relación inadecuada o al cambiar a las personas involucradas en la relación. Algunas mentes naturalmente se armonizan, mientras que otras chocan inevitablemente.

Las relaciones humanas exitosas, para perdurar, deben estar formadas por mentes que se armonizan de manera natural, además de tener intereses comunes como un medio para mantener esa armonía.

Cuando hablamos de líderes empresariales exitosos que saben cómo elegir a las personas adecuadas, sería más preciso decir que tienen éxito porque saben cómo emparejar mentes que se complementan de manera natural.

ST: Si existen posibles beneficios en la adversidad, ¿podría mencionar algunos de ellos?

D: La adversidad libera a las personas de la vanidad y el egoísmo. Desalienta el egoísmo al demostrar que nadie puede tener éxito sin la cooperación de los demás.

La adversidad obliga a un individuo a poner a prueba su fortaleza mental, física y espiritual, lo que lo lleva a enfrentar sus debilidades y le brinda la oportunidad de superarlas.

La adversidad obliga a una persona a buscar formas de definir sus objetivos a través de la reflexión y el autoanálisis. Esto a menudo conduce al descubrimiento y uso del sexto sentido, que permite comunicarse con la Inteligencia Infinita.

La adversidad obliga a una persona a reconocer la necesidad de inteligencia que no está disponible en su propia mente, sino que proviene de fuentes externas.

La adversidad rompe viejas pautas de pensamiento y ofrece la oportunidad de formar nuevas, lo que puede interrumpir el patrón hipnótico y cambiar la forma en que opera, pasando de lo negativo a lo positivo.

ST: ¿Cuál es el mayor beneficio que uno puede obtener de enfrentar situaciones difíciles?

D: El mayor beneficio de lidiar con la adversidad es que generalmente nos impulsa a cambiar nuestra manera de pensar, rompiendo el ritmo hipnótico en el que a menudo caemos.

ST: En otras palabras, ¿el fracaso puede ser una bendición cuando nos obliga a adquirir conocimiento o desarrollar hábitos que nos llevan hacia nuestros objetivos principales en la vida? ¿Es eso correcto?

D: Sí, ¡y aún más! El fracaso puede ser una bendición cuando nos lleva a depender menos de las cosas materiales y más de las fuerzas espirituales.

Muchos individuos descubren un aspecto diferente de sí mismos, las fuerzas que operan a través del poder del pensamiento, solo después de que alguna catástrofe les prive del uso completo y libre de su cuerpo físico.

Cuando un ser humano ya no puede usar sus manos y pies, por lo general, comienza a utilizar su cerebro y emprende el camino para descubrir el poder de su propia mente.

ST: ¿Qué beneficios pueden derivarse de la pérdida de bienes materiales, como el dinero?

D: La pérdida de bienes materiales puede enseñarnos muchas lecciones importantes, pero ninguna es tan fundamental como la verdad de que no tenemos control sobre nada y no podemos dar por sentado el uso permanente de nada, excepto el poder de nuestro propio pensamiento.

ST: ¿Podría ser esa la mayor lección que la adversidad puede ofrecer?

D: No, el mayor beneficio potencial de cualquier circunstancia que nos obligue a comenzar de nuevo es la oportunidad de romper el control del ritmo hipnótico y establecer nuevos hábitos de pensamiento.

Estos nuevos hábitos ofrecen la única salida para quienes enfrentan el fracaso. La mayoría de las personas que logran transformar una experiencia negativa en una positiva lo hacen gracias a alguna forma de adversidad que las obliga a cambiar su manera de pensar.

ST: ¿No puede la adversidad destruir la autosuficiencia de alguien y hacerlo perder la esperanza?

D: Puede tener ese efecto en aquellos cuya fuerza de voluntad es débil debido a hábitos arraigados durante mucho tiempo. Pero tiene el efecto contrario en aquellos que no han sido debilitados por la deriva constante.

Quienes no se desvían se enfrentan a derrotas y fracasos temporales, pero su respuesta ante cualquier forma de adversidad es positiva. Luchan en lugar de rendirse y, en general, triunfan.

La vida no ofrece inmunidad a la adversidad, pero brinda a todos el poder del pensamiento positivo, suficiente para dominar todas las circunstancias adversas y convertirlas en beneficios.

ST: Nunca me había dado cuenta de que ser selectivo en la elección de amigos estuviera tan relacionado con el éxito o el fracaso. ¿Significa esto que todas las personas exitosas son cautelosas al elegir a sus amigos, ya sea en relaciones comerciales, sociales o profesionales?

El individuo tiene el privilegio de utilizar o no su facultad de pensar, incluso en medio de la adversidad. Cada individuo está obligado a emplear su poder de pensamiento para lograr objetivos específicos y positivos, ya sea por negligencia o intención, también puede usarlo para fines negativos.

No podemos renunciar al uso de la mente.

La ley del ritmo hipnótico nos obliga a darle cierto grado de uso, ya sea negativo o positivo, a nuestra mente, pero no dicta cómo debemos usarla.

ST: ¿Debo entender, según lo que dice, que toda adversidad es en realidad una bendición?

D: No, no dije eso. Dije que en cada adversidad existe la semilla de una ventaja equivalente. No afirmé que hubiera una ventaja completa, solo la semilla.

Generalmente, esa semilla se compone de algún tipo de conocimiento, una idea o plan, o una oportunidad que no estaría disponible sin el cambio en nuestros hábitos de pensamiento inducido por la adversidad.

ST: ¿Todos estos beneficios están disponibles para los seres humanos a través del fracaso?

D: No, la naturaleza utiliza el fracaso como un lenguaje común para castigar a las personas cuando no se ajustan a sus leyes.

Por ejemplo, la Segunda Guerra Mundial fue destructiva y causada por el hombre. La naturaleza insertó en las circunstancias de la guerra la semilla de un castigo equivalente en forma de una depresión mundial. La depresión fue inevitable e ineludible. Siguió a la guerra tan naturalmente como el día sigue a la noche, todo debido a la operación de la misma ley: la ley del ritmo hipnótico.

ST: ¿Debo entender que la ley del ritmo hipnótico es la misma que Ralph Waldo Emerson llamó la ley de la compensación?

D: Sí, la ley del ritmo hipnótico es la ley de la compensación. Es el mecanismo con el que la naturaleza equilibra las fuerzas negativas y positivas en todos los universos, en todas las formas de energía, en todas las formas de materia y en todas las relaciones humanas.

ST: ¿La ley del ritmo hipnótico opera de manera rápida en todos los casos? Por ejemplo, ¿bendice inmediatamente a un individuo con los beneficios de pensar positivamente o lo castiga inmediatamente con los resultados de pensamientos negativos?

D: La ley opera con rigor, pero no siempre con rapidez. Tanto los beneficios como las sanciones que experimentan los individuos debido a esta ley pueden ser cosechados por otros, ya sea antes o después de su muerte.

Observa cómo esta ley funciona al imponer a una generación los efectos de los errores y las virtudes de las generaciones anteriores.

En el funcionamiento de todas las leyes de la naturaleza, la cuarta dimensión, el tiempo, es un factor inexorable. El tiempo que la naturaleza toma para relacionar los efectos con sus causas depende de las circunstancias particulares de cada caso.

La naturaleza puede hacer crecer una calabaza en tres meses, pero necesita cien años para que un roble alcance un buen tamaño. Convierte un huevo de gallina en un pollo en cuatro semanas, pero requiere nueve meses para convertir el germen de un ser humano en un individuo.

ST: Ahora comprendo mejor las posibilidades que ofrece la adversidad y el fracaso. Continúe ahora con su descripción del siguiente de los siete principios. ¿Cuál es?

D: El siguiente principio es el influjo ambiental.

9. Medio Ambiente: El Formador De Carácter

ST: Continuemos y expliquemos cómo las influencias ambientales funcionan como un factor determinante en la vida de las personas. Primero, definamos qué entendemos por "ambiente".

D: El ambiente abarca todas las fuerzas, tanto mentales, espirituales como físicas, que afectan y moldean la experiencia humana.

ST: ¿Cómo se relacionan las influencias ambientales con el concepto de "ritmo hipnótico"?

D: El ritmo hipnótico es lo que consolida y hace perdurables nuestros patrones de pensamiento. Estos patrones son influenciados por el ambiente que nos rodea. En otras palabras, la materia prima de nuestros pensamientos proviene de nuestro entorno y el ritmo hipnótico les da permanencia.

ST: ¿Cuál es la parte más crucial del ambiente de una persona, la que más influye en si emplea su mente de manera positiva o negativa?

D: La parte más significativa del ambiente de una persona es la que se construye a través de sus relaciones cercanas con otros individuos. Todos absorbemos, consciente o inconscientemente, los hábitos de pensamiento de aquellos con quienes mantenemos una estrecha relación.

ST: ¿Quiere decir que estar constantemente cerca de alguien con hábitos de pensamiento negativos puede influir en el desarrollo de hábitos negativos en otra persona?

D: Exacto; la ley del ritmo hipnótico nos lleva a formar hábitos de pensamiento que se armonicen con las influencias predominantes en nuestro entorno, especialmente las generadas por nuestras relaciones cercanas.

ST: ¿Entonces, es crucial seleccionar cuidadosamente a quienes nos rodean?

D: Sí, la elección de nuestras relaciones íntimas debe hacerse con tanto esmero como la elección de los alimentos que consumimos para nutrir nuestro cuerpo. De esta forma, nos asociaremos con personas cuyos pensamientos predominantes sean positivos, amigables y armoniosos.

ST: ¿Qué tipos de relaciones ejercen la mayor influencia en una persona?

D: Las relaciones matrimoniales y familiares, así como las relaciones laborales, son las que más impactan en la mente de una persona. Luego vienen los amigos cercanos y conocidos. Las interacciones casuales y los desconocidos tienen menos influencia.

ST: ¿Por qué las relaciones matrimoniales tienen un impacto tan significativo en la mente de una persona?

D: Porque el matrimonio somete a las personas a fuerzas espirituales de gran peso, que se convierten en las fuerzas predominantes en su mente.

ST: ¿Cómo se pueden usar las influencias ambientales para contrarrestar el control del ritmo hipnótico?

D: Es importante entender que nada puede romper completamente el control del ritmo hipnótico. Todas las influencias que moldean nuestros patrones de pensamiento se vuelven permanentes gracias a la ley del ritmo hipnótico. Uno puede cambiar las influencias en su entorno para que sean positivas o negativas, pero esta ley seguirá haciendo que sean permanentes, a menos que cambiemos nuestros propios patrones de pensamiento.

ST: En otras palabras, podemos exponernos a influencias ambientales deseadas, ya sean positivas o negativas, y la ley del ritmo hipnótico las hará permanentes una vez que se conviertan en hábitos de pensamiento. ¿Es así como funciona esta ley?

D: Correcto. Debemos tener cuidado con todas las fuerzas que influyen en nuestros pensamientos, ya que son las que conforman nuestro entorno y determinan nuestro destino en este mundo terrenal.

ST: ¿Quiénes son las personas que tienen control sobre sus influencias ambientales?

D: Aquellos que no vagan sin rumbo fijo. Quienes caen en la rutina de la deriva pierden la capacidad de elegir su propio entorno y se convierten en víctimas de las influencias negativas que los rodean.

ST: ¿No existe una solución para quienes se sienten perdidos? ¿No hay un camino que les permita resistir las influencias negativas de su entorno?

D: Sí, hay una solución para aquellos que se sienten perdidos. Pueden dejar de vagar sin rumbo, tomar el control de sus propias mentes y elegir un entorno que fomente pensamientos positivos. Esto se logra a través de la claridad en sus objetivos y propósitos.

ST: ¿Es eso todo lo que se necesita para superar la tendencia a perderse? ¿Es simplemente un estado mental?

D: La sensación de estar perdido es en realidad un estado mental negativo, caracterizado por la falta de un propósito claro.

ST: ¿Cuál sería el método efectivo para crear un entorno propicio para cultivar y mantener pensamientos positivos?

D: El entorno más efectivo se puede crear a través de una colaboración amistosa con un grupo de personas comprometidas a ayudarse mutuamente para lograr un propósito definido.

Este tipo de colaboración se conoce como "Mente Maestra". A través de ella, un individuo puede asociarse con personas cuidadosamente elegidas, cada una de las cuales aporta conocimientos, experiencias, educación, planes o ideas relevantes para alcanzar el propósito específico del grupo.

Los líderes más exitosos en todas las áreas de la vida se benefician de este tipo de influencia ambiental personalizada.

Un logro excepcional es inalcanzable sin la cooperación amistosa de otros. Dicho de otra manera, las personas exitosas deben controlar su entorno para protegerse de influencias negativas.

ST: ¿Qué pasa con aquellos que tienen responsabilidades familiares y no pueden evitar influencias negativas en su entorno?

D: Ninguna obligación hacia otros debe privar a un individuo del derecho de construir pensamientos positivos en su entorno. Por otro lado, todos tienen la responsabilidad de eliminar cualquier influencia en su entorno que pueda fomentar pensamientos negativos, incluso de manera indirecta.

ST: ¿No suena esto un poco egoísta?

D: La fortaleza es esencial para la supervivencia. Nadie puede ser fuerte si no se aleja de las influencias que promueven pensamientos negativos. Los pensamientos negativos conducen a la pérdida de la autodeterminación, sin importar su origen.

Los pensamientos positivos pueden ser controlados por el individuo y están al servicio de sus metas y objetivos. En cambio, los pensamientos negativos controlan al individuo y le privan de su autodeterminación.

ST: En resumen, aquellos que controlan las influencias ambientales que dan forma a sus hábitos de pensamiento tienen un mayor control sobre su destino, mientras que los demás están más sujetos a su destino.

D: Exacto.

ST: ¿Qué determina la formación de los hábitos de pensamiento de una persona?

D: Todos los hábitos se forman a partir de deseos o motivos, ya sean inherentes o adquiridos. En otras palabras, los hábitos comienzan como resultado de algún deseo específico.

ST: ¿Qué sucede en el cerebro físico cuando una persona está desarrollando hábitos de pensamiento?

D: Los deseos son impulsos de energía organizada llamados pensamientos. Cuando los deseos se combinan con emociones intensas, magnetizan las células cerebrales en las que se almacenan y las preparan para ser controladas y dirigidas por la ley del ritmo hipnótico.

Cuando un pensamiento surge en el cerebro o se crea allí y se mezcla con una emoción intensa de deseo, la ley del ritmo hipnótico comienza a convertirlo en su manifestación física correspondiente. Los pensamientos dominantes, aquellos en los que se mezclan los deseos más fuertes y las emociones más intensas, son los que la ley del ritmo hipnótico actúa primero. Los hábitos de pensamiento se forman a través de la repetición de estos mismos pensamientos.

ST: ¿Cuáles son los motivos o deseos básicos más poderosos que impulsan la acción del pensamiento?

D: Los diez motivos más comunes que inspiran la mayoría de las acciones humanas son:

1. El deseo de expresión sexual y amor.

2. El deseo de alimentación física.

3. El deseo de autoexpresión espiritual, mental y física.

4. El deseo de inmortalidad.

5. El deseo de poder sobre otros.

6. El deseo de riqueza material.

7. El deseo de conocimiento.

8. El deseo de imitar a otros.

9. El deseo de destacar entre los demás.

10. Los siete miedos fundamentales.

Estos son los motivos predominantes que impulsan la mayoría de los esfuerzos humanos.

ST: ¿Y qué sucede con los deseos negativos, como la codicia, la envidia, la avaricia, los celos y la ira? ¿No se expresan con mayor frecuencia que los deseos positivos?

D: Todos los deseos negativos son en realidad expresiones de deseos positivos frustrados. Surgen debido a la derrota, el fracaso o la incapacidad de las personas para adaptarse de manera positiva a las leyes naturales.

ST: Esta es una perspectiva interesante sobre los pensamientos negativos. Si lo entiendo correctamente, todos los pensamientos negativos tienen su origen en la incapacidad o la negligencia de una persona para adaptarse armoniosamente a las leyes naturales. ¿Es eso correcto?

D: Exactamente. La naturaleza no tolera la inactividad ni el vacío en ningún aspecto. Todo espacio debe estar lleno de algo.

Cualquier cosa que exista, ya sea en el ámbito físico o espiritual, debe estar en constante movimiento. El cerebro humano no es una excepción; fue diseñado para recibir, organizar, especializarse y expresar el poder del pensamiento. Cuando una persona no utiliza su cerebro para expresar pensamientos positivos y creativos, la naturaleza llena ese vacío, forzando al cerebro a actuar con pensamientos negativos.

No hay lugar para la inactividad en el cerebro. Comprender este principio te llevará a una nueva comprensión del papel que desempeñan las influencias ambientales en la vida humana y cómo funciona la ley del ritmo hipnótico, que mantiene todo y a todos en constante movimiento a través de la expresión de principios, ya sean negativos o positivos.

La naturaleza no se preocupa por la moralidad en sí misma, ni por lo que es correcto o incorrecto, ni por la justicia o la injusticia. La naturaleza solo busca impulsar a todo y a todos a actuar de acuerdo con su propia naturaleza.

ST: Esto es una interpretación esclarecedora de los mecanismos naturales. ¿A quién puedo recurrir para respaldar sus afirmaciones?

D: Puedes buscar apoyo en científicos, filósofos y pensadores serios. Y, en última instancia, en las manifestaciones físicas de la propia naturaleza.

En la naturaleza, no hay materia muerta. Cada átomo de materia está en constante movimiento. Toda la energía está en movimiento constante. No existen espacios vacíos. El tiempo y el espacio son manifestaciones de movimiento a una velocidad que los humanos no pueden medir.

ST: Lamentablemente, parece que las fuentes confiables de conocimiento son bastante limitadas, según lo que ha dicho.

D: Las fuentes de conocimiento desarrollado son limitadas, pero cada cerebro humano adulto normal es una puerta potencial al conocimiento que existe en todos los universos. Cada cerebro adulto normal tiene la capacidad de comunicarse directamente con la Inteligencia Infinita, que contiene todo el conocimiento existente o posible.

ST: Entonces, según lo que está diciendo, los seres humanos tienen el potencial de convertirse en algo similar a lo que llamamos Dios.

D: A través de la evolución, el cerebro humano se perfecciona para comunicarse de manera consciente con la Inteligencia Infinita. La perfección se logra mediante el desarrollo organizado del cerebro, adaptándose a las leyes naturales. El tiempo es el factor que permite alcanzar esa perfección.

ST: ¿Qué causa los ciclos de eventos recurrentes, como epidemias, depresiones económicas, guerras y oleadas de criminalidad?

D: Estos ciclos recurrentes son causados por la ley del ritmo hipnótico. A través de esta ley, la naturaleza agrupa pensamientos similares y los impulsa a la acción masiva.

ST: ¿Entonces, la depresión económica de 1929 fue desencadenada por un gran número de personas que liberaron pensamientos de miedo? ¿Es eso correcto?

D: Exactamente. Millones de personas buscaban obtener ganancias sin esfuerzo en el mercado de valores. Cuando se dieron cuenta de que habían perdido, cundió el pánico. El pensamiento masivo de miedo prolongó la depresión durante años.

ST: A partir de lo que ha explicado, puedo deducir que la naturaleza reúne los pensamientos predominantes de las personas y los manifiesta a través de alguna forma de acción masiva, como las depresiones financieras o la prosperidad comercial. ¿Es eso correcto?

D: Sí, eso es correcto.

ST: Continuemos con el siguiente de los siete principios. Por favor, descríbalo.

D: El siguiente principio es el TIEMPO, que es considerado como la cuarta dimensión.

10. Tiempo

ST: ¿Cuál es la conexión entre el tiempo y la operación de la ley del ritmo hipnótico?

D: El tiempo constituye la esencia de la ley del ritmo hipnótico. La duración necesaria para consolidar los patrones de pensamiento depende de su naturaleza y propósito.

ST: Pero tenía la impresión de que lo único constante en la naturaleza es el cambio. Si esto es cierto, entonces el tiempo está en constante cambio, reconfigurando y reorganizando todo, incluyendo los patrones de pensamiento. ¿Cómo puede la ley del ritmo hipnótico mantener patrones de pensamiento permanentes en este contexto?

D: El tiempo clasifica los patrones de pensamiento en dos categorías: negativos y positivos. Aunque los pensamientos individuales se transforman constantemente y se reconfiguran para satisfacer las necesidades del individuo, no cambian de negativos a positivos o viceversa sin la intervención voluntaria del individuo.

El tiempo castiga los pensamientos negativos y recompensa los positivos, en función de la naturaleza y el propósito de esos pensamientos.

Si una persona mantiene pensamientos predominantemente negativos, el tiempo sanciona construyendo el hábito del pensamiento negativo en su mente, convirtiéndolo en una presencia constante en su existencia. Los pensamientos positivos también se fusionan con el tiempo, formando hábitos permanentes. La palabra "permanencia" se refiere a la duración natural de la vida de una persona. En sentido estricto, nada es permanente, pero el tiempo convierte estos patrones de pensamiento en una especie de permanencia durante la vida del individuo.

ST: Ahora comprendo mejor cómo opera el tiempo. ¿Qué otras características tiene el tiempo en relación con el destino terrenal de los seres humanos?

D: El tiempo es la influencia natural a través de la cual la experiencia humana puede madurar en sabiduría. Las personas no nacen con sabiduría, sino con la capacidad de pensar, y a lo largo del tiempo, pueden adquirirla.

ST: ¿Los jóvenes poseen sabiduría?

D: Solo en asuntos muy básicos. La sabiduría solo se desarrolla con el tiempo. No se puede heredar ni transmitir de persona a persona, excepto a través del tiempo.

ST: ¿El mero paso del tiempo obliga a una persona a adquirir sabiduría?

D: ¡No! La sabiduría solo llega a aquellos que cultivan hábitos de pensamiento positivos como una fuerza dominante en sus vidas. Aquellos que se aferran a pensamientos negativos o erráticos nunca adquieren sabiduría, excepto en su forma más elemental.

ST: Por lo que dice, deduzco que el tiempo favorece a quienes entrenan sus mentes en patrones de pensamiento positivos y perjudica a aquellos que caen en patrones negativos. ¿Es esto correcto?

D: Exactamente. Las personas se pueden dividir en dos categorías: aquellas que mantienen patrones de pensamiento positivos y las que no lo hacen. Quienes no lo hacen siempre estarán bajo la influencia de aquellos que sí lo hacen, y el tiempo solo refuerza esta relación.

ST: ¿Quiere decir que si uno lleva una vida errante, sin un propósito definido, aquellos que mantienen patrones positivos pueden convertirse en sus mentores, y el tiempo solo consolidará aún más su influencia sobre uno?

D: Eso es precisamente lo que quiero decir.

ST: ¿Qué es exactamente la sabiduría?

D: La sabiduría es la capacidad de comprender y utilizar las leyes naturales para que trabajen a tu favor, así como la habilidad de relacionarte armoniosamente con otros individuos para obtener su cooperación voluntaria y así lograr que la vida te conceda lo que deseas.

ST: Entonces, ¿el conocimiento acumulado no se equipara a la sabiduría?

D: ¡Definitivamente no! Si el conocimiento fuese equivalente a la sabiduría, los logros científicos no se habrían convertido en instrumentos de destrucción.

ST: ¿Qué se requiere para transformar el conocimiento en sabiduría?

D: Tiempo y un deseo ardiente de sabiduría. La sabiduría nunca se impone, se adquiere mediante el pensamiento positivo y el esfuerzo voluntario.

ST: ¿Puede afirmarse con certeza que todas las personas poseen conocimiento?

D: Nunca es seguro que alguien tenga un amplio conocimiento sin sabiduría.

ST: ¿A qué edad la mayoría de las personas comienza a adquirir sabiduría?

D: La mayoría de las personas comienzan a adquirir sabiduría después de cumplir los cuarenta años. Antes de eso, suelen estar ocupadas acumulando conocimiento y organizándolo en planes, sin dedicar esfuerzo en busca de la sabiduría.

ST: ¿Qué circunstancia de la vida es más propicia para que una persona adquiera sabiduría?

D: La adversidad y el fracaso. Estos son los medios universales a través de los cuales la naturaleza transmite sabiduría a aquellos que están preparados para recibirla.

ST: ¿La adversidad y el fracaso siempre conducen a la sabiduría?

D: No, solo para aquellos que están listos y han buscado la sabiduría voluntariamente.

ST: ¿Qué determina la disposición de una persona para recibir sabiduría?

D: El tiempo y la naturaleza de sus patrones de pensamiento.

ST: ¿El conocimiento adquirido recientemente es equivalente al conocimiento probado con el tiempo?

D: No, el conocimiento probado con el tiempo siempre es superior al conocimiento recién adquirido. El tiempo otorga precisión en calidad y cantidad al conocimiento y lo hace más fiable. Uno nunca puede confiar plenamente en un conocimiento que no ha sido probado.

ST: ¿Qué constituye un conocimiento fiable?

D: Es el conocimiento que se alinea con las leyes naturales, lo que implica que se basa en el pensamiento positivo.

ST: ¿El tiempo modifica y altera los valores del conocimiento?

D: Sí, el tiempo modifica y altera todos los valores. Lo que hoy es conocimiento preciso puede volverse obsoleto y erróneo mañana debido a la evolución de hechos y valores a lo largo del tiempo.

El tiempo también afecta todas las relaciones humanas, para bien o para mal, dependiendo de la dinámica de relaciones de las personas.

En el ámbito del pensamiento, existe un momento adecuado para sembrar las semillas del pensamiento y otro para cosechar esos pensamientos, al igual que en la agricultura hay un momento para sembrar y otro para cosechar los frutos de la tierra.

Sin la medida adecuada de tiempo entre la siembra y la cosecha, la naturaleza modifica o retiene las recompensas de la siembra.

ST: Continúe y describa los dos últimos de los siete principios.

D: El siguiente principio es el de la ARMONÍA.

11. Armonía

D: En la naturaleza, se puede observar que todas las leyes naturales operan en un equilibrio armonioso gracias a la ley de la armonía. A través de esta ley, la naturaleza impulsa a que todo lo que existe dentro de un entorno específico se relacione de manera armónica. Cuando comprendes esta verdad, obtienes una perspectiva nueva y fascinante sobre el poder del entorno. Comprenderás por qué relacionarse con mentes negativas puede ser perjudicial para aquellos que buscan su autodeterminación.

ST: ¿Quiere decir que la naturaleza nos empuja a adaptarnos a las influencias de nuestro entorno?

D: Sí, es cierto. La ley del ritmo hipnótico impone a todos los seres vivos las influencias dominantes del entorno en el que existen.

ST: Entonces, si la naturaleza nos obliga a adoptar el carácter de nuestro entorno, ¿qué opciones tienen aquellos que viven en la pobreza y el fracaso, pero desean escapar?

D: Esas personas deben cambiar su entorno o aceptar la pobreza. La naturaleza no permite que nadie escape de las influencias de su entorno.

Sin embargo, la naturaleza, en su sabiduría, le otorga a cada ser humano la capacidad de crear su propio entorno mental, espiritual y físico; pero una vez que se establece, deben ser parte de él. Así es cómo funciona la ley de la armonía de manera inexorable.

ST: En un entorno empresarial, por ejemplo, ¿quién establece la influencia dominante que determina el ritmo del entorno?

D: El individuo o individuos que actúan con un propósito claro.

ST: ¿Tan simple como eso?

D: Sí, la precisión de propósito es el punto de partida para que un individuo establezca su propio entorno.

ST: No estoy seguro de seguir su razonamiento. El mundo está lleno de guerra, depresiones financieras y conflictos que parecen todo menos armoniosos. La naturaleza no parece estar forzando a las personas a armonizar entre sí. ¿Cómo explica esta discrepancia?

D: No hay discrepancia. Las influencias dominantes en el mundo son, como mencionaste, negativas. Sin embargo, la naturaleza está forzando a los seres humanos a armonizarse con esas influencias dominantes del entorno global.

Las manifestaciones de armonía pueden ser tanto positivas como negativas. Por ejemplo, un grupo de personas encarceladas puede pensar y actuar de manera negativa, pero la naturaleza asegura que se adapten a las influencias dominantes de la cárcel.

Un grupo de personas en la pobreza puede luchar entre sí y aparentemente resistirse a la armonía, pero la naturaleza los obliga a formar parte de las influencias dominantes en su vecindario.

La armonía, en este contexto, significa que la naturaleza relaciona todo en el universo con cualquier otra cosa de naturaleza similar.

Las influencias negativas se ven obligadas a asociarse entre sí, sin importar dónde se encuentren. Del mismo modo, las influencias positivas están rigurosamente destinadas a asociarse entre sí.

ST: Empiezo a entender por qué los líderes empresariales exitosos son tan selectivos al elegir sus socios comerciales. Las personas exitosas en cualquier campo tienden a crear su propio entorno rodeándose de personas con mentalidad exitosa, ¿es eso lo que está diciendo?

D: Exactamente, esa es la idea. Observa que todos los exitosos insisten en la armonía entre sus socios comerciales. Otra característica de las personas exitosas es que actúan con un propósito claro y exigen lo mismo de sus socios. Comprender estas dos verdades te ayudará a comprender la gran diferencia entre un Henry Ford y un albañil.

ST: Ahora, ¿puede hablarme sobre el último de los siete principios?

D: El último principio es CAUTELA.

12. Cautela

D: Después de la tendencia a la deriva, el rasgo más riesgoso que puede encontrarse en los seres humanos es la falta de precaución.

Muchas personas se ven arrastradas hacia situaciones peligrosas debido a que no ejercen la debida cautela al planificar sus acciones. Los errantes, en particular, suelen moverse sin pensar detenidamente en las consecuencias. Actúan impulsivamente y, en ocasiones, reflexionan posteriormente.

No seleccionan cuidadosamente a sus amistades, sino que permiten que otros se acerquen a ellos según sus propios términos.

No escogen una profesión específica, sino que siguen el curso de la vida sin rumbo fijo, contentos con encontrar cualquier trabajo que les brinde sustento y vestimenta.

A menudo, se exponen a ser engañados en transacciones comerciales al no familiarizarse con las reglas del comercio.

Asimismo, descuidan cuidar de su salud al no informarse sobre las prácticas adecuadas para mantenerse saludables.

La falta de cautela al protegerse de las influencias negativas de su entorno puede llevarlos a la pobreza.

Cada paso que dan es propenso al fracaso debido a su negligencia en observar cuidadosamente las causas de sus problemas.

Su falta de cautela al analizar las raíces de sus miedos los sume en la preocupación y la ansiedad.

Incluso en el ámbito del matrimonio, suelen fracasar al no ejercer la debida precaución al elegir una pareja y al no cuidar adecuadamente la relación después del matrimonio.

En consecuencia, a menudo pierden amistades o las convierten en enemistades debido a su falta de cautela al interactuar con otros de manera apropiada.

ST: ¿Significa esto que todas las personas carecen de cautela?

D: No, esta falta de cautela se encuentra principalmente en aquellos que han desarrollado el hábito de la deriva. Las personas que no se dejan llevar por la deriva generalmente son más cautelosas. Planifican cuidadosamente sus acciones antes de llevarlas a cabo.

Tienen en cuenta las debilidades humanas de sus asociados y se anticipan a ellas en sus planes.

Por ejemplo, si envían a alguien en una misión importante, también envían a otra persona para asegurarse de que el primero no descuide su deber.

Después, verifican el cumplimiento de la misión por parte de ambos, pero nunca dan nada por sentado; la precaución les proporciona una forma de garantizar su éxito.

ST: ¿No podría considerarse la cautela excesiva como un temor infundado?

D: La cautela y el miedo son dos conceptos diferentes. La cautela implica un análisis cuidadoso y una toma de decisiones informada, mientras que el miedo es una respuesta emocional negativa. La cautela, cuando se utiliza adecuadamente, puede prevenir problemas y promover el éxito. Por otro lado, el miedo puede paralizar y limitar el crecimiento.

ST: ¿No es posible que algunas personas confundan el exceso de cautela con el miedo?

D: Sí, es cierto que algunas personas pueden confundir el exceso de cautela con el miedo. Sin embargo, en la mayoría de los casos, las personas enfrentan más problemas debido a la falta total de cautela que por tener precaución en exceso.

ST: ¿Cómo se puede aprovechar mejor la cautela en la vida cotidiana?

D: La cautela es especialmente importante al seleccionar a las personas con las que nos relacionamos y la forma en que mantenemos esas relaciones. Esto se debe a que nuestros asociados tienen un impacto significativo en nuestra vida, y el entorno en el que nos encontramos puede influir en si nos dejamos llevar por la deriva o no.

Una persona que ejerce la cautela adecuada al elegir a sus asociados no permite que nadie se acerque íntimamente a ella a menos que esa relación aporte un beneficio específico, ya sea en términos mentales, espirituales o económicos.

ST: ¿No sería esto considerado egoísmo?

D: Más que egoísmo, es una muestra de sensatez y un camino hacia la autodeterminación. La búsqueda del éxito material y la felicidad es un deseo humano común. Elegir cuidadosamente a nuestros asociados es una de las formas más efectivas de alcanzar estos objetivos. La cautela en la selección de asociados se convierte, por lo tanto, en una responsabilidad para aquellos que desean ser felices y exitosos.

En contraste, el errante permite que otros dicten los términos de su relación cercana, mientras que aquel que no erra selecciona cuidadosamente a sus asociados y solo permite que aquellos que pueden aportar algo valioso se acerquen a él. Sin el ejercicio de la cautela en la elección de asociados, es difícil lograr el éxito en cualquier empresa, y la falta de precaución suele llevar a la derrota en lo que uno se propone.

RESUMEN

Tres aspectos relacionados con mi entrevista con el Diablo me llaman especialmente la atención. Estos tres factores son de gran relevancia en mi propia vida, algo que cualquier lector de mi historia podría comprender fácilmente. Los tres elementos significativos son el hábito de la deriva, la ley del ritmo hipnótico mediante la cual los hábitos se vuelven permanentes, y el factor tiempo.

Aquí tenemos un trío de fuerzas que moldean inexorablemente el destino de todos los seres humanos. Estas tres adquieren un significado aún más profundo cuando las consideramos juntas como una fuerza combinada. No se requiere mucha imaginación ni una comprensión profunda de las leyes naturales para darse cuenta de que la mayoría de los problemas que enfrentamos son de nuestra propia creación. Además, estos problemas rara vez son el resultado de circunstancias inmediatas, sino más bien el clímax de una serie de circunstancias que se han consolidado a lo largo del tiempo debido al hábito de la deriva y la influencia del tiempo.

El caso de Samuel Insull es ilustrativo; no perdió su vasto imperio industrial de cuatro mil millones de dólares como resultado de la depresión, sino que comenzó a perderlo mucho antes de la depresión. Esto sucedió cuando se dejó influenciar por un grupo de personas que lo adulaban para que desviara sus talentos de los servicios públicos hacia la Civic Opera. Si alguna vez hubo un hombre en una posición destacada en el mundo financiero que cayó víctima del poder de la deriva, el ritmo hipnótico y el tiempo, ese hombre fue Samuel Insull. Hablo con conocimiento preciso de Insull y las causas de sus problemas, que se remontan a la época en que serví junto a él en la Primera Guerra Mundial hasta su desafortunado intento de escapar de sí mismo.

Por otro lado, Henry Ford enfrentó la misma depresión que afectó a Insull, pero salió ileso. ¿Cuál fue la razón de esto? Te lo diré: Ford tiene el hábito de no dejarse llevar por la deriva en ningún aspecto de su vida. El tiempo es su aliado porque ha desarrollado el hábito de utilizarlo de manera positiva y constructiva, tejiendo sus pensamientos en planes que él mismo diseña.

Cualquier situación que consideres se puede medir en relación con el hábito de la deriva, el ritmo hipnótico y el tiempo, y así se puede determinar con precisión la causa de todo éxito y fracaso.

A la luz de lo que hemos aprendido de la entrevista con el Diablo, ahora comprendemos por qué el líder italiano llamado Mussolini, que se apoderó de Italia, pudo conquistar Etiopía sin una protesta efectiva por parte de Inglaterra u otras grandes potencias mundiales. Logró este trágico acto porque tenía una política firme y decidida, sabía lo que quería y actuó en consecuencia, mientras que Inglaterra y la mayoría de las otras naciones del mundo se dejaban llevar por la deriva en lo que respecta al tiempo, esperando a que las circunstancias se acomodaran por sí mismas.

¡Hitler también dominó Austria por la misma razón! En estos casos, términos como moral, justicia y humanidad carecen de significado, ya que estos líderes aplicaron sin piedad el poder de un propósito preciso.

Hitler adoptó la filosofía del antiguo Káiser de Alemania, que podía cambiar las cosas, y rápidamente se convirtió en un dictador no solo en Alemania, sino también en Inglaterra, Francia y otras potencias europeas cuyos líderes cayeron víctimas de la influencia negativa de la deriva.

Cuando Franklin D. Roosevelt asumió la presidencia, lo hizo con un propósito claro y preciso durante su primer mandato: detener el miedo y fomentar la recuperación financiera en lugar de la depresión económica. En la realización de este propósito, no hubo espacio para la deriva. Las fuerzas de toda la nación se unieron y avanzaron unidas para lograr el objetivo del presidente.

Por primera vez en la historia de Estados Unidos, los periódicos de todas las inclinaciones políticas, las iglesias de todas las denominaciones, personas de todas las razas y colores, y organizaciones políticas de todas las afiliaciones se unieron en un poderoso esfuerzo con el único propósito de ayudar al presidente a restaurar la fe y las relaciones comerciales normales en el país.

En una conferencia entre el presidente y un grupo de asesores de emergencia, pocos días después de asumir el cargo, le pregunté cuál era su mayor desafío, y él respondió: "No se trata de desafíos grandes o pequeños; solo tenemos un problema, que es reemplazar el miedo con la fe".

Antes de que finalizara su primer año en el cargo, el presidente había logrado eliminar el miedo y restablecer la fe, y la nación estaba en camino de salir lentamente, pero de manera segura, de la oscuridad de la depresión económica.

Al final de su primer mandato -nota bien el elemento tiempo-, el presidente había consolidado, de manera tan efectiva, la fuerza de los negocios y la vida privada estadounidenses, que tenía una nación entera detrás de él, lista, dispuesta y deseosa de seguir con entusiasmo su liderazgo, sin importar en qué dirección.

Estos son hechos bien conocidos por todos los que leen periódicos o escuchan la radio.

Luego se celebraron otras elecciones presidenciales y la oportunidad para que la gente expresara su fe en su líder. La expresaron en un derrumbe sin precedentes en la política estadounidense, y el presidente asumió el cargo por segunda vez con voto casi unánime del electorado, con solo dos estados levemente disconformes.

Ahora, observa cómo la Rueda de la Vida empezó a retroceder y girar en otra dirección. El presidente cambió su política de precisión de propósito para imprecisión y deriva.

Su cambio de política dividió el poderoso grupo laboral y convirtió a más de la mitad en su contra.

Dividió la aprobación casi sólida que tuvo en ambas Cámaras del Congreso, y más importante que todo, dividió al pueblo estadounidense en grupos "pro" y "anti", con el resultado de que de todo lo que el presidente mantuvo de su política original, lo mejor era su sonrisa de un millón de dólares y su apretón de manos, obviamente no fue suficiente como para permitirle recuperar el poder que una vez ejerció en la vida de Estados Unidos.

Aquí, entonces, tenemos un excelente ejemplo de un hombre que disparó hacia el cielo con gran poder por medio de la precisión del propósito, y luego se dio un panzazo al caer al punto de partida por su hábito de la deriva. Tanto en su ascenso como en su caída uno puede ver con claridad el funcionamiento de los principios de la deriva y la no deriva alcanzando un clímax por medio del poder del ritmo hipnótico y el tiempo.

Tomemos el capital y el trabajo como otra ilustración. Podemos analizar mejor la relación entre estas dos grandes fuerzas si consideramos casos concretos.

Observa dónde empezó John L. Lewis cuando decidió dominar la industria automovilística. No empezó con Henry Ford y su hijo. ¡Oh, no! Ford y su hijo son difíciles de dominar, y Lewis lo sabe bien; así que empezó con la grande, gorda y fácil General Motors y el rico e indiferente Walter Chrysler.

Con un pequeño puñado de agitadores pagados dentro de esas organizaciones, él tomó sus negocios como Grant tomó a Richmond. Y aún en el tema de Lewis, también podemos observar que él, tal vez más que otro individuo, fue la causa de la caída del presidente Roosevelt. Cuando Lewis obligó a sus sindicalistas a contribuir con medio millón de dólares al fondo de campaña demócrata, y el dinero fue aceptado, esa transacción ubicó el presidente en una posición en la que prácticamente se vio obligado a derivarse en la dirección que Lewis quería.

¿Y qué quería Lewis ? La Wagner Labor Act y el control de la Corte Suprema, ¡solo eso!

Vuelve a la lista de doce sobornos del Diablo y no tendrás problemas para descubrir el cebo que usó para atacar al presidente para que John L. Lewis y su compañía pudieran hacerse cargo del país. Medio millón de dólares en fondos de campaña y la promesa de dos millones de votos laborales parecen atractivos para cualquier candidato a un cargo, pero, mira lo que le sucedió al candidato que se dejó derivar por la aceptación de esa clase de ayuda.

Toma a los hijos de cualquier hombre rico, analízalos cuidadosamente y aprenderás, con la suficiente rapidez, por qué nunca están a punto de lograr el éxito financiero alcanzado por sus padres.

Nacen, su crianza y educación se da en un ambiente de tranquilidad que hace que la deriva no solo sea un placer, sino casi una necesidad. Thomas A. Edison tenía menos de un año de estudios formales, en total, y se desplazó por todo el país como un operador de telégrafo errante y peón, hasta que sucedió algo en su propia mente que lo llevó a trabajar con un propósito preciso. Y luego se siguió la revelación de uno tras otro de los secretos que la naturaleza envuelve en sus leyes, y el mundo tuvo un gran inventor.

¿Y en cuanto a los hijos de Edison? De hecho, ¿qué hay en cuanto a ellos? Tenían educación universitaria, mucho dinero y prácticamente ningún incentivo para ser rigurosos acerca de nada. Resultado: los varones de Edison y la nena son ciudadanos corteses, respetables y respetados de Estados Unidos. ¡Así como más de cien millones de otros!

En cuanto a los años pasados de mi vida, el Diablo tenía una historia impactante que contar sobre su relación conmigo. Me vio entrar y salir de muchas oportunidades comerciales que habrían sido envidiables para muchos. Me vio vagar en mi enfoque en las relaciones con los demás, especialmente en mi falta de precaución en los negocios.

Lo que me salvó de caer bajo el influjo fatal de la ley del ritmo hipnótico fue la precisión de mi propósito. Esto finalmente me permitió dedicar toda mi vida a la creación de una filosofía del éxito individual.

En algún momento, me desvié en la búsqueda de mis objetivos y esfuerzos menores, pero esa deriva fue contrarrestada por mi propósito principal, lo que me dio el coraje necesario para volver a empezar en la búsqueda del conocimiento cada vez que enfrentaba derrotas temporales en mis objetivos secundarios.

A través de mi experiencia al analizar a más de 25 mil personas en la organización de la Ley del Éxito, descubrí que solo dos de cada cien tienen un objetivo principal claro en la vida. Los otros 98 están atrapados en la deriva. Es notorio que estos análisis respaldan la afirmación del Diablo de que controla a 98 de cada 100 personas debido al hábito de la deriva.

Reflexionando sobre mi propia carrera, puedo ver claramente que habría evitado la mayoría de las derrotas temporales si hubiera seguido rigurosamente un plan para alcanzar mi objetivo principal en la vida.

Basándome en mi experiencia al analizar los problemas de más de cinco mil familias, sé que la mayoría de las parejas que no están en armonía en su matrimonio se deben a la acumulación de pequeñas circunstancias en su relación que podrían haberse aclarado y solucionado si hubieran tenido una política precisa para abordarlas a medida que surgían.

La ola de crimen que azotó Estados Unidos durante un período, desde la administración de Harding hasta 1937, fue el resultado directo de una política de deriva por parte de las autoridades locales y nacionales.

Criminales como Al Capone, John Dillinger, Richard Bruno Hauptmann y otros operaban con relativa seguridad debido a la falta de una política precisa por parte de las fuerzas del orden para enfrentar el crimen.

Sin embargo, cuando alguien en Washington declaró la guerra al crimen y adoptó una política precisa para combatirlo, la situación cambió. La maquinaria de la ley se puso en manos de J. Edgar Hoover con la instrucción de capturar a los criminales vivos o muertos, y rápidamente el secuestro disminuyó y la ola de crimen se desvaneció.

La historia nos enseña que el hombre con un plan y un propósito precisos, respaldados por el poder, tiende a alcanzar la victoria. Los demás se apartan o son aplastados por sus determinadas pisadas.

A menudo, las personas que no reflexionan adecuadamente se preguntan por qué Dios permite que ciertos líderes abusen de su poder. Sin embargo, la respuesta radica en el hecho de que estos líderes tienen un objetivo claro y un plan preciso.

Los dictadores en Europa y otros lugares obtienen su poder debido a su determinación y precisión en la búsqueda de sus objetivos. Han dominado el hábito de la deriva y tienen políticas, planes y objetivos claros. Por otro lado, aquellos que se les oponen, a menudo carecen de un plan y un propósito, y se dejan llevar por la deriva, esperando que algo cambie su destino.

Desde los primeros días de su presidencia, Franklin D. Roosevelt y sus asesores buscaron un plan para rivalizar con figuras como Henry Ford y someterlos, junto con otros que habían contribuido a hacer de Estados Unidos una gran nación industrial.

De manera consecutiva, los otros líderes empresariales se vieron forzados a someterse al control del poderoso gobierno, pero este no fue el caso de Henry Ford.

Cuando el general Hugh S. Johnson dio una entrevista a los periódicos en la que afirmó que "tomaría medidas enérgicas contra Ford", en realidad solo estaba expresando su frustración. No pudo tomar esas medidas enérgicas contra Ford, y nunca lo hizo, porque Ford era más poderoso que el general de silla giratoria y todos los demás agentes gubernamentales juntos, incluso el presidente

Roosevelt con su sonrisa millonaria y su firme apretón de manos.

El poder de Ford emanaba de su precisión en sus objetivos y planes. A través de estos, sus objetivos se convertían en poder económico. Además, contaba con treinta años de tiempo para que sus planes y propósitos se consolidaran bajo la ley del ritmo hipnótico.

Es posible que Henry Ford nunca haya oído hablar de la ley del ritmo hipnótico, pero sabía que algo dentro de su mente lo protegía de cualquier amenaza pasajera que pudiera provenir del poder del pueblo.

Franklin D. Roosevelt, John L. Lewis y William Green, junto con todos sus seguidores, ya sean voluntarios o involuntarios, no tenían el poder suficiente para derrotar a Henry Ford. La razón es simple de entender. Se debía a la precisión de los objetivos de Ford, sus planes meticulosos y el hecho de que había dirigido su negocio de manera exitosa y honorable, beneficiando a todas las personas relacionadas con él durante más de treinta años.

Los políticos, ya sean buenos o malos, van y vienen cada pocos años. Se involucran en discusiones, hacen amenazas y se desafían mientras están en el poder, aprovechan oportunidades para el robo y luego deben ceder su lugar a otro grupo de hombres que repiten el mismo ciclo. El tiempo no les otorga un poder acumulado. Pero hombres como Ford obtienen un poder duradero, ya que se relacionan de manera precisa y armoniosa con las personas y el tiempo, lo que hace que ninguna oposición desorganizada e imprecisa pueda vencerlos.

Tomemos las iglesias como otro ejemplo y observemos lo que ocurre. El grupo protestante se divide en muchas facciones y sectas, cada una operando bajo diferentes credos y nombres.

Cuando no están ocupados luchando contra el Diablo, están ocupados peleando entre ellos.

Si los clérigos protestantes tienen tiempo o energía después de luchar contra el Diablo y entre ellos, lo dedican a recaudar dinero de sus seguidores. Rara vez actúan como un frente unido en ningún asunto, salvo en raras excepciones. Cuando Al Smith se postuló como candidato a la presidencia, los protestantes, por primera vez en su historia, se unieron y votaron en contra.

La Iglesia Católica, por otro lado, presenta una imagen completamente diferente. Sus fuerzas operan desde un único cuartel general, dirigido por un solo líder que alega obtener su autoridad directamente de Jesucristo.

Los sacerdotes católicos no suplican por dinero, lo exigen y lo obtienen. La Iglesia Católica asegura la continuidad de su poder sobre sus seguidores al moldear las mentes de los jóvenes antes de que estos puedan ser influenciados por otros.

En su conjunto, la Iglesia es la institución más organizada del mundo. No existe democracia dentro de la Iglesia. Es autocrática en todos los aspectos, y es poderosa porque tiene objetivos y planes precisos y no permite que nada se interponga en su camino.

Cualquier persona que tome el tiempo para analizar la estructura tanto del grupo protestante de iglesias como de la Iglesia Católica aprenderá sobre la base de su poder.

No estoy comprometido en predecir lo que eventualmente sucederá con la poderosa Iglesia Católica o los protestantes. Simplemente estoy resaltando la fuente de la cual un individuo puede obtener poder, y esa es la precisión en sus objetivos y planes.

La Iglesia Católica se mantiene firme en todos los temas. Las iglesias protestantes tienden a dividirse en casi todos los temas.

Estas dos frases resumen la diferencia fundamental entre el éxito y el fracaso, el poder y su ausencia. Puedo expresarme libremente sobre los católicos y los protestantes, ya que no tengo afinidad con ninguno de los grupos y no tengo ningún interés en ellos, excepto como un filósofo que busca desentrañar el complejo tejido de circunstancias que determina la causa y el efecto en el destino humano.

Ahora estamos llegando al final de nuestro viaje a través de este libro. Si tuviera que resumir en una breve declaración la parte más importante de lo que he tratado de transmitir en esta obra, sería algo como esto:

Los deseos predominantes de un individuo pueden materializarse en resultados físicos a través de la precisión en sus objetivos respaldada por planes precisos, con la ayuda de la ley de la naturaleza conocida como ritmo hipnótico y el factor tiempo.

Esto representa la esencia positiva de la filosofía del éxito individual que he intentado describir en este libro, reducida a su forma más breve y sencilla. Si profundizas en esta filosofía para aplicarla a tu propia vida, descubrirás que es tan amplia como la vida misma, abarcando todas las relaciones humanas, todos los pensamientos, objetivos y deseos humanos.

Así que aquí estamos, al final de una de las entrevistas más singulares que he tenido con personas importantes y casi importantes en mis cincuenta años de búsqueda de las verdades de la vida que conducen a la felicidad y la seguridad económica.

Es realmente extraño que, después de contar con la colaboración activa de hombres como Andrew Carnegie, Thomas A. Edison, Henry Ford, Stuart Austin Wier y Frank A. Vanderlip, me haya visto en la necesidad de recurrir al concepto del "Diablo" para obtener un conocimiento práctico del principio más grande de todos, descubierto en mi búsqueda de la verdad.

Es extraño que haya tenido que experimentar la pobreza, el fracaso y la adversidad en muchas formas antes de tener el privilegio de comprender y utilizar una ley de la naturaleza que suaviza el impacto de esos males o los elimina por completo.

Es igualmente extraño que el sistema de escuelas públicas del cual me beneficié no me haya enseñado un camino más directo hacia el conocimiento.

Lo más sorprendente de toda esta experiencia dramática que la vida me ha brindado es la simplicidad de la ley mediante la cual, si la hubiera comprendido, habría podido convertir mis deseos en realidad sin tener que atravesar tantos años de dificultades y sufrimiento.

Ahora, al final de mi encuentro con el Diablo, comprendo que llevaba los fósforos en mis propios bolsillos que encendían los fuegos de la adversidad. También entiendo que tenía a mi disposición abundante agua con la que finalmente apagar esos incendios.

Busqué la clave del filósofo que transforma el fracaso en éxito, solo para darme cuenta de que tanto el éxito como el fracaso son el resultado de las fuerzas evolutivas de cada día, a través de las cuales los pensamientos predominantes se van tejiendo poco a poco en las cosas que deseamos o que no deseamos, dependiendo de la naturaleza de esos pensamientos.

Es una lástima que no haya comprendido esta verdad desde que alcancé la edad de la razón, porque si lo hubiera hecho, habría podido evitar algunos de los obstáculos que tuve que superar al atravesar el "valle de la sombra" de la vida.

La historia de mi encuentro con el Diablo ahora está en tus manos. Los beneficios que obtengas serán directamente proporcionales al pensamiento que inspire en ti.

Para aprovechar la lectura de este encuentro, no necesitas estar de acuerdo con cada parte de él. Solo necesitas reflexionar y sacar tus propias conclusiones sobre cada aspecto. ¡Qué razonable es eso! Tú eres el juez, el jurado, el abogado acusador y el defensor. Si no ganas tu caso, la pérdida y su causa serán tuyas.

FIN

Made in the USA
Columbia, SC
19 June 2025